高等院校小学教育专业教材

小学语文
教学设计与实施

辛雅静 / 主编

张肖梅 徐广宇 南一荻 / 副主编

清华大学出版社

北京

内 容 简 介

本书以新公布的《义务教育语文课程标准(2022年版)》为指导,遵循小学语文教学的基本规律和要求,依据部编版小学语文教材,以小学语文教学设计与实施为主线,着重对小学语文教学设计的各要素进行阐述,并结合案例对小学语文教学设计进行实训,切实培养学习者从事小学语文教学的实践能力,同时注重提升学习者的理论水平,以适应基础教育课程改革对小学语文教学和培养目标的需要,并增强学习者对未来岗位的适应性。

本书既可作为高等师范院校小学教育、小学语文教育专业"小学语文课程与教学论""小学语文教学设计与实施""小学语文教材分析与教学设计"课程的教材,也可作为小学语文教师在职培训和自学用书及其提升教学能力、专业发展的指导用书,还可作为备考小学教师资格证考生的学习参考资料。

本书配有拓展资料、课例视频、教学课件等教学资源,扫描书中的二维码即可参考使用。

图书在版编目(CIP)数据

小学语文教学设计与实施/辛雅静主编.—北京:清华大学出版社,2022.6(2023.1重印)
高等院校小学教育专业教材
ISBN 978-7-302-60806-6

Ⅰ.①小… Ⅱ.①辛… Ⅲ.①小学语文课-教学设计-高等学校-教材 Ⅳ.①G623.202

中国版本图书馆 CIP 数据核字(2022)第 079514 号

责任编辑:张　弛
封面设计:刘　键
责任校对:袁　芳
责任印制:宋　林

出版发行:清华大学出版社
　　　　　网　　　址:http://www.tup.com.cn,http://www.wqbook.com
　　　　　地　　　址:北京清华大学学研大厦 A 座　　　　　邮　　编:100084
　　　　　社 总 机:010-83470000　　　　　邮　　购:010-62786544
　　　　　投稿与读者服务:010-62776969,c-service@tup.tsinghua.edu.cn
　　　　　质量反馈:010-62772015,zhiliang@tup.tsinghua.edu.cn
印 装 者:三河市天利华印刷装订有限公司
经　　销:全国新华书店
开　　本:185mm×260mm　　　　　印　　张:12.5　　　　　字　　数:274 千字
版　　次:2022 年 6 月第 1 版　　　　　印　　次:2023 年 1 月第 2 次印刷
定　　价:49.90 元

产品编号:080878-02

前　言

　　小学语文教学设计与实施能力是小学语文教师必备的重要专业能力,然而当前不少师范生以及一线小学语文教师的教学设计从教师的角度进行撰写,与其称为"教学设计",不如称为"教案""讲义",甚至是"教学实录"。为体现现代语文教学多维性、交互性、建构性的特点,本书立足于小学语文教学设计的相关理论,帮助学习者建立以学习活动设计为中心的小学语文教学设计理念,掌握语文教学的主要领域——识字与写字、阅读、习作、口语交际的教学策略以及小学语文教学实施技能,促进学习者将语文课程与教学设计理论转化为相应的、有效的教学行为。考虑到现行部编版小学语文教材中语文综合性学习板块占比甚少,本书未设置"小学语文综合性学习教学设计"一章,而是将综合性学习作为理念和教学形态渗透于语文教学设计的全过程。

　　本书以《义务教育语文课程标准(2022年版)》和《中小学幼儿园教师培训课程指导标准(义务教育语文学科教学)》(2017)为编写指导思想,贯彻培养爱国主义、集体主义、社会主义思想道德的总目标,将理论与实践紧密结合。本书一方面体现小学语文教学设计理论的系统性、科学性,呈现最新理论研究成果;另一方面将教学设计、教学实施相关理论与当前小学语文教学实际高度关联,回应当前小学语文教学设计与实施中教学者需要重点关注的问题,特别是精选基于部编版教材的优秀教学案例来有效支撑相关理论,有利于学习者加深理论理解,参考案例开展后续教学实践工作。

　　本书编写组由从事小学语文课程与教学研究工作多年的高校教师、小学语文教研员、一线小学语文教师组成。编写分工如下:第一章、第二章由辛雅静编写;第三章由徐广宇编写;第四章由辛雅静、李辉、李强编写;第五章由徐广宇、辛雅静编写;第六章由南一荻编写;第七章、第八章由张肖梅编写;第九章由徐广宇、杨威威编写。辛雅静负责全书结构及内容的协调;南一荻负责书稿文字、格式等方面的协调与验校。

　　本书除文字外,还附有二维码教学资源,主要是补充需要延伸阅读的辅助资料,以便学习者深刻理解小学语文教学设计的相关理论;视频二维码链接了优质教师示范课,以便学习者形象地领会小学语文教学实施的方法。文字二维码资源由各章节的编写者补充;视频二维码资源由小学语文学科教研员和一线优秀小学语文教师共同录制,其中阅读示范课由杨威威执教,书法示范课由王善增执教,单元整理示范课由李仙执教。

　　由于编者水平有限,书中难免有不当与疏漏之处,恳请专家、同行和广大读者批评、指正。

教学课件

编　者

2022 年 2 月

目录

第一章 语文课程概述

学习目标

1. 了解语文课程的发展历史。
2. 把握语文课程的内涵。
3. 掌握语文课程的性质。
4. 理解语文课程的基本理念。

问题情境

"语文"真实含义的追问

长期以来,我们往往以"语言学家"的眼光去看待"语文",以"语言学知识"作为语文教学的中心,课文成为语言学知识的例证,"讲语言学知识,考语言学知识"成为语文课的全部内容、出发点和归宿,因而忽略了学生阅读、写作能力的训练。有一个时期,我们又用"文学家"的眼光去看待"语文",文学欣赏成为语文阅读课的全部内容,作文教学实际上是要求学生按成年人,甚至作家的方式写作,而完全忽视对学生作文基本功的训练。我们所缺的,恰恰是"语文学家"的眼光,我们脑子里甚至没有"语文学"是一门独立学科的概念,我们只看到,或者过分夸大语文学科及其临近学科——语言学和文学的联系,而忽视它们之间质的区别。[①]

语文课程从哪里来?语文与相关学科的区别和联系是什么?怎样才是真正意义上的语文课程?语文课程应有怎样的价值追求?本章将对这些问题进行讨论。

---

① 题目为编者所加。摘自钱理群.钱理群语文教育新论[M].上海:华东师范大学出版社,2010:45.

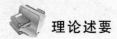 **理论述要**

第一节 语文课程的发展历程

语文是义务教育阶段小学生必修的一门基础课和必修课。语文课程致力于培养学生的语言文字运用能力,提升学生的综合素养,为学好其他课程打下基础;为学生形成正确的世界观、人生观、价值观,形成良好个性和健全人格打下基础;为学生的全面发展和终身发展打下基础。语文课程在继承和弘扬中华民族优秀文化传统及革命传统,增强民族文化认同感,增强民族凝聚力和创造力方面,具有不可替代的优势。语文课程的多重功能和奠基作用,决定了它在九年义务教育中的重要地位。然而,在我国漫长的古代,并没有严格意义上的语文课程。

一、古代阶段的"语文课程"

在原始社会,原始人群在生产、生活中口头创作出古代神话故事(如精卫填海、女娲补天),并将这些故事口耳相传,这就是原始社会的语文教育形态。

到了奴隶社会,学校教育以"六艺"为基本教育内容,其中"礼""乐""书"中就包含着相当多的语文课程与教学的内容。在漫长的以专制主义为特征的封建社会,"语文"课程也体现出专制主义的特点,课程教学以儒家经学典籍为主,主体是"五经"。

中国封建社会的"小学"阶段近似当今的义务教育阶段。封建社会特别是宋元之后的"小学"教育。从教学内容上看,通常先学习蒙学读物(如"百、三、千"),进行集中识字;然后学习四书五经为主体的儒家经典;再以文选作为补充读物和写作范本。这样的学习内容从明朝开始,持续了几百年。这个阶段的语文课程与经学、史学、伦理学融为一体,没有严格意义上的语文课程。

我国古代语文教育在识字教学、阅读教学和写作教学等方面积累了丰富的经验,许多做法为今天的语文教学提供了有益的借鉴。例如,识字教学方面,善用韵语和对偶,便于朗读、记诵;阅读教学方面,所提倡的熟读、精思、博览有利于学生读思结合、广泛涉猎,诵读、涵泳、体悟有利于学生提升语感,圈点、批注对指导学生自读,培养学生自学能力大有益处;写作教学方面,重视读写结合,从锤字、炼句、布局、谋篇等单项基础训练开始,渐至整篇作文训练的教学方法体现写作教学的一般规律。但从课程的性质和目的看,我国古代的语文教育基本上是以儒家思想为指导思想,儒家思想始终把道德教育放在首位,语文教育成为统治阶级进行政治教育、道德教育的工具,特别是科举制度推行以后,语文教育逐渐变成科举考试的附庸;从课程内容看,以古人作品为学习楷模,以识字加读古文、加作古文作为内容,限制了学生的想象力和创造力。

二、近现代阶段的"语文课程"

直到鸦片战争后的 1902 年,清政府颁布的《钦定学堂章程》(又称为"壬寅学制")规定:蒙学、小学、中学均设读经科。此外,蒙学再设字课和习字课,初等小学再设并行的作文课,高等小学再设读古文辞课,中学再设词章课。这里的"读经""习字""作文""读古文辞""词章"大体相当于现在的语文课程,由此,以分科形式存在的语文课程初见端倪。但由于种种原因,这个章程公布后未能在全国实际推行。

1903 年颁布并实施的《奏定学堂章程》(又称"癸卯学制")在课程方面,除读经科外,5 年的初等小学设中国文字科,教学内容是识字、读文、作文;4 年的高等小学设中国文学科,教学内容有读文、作文、写字和习官话。"癸卯学制"实行分科教育,分设读经讲经、中国文字、中国文学等科,同修身、历史、地理等学科相分离,原先混合于传统语文教育中的伦理道德教育、知识教育的内容由其他课程分担,但是由于传统势力的影响,语文教育的目标依然是"存圣教""保国粹",语文学科仍然是经学的附庸。

1907 年清政府颁布的《奏定女子小学堂课程》规定教授的科目为国文科,去除了读经科,从此,"国文"科的名称见于法令。这标志着学科意义上的语文开始进入小学课程。

1911 年辛亥革命以后,教育宗旨发生转变,读经、讲经被废弃,国文学科的教学目标进一步明确,课程内容进一步纯粹化,掺杂在其中的杂质被进一步过滤出来。1912 年制定的《普通教育暂行课程标准》将清末以来的"中国文字"和"中国文学"改称为"国文"科,学生通过学习读法、作法、书法、语法四项内容,"旨在使儿童学习普通文字,养成发展思想之能力,兼以启发其智德"。该阶段的语文课程宣扬具有资产阶级性质的道德伦理规范,体现了民主教育的精神,教育目的中涵盖了读写训练、智力开发、品德培养以及心理发展等多种因素,开始注意人的全面发展。

五四运动以后,现代文在语文教学中取得合法地位,并逐步占据主要地位。在五四"白话文运动"和"国语运动"的推动下,1920 年,北洋政府将"国文"科改为"国语"科,基于言文一致的理念,小学开始学习白话文,训练标准的国语,由此,现代文第一次进入语文教材,在语文教学中取得合法地位。从此到中华人民共和国成立初期,不管是国统区还是共产党领导的中央苏区、边区和解放区都一直沿用"国语"这个名称。1934 年中央苏区教育人民委员会颁布的《小学课程教则大纲》对国语课有这样的界定:"国语课的本身,目的也决不仅在于使儿童认识多少新字,而在于使他们能够逐渐运用自己的言语以至文字,来表达自己的思想,表现自己的感情,以及养成儿童的共产主义道德。"

三、当代阶段的"语文课程"

中华人民共和国成立以来基础教育进行了五次真正意义上的课程改革[①],在这五次课程改革中,语文课程也经历了曲折又快速地发展。

---

① 谢翌,等.新中国真的发生了八次课程改革吗?[J].教育研究,2013(2).

小学语文教学设计与实施

1. 第一次(1949—1956年)

1950年,中华人民共和国颁布第一部《小学语文课程暂行标准(草案)》,其中明确要求:语文课上学生学习的应该是"普通语体文",即"依照普通话写出来的白话文"。用"语文"作为学科的名称,代替"国语"学科,代表着小学语文课程在我国的诞生。1952年颁布了中华人民共和国成立以来的第一份《小学教学计划》,"语文"作为小学课程名称正式确定下来。

1956年,教育部颁布了第一部小学语文教学大纲,即《小学语文教学大纲(草案)》明确指出了小学语文课程的性质:"小学语文科是以社会主义思想教育儿童的强有力的工具。""小学语文科是各科教学的基础。"

该阶段确定了语文课程在基础教育课程中的重要地位,然而,受"红领巾"教学法的影响,谈话法、鉴赏法、分析法在语文教学中广泛运用,这使得语文教学理论和实践得到了发展,但同时也带来了语文教学形式化的问题。

2. 第二次(1961—1965年)

1963年颁布第二部小学语文教学大纲,即《全日制小学语文教学大纲(草案)》。该《大纲(草案)》重申了语文学科的重要性,明确了小学语文教学的目的,即教学生正确地理解和运用祖国的语言文字,使他们具有初步的阅读能力和写作能力。明确反对把语文课程的思想性与工具性混为一谈,将语文界定为"学好各门知识和从事各种工作的基本工具"。

3. 第三次(1978—1991年)

"文革"结束后,随着拨乱反正在教育工作中的逐渐展开,小学语文课程出现新的转机,语文教育进入恢复生机的新时期。1980年颁发《全日制十年制学校小学语文教学大纲(试行草案)》,大纲指出"语文教学必须重视从小培养学生的无产阶级世界观",语文课程要"培养学生识字、看书、作文的能力,初步培养准确、鲜明、生动的文风"。提出小学语文教学要废止注入式,采用启发式;要处理好知识与技能的关系,通过多读多练,把知识转化为技能;要重视培养学生的自学能力,使学生逐步养成自学习惯。

1986年又颁布了《全日制小学语文教学大纲》,大纲明确小学语文的基础性、工具性和思想性。大纲规定小学语文教学的目的是:"培养学生的识字、听话、说话、阅读、作文的能力和良好的学习习惯,并在语言文字训练的过程中进行思想品德教育。"该大纲重视对学生的听说读写能力以及学生的观察能力和思维能力的培养。

4. 第四次(1992—2000年)

1992年后,我国对小学语文课程及其课程性质的认识在工具性与思想性之间努力寻求一种平衡。1992年颁布的《九年制义务教育全日制小学语文教学大纲(试用)》明确小学语文课程除了具有基础性、工具性外,也应具备思想性。1999年,教育界掀起了国家课程、地方课程、校本课程以及活动课程、研究性学习的热潮,小学语文课程的范畴与内容也得到了极大的丰富。本阶段在课程实践上改变以往"应试教育"的做法,提倡素质教育,注重对学生能力的培养,为下一次课程改革奠定了基础,但依旧存在课程内容难、繁、偏、旧的问题。

5. 第五次(2001年至今)

2001年教育部颁布《全日制义务教育语文课程标准(实验稿)》,该标准对语文课程定位更为全面准确,课程目标更具适切性,教学实施导向上不仅凸显了语文教育的时代特征,提出语文学习要具有现代社会的学习特征,还弘扬了读书积累、感悟体验、重视书写等母语教育传统。2011年教育部颁布的新版语文课程标准,明确规定"语文课程是一门学习语言文学运用的综合性、实践性课程",明确了语文课程各个环节的目标和教学方法,但同时又留有开发和选择的空间。在新一轮的课程改革中,小学语文课程与教学将不断发展与改善。

从上述历史中我们发现,对于语文的本质、教学目标、教学内容以及相关教学要求等在历史上是逐渐明晰的,特别是在近代,语文课程分科后,在清末、民国、中华人民共和国成立的不同历史阶段,各政府通过颁布各种语文课程标准或教学大纲,将语文及其各部分要素从课程的角度以文件的形式加以规定,这样,语文课程更加明晰地呈现在我们面前。

第二节　语文课程的内涵与性质

一、语文课程的内涵

要理解语文课程,即理解语文学科,必须明确语文学科与相关学科的区别。从字面上看,"语文"的"语"字,指"语言";"文"字,人们则有着不同的理解,有人理解为文字,有人理解为文学,有人理解为文化。语文与语言、文字、文学、文化有联系,也有区别。

(一)语言与语文

语文离不开语言,语言是一切文化类型生长和发展的共有知识背景。可以这样说,语言是文化的载体。语言和文学、哲学、宗教、神话、道德、政治并不处在同一个层次上,德国哲学家迦达默尔说:"语言实际上并非同艺术、法律和宗教并立,而是所有这些精神展示物的持久媒介。"可见,不管是什么样的学科,要传递出它本身的含义,都必须以语言为载体来进行。因此,教语文等于教语言的观点是极为片面的。

(二)文字与语文

现代语言学之父、瑞士语言学家索绪尔在其代表性著作《普通语言学教程》中说:"语言和文字是两种不同的符号系统,后者唯一存在的理由在于表现前者。"亚里士多德提出:文字是"语言符号之符号"。我国著名语言学家、语文教育家张巨龄先生也认为文字"只是记录语言的工具,是工具的工具"。可见,文字是记录书面语言和口头语言的工具,而语文学科是有关语言的学科,因此语文也离不开文字。

(三)文学与语文

翻开语文课本会发现,语文课程基本上是由一篇篇文学作品构成。不管人们对语文的内涵有多少不同的理解,语文与文学有关,这一点不可否认。

文学是一种审美意识形态,文学的本质是人与现实的审美关系,这是文学与哲学、科学最大的不同。在文学中,人与现实的审美关系相当程度上转化成人与语言的审美关系。比如站在河边看到美丽的夕阳,有人可能会感叹"傍晚站在河边看风景可真美啊!"而王勃会写"落霞与孤鹜齐飞,秋水共长天一色"。普通人在生活中常通过语言表达人与现实中的普通关系,而王勃的诗句传达的则是人与现实的审美关系。语文要解决的很大一部分就是人如何借助语言与现实生活建立起诗意的审美化关系的问题,即文学审美教育的问题。

(四)文化与语文

文学属于文化的一个领域,即审美文化,语文又离不开文学,因而,语文与文化也密切相关。中国优秀文化、历史的传递,多元文化的交流与融合,都在语文课程中有所体现。

综上所述,语言、文字、文学、文化是和语文密切相关的几个临近学科,甚至有人这样认为:它们是构成语文的有机组成部分。

需要注意的是,上述与语文相关的临近学科在小学、初中和高中阶段的语文课上所侧重的比例是不一样的。小学阶段,主要安排的是语音、文字的学习,引导学生从口头语言向书面语言过渡,对语音和文字的学习是这一阶段的重点。初中阶段,语文教材中会出现多种类型、体裁的文学作品,教学的重心在于对文学的学习,初步接触文化的内容。高中阶段,语文课程会包含古今中外不同的文化形态和种种丰富的文化现象,对于文学作品的学习会由初中的理解进阶到鉴赏。[①]

但语文绝不等于以上几个学科的简单相加。对于什么是语文,比较公认的是叶圣陶对"语文"的阐释。叶圣陶在1962年的一次讲话中明确指出:"什么叫语文?平常说的话叫口头语言,写到纸面上叫书面语言。语就是口头语言,文就是书面语言。把口头语言和书面语言连在一起说,就叫语文。"叶圣陶的阐释简明扼要,模糊中又准确地揭示了"语文"的本质含义。

二、语文课程的性质

语文课程的性质,即语文学科区别于其他学科的特点。只有明确语文课程的性质,才能确保语文课程本体,使语文课有"语文味儿"。关于语文课程性质的探究由来已久。古代教育史上,有"文以明道""文以载道"等说法,强调文道不可偏废。语文独立设科以来,语文课程性质长期成为人们争论的焦点,中华人民共和国成立后更是经历了多次争论,有工具性说、工具性与思想性说、人文性说、工具性与人文性说等。随着教育改革的深入,人们的观念也不断发展,《义务教育语文课程标准(2022年版)》对语文课程的性质是这样表述的。

"语文课程是一门学习国家通用语言文字运用的综合性、实践性课程。工具性与人文性的统一,是语文课程的基本特点。语文课程应引导学生热爱国家通用语言文字,在真实的语言应用情境中,通过积极的语言实践,积累语言经验,体会语言文字的特点和运用规律,培养语言文字运用能力;同时,发展思维能力,提升思维品质,形成自觉的审美意识,培养高雅的

审美情趣,积淀丰厚的文化底蕴,继承和弘扬中华优秀传统文化、革命文化、社会主义先进文化,增强对习近平新时代中国特色社会主义思想的理解和认识,全面提升核心素养。"

语文课程的性质可以从以下几方面来理解。

(一) 语文主要学习国家通用语言文字及其运用

语文学习的主要内容不仅是语言和文字的知识,更重要的是如何运用这些语言和文字知识,包括实用性的运用和艺术化的运用——为了生活、学习和工作中的实际事物;运用语言文字,通过听、说、读、写等活动,获取信息、与他人交流沟通;运用语言文字,表达对人、事、物、景的感受、体验和思考,形象地抒发自己的情怀。

(二) 语文是具有实践性的课程

语文是一门学习如何运用祖国文字的实践性课程。语文教学过程就是在教师指导下,学生以语文课程的教学内容为中介,自主参与语文实践活动的过程。开设语文课程的目的不是要使学生个个成为精通语言文字的性质、要素、结构、特点、规律等的学者,课程目标不是学习语言、文字的知识系统和学科规律的理论体系,课程内容不是语音学、词汇学、语法学、语用学、文字学的知识拼盘,而是要让学生通过语言文字运用的范例和实践,学习如何在生活中、在本课程和其他课程的学习中、在今后各种不同工作领域中运用好语言文字。

2022 年版课标中列出了下列四类语文实践活动:"识字与写字""阅读与鉴赏""表达与交流""梳理与探究"。课堂内,应多样化地开展语文实践活动:语文课堂上,进行听、说、读、写,如回答问题、交流意见、朗读、背诵、写作训练、口语交际等;校园内,安排多样化的语文实践活动,如表演、讨论、讲故事等;课堂外,策划、安排和语文相关的社会活动,如观察、参观、采访、调查访问等。

(三) 语文是具有综合性的课程

语言实践活动是一种综合实践活动,反映在语文教学上,主要表现为课标中要求的"教师应努力改进课堂教学,整体考虑知识与能力、过程与方法、情感态度与价值观的综合,注重听说读写之间的有机联系,加强教学内容的整合,统筹安排教学活动,促进学生语文素养的整体提高"。即语文教学以教学目标的三个维度为出发点,将字、词、句、篇基本知识的学习与听、说、读、写基本技能练习相结合,课堂教学和课外活动相结合,语文学习和学生生活相结合,语文学习和社会实践相结合,以促进学生在语文学习活动中口、耳、手、脑的并用,从而实现知行合一。

语文课程的综合性源于社会需求,课程的分化不能适应社会分工的日益综合化趋势及其对综合型人才的需求。语文课程的综合性源于人的发展。在小学阶段,儿童的发展是综合性的,小学各类课程也以综合性课程为主,这是符合人的发展规律的。

(四) 工具性和人文性的统一是语文的基本特点

1. 工具性

语文的工具性强调语文本身是工具,即语文是交流思想、表情达意的工具,是最重要、最

小学语文教学设计与实施

有效、最方便、使用最广泛的交际工具；语文是学生进行思维和开发智力的工具；语文是学生学习其他学科的工具；语文是人类传递文明、价值信仰和精神成果的工具。

但单以工具性看待语文是有缺陷的。一是工具性只是描述了语文的功能，而没有揭示语文的本质，把语文当作工具，容易将语文混同为语言，语言只是语文学习的一部分，语言不可能、也不应该代替语文的全部。语文是一门综合性的学科，涉及语言文字、文章、文学、文化等方面。二是工具性忽视了人的培养，只看到工具性就会只强调语文形式而弱化语文思想内容，使语文的人文底蕴流失。

2. 人文性

语文的人文性即强调语文在传承与延续人的思想、人的情感、人的品格、人类文化中所呈现的价值，以及在学生个体发展的过程中发挥的人文价值。另外，语文的形式是语言文字，内容则是生活、是思想、是精神，语文教学任务除了让学生学习语言，还要培养学生对祖国语言和民族文化的感情，使学生提高文化品位和审美情操，发展健康个性，形成健全人格。

但仅以人文性看待语文课程也有不足。一是人文性不是语文学科的专利，人文精神的培养是各科共同的责任，比如思想政治、历史、艺术等都有明显的人文性表现；即使是纯自然的学科课程，也不能完全排除在人文思想之外，比如数学也会培养学生的理性思维、思辨思维等。把人文性目标作为语文教育的专责，会让语文学科的负担过重。二是过分强调人文精神，有可能排斥科学原理，容易脱离语言文字的运用，导致概念的模糊、笼统和思想的说教，也容易使语文课落入政治、哲学学科的附属地位。

3. 工具性和人文性的统一

人的完整性以及语言文字始终负载人文内涵的特点决定了语文课程应将工具性与人文性进行统一。忽视人文精神，只在语言文字形式上兜圈子，语言文字就失去了灵魂和生命；脱离语言文字运用，只讲人文性，人文教育也就无法落实语文的基础性。因此，语文课程必须关注学生精神方面的成长，必须将知识、能力的教育与立人的教育融为一体。可以这样说，追求语文课程工具价值最大化和人文价值的最大化相统一，应是当下语文课程建设的价值取向和战略取向。

（五）语文课程致力于语文学科核心素养的形成与发展

核心素养是学生通过课程学习逐步形成的正确价值观、必备品格和关键能力，是课程育人价值的集中体现。语文课程致力于全体学生核心素养的形成与发展。文化自信、语言运用、思维能力、审美创造是义务教育阶段语文学科的核心素养。

义务教育阶段语文学科核心素养是学生在积极的语文实践活动中积累、建构并在真实的语言运用情境中综合呈现出来的，其包含的四个方面是一个整体。因此，对于核心素养的把握需要"全面"。一方面，核心素养应作为一个整体渗透到教学的全过程，在确定教学目标、选择和呈现课程内容时，应综合表述，不宜进行简单的拆分，更不应该将其机械割裂。另一方面，核心素养的培养要面向全体学生，力求每一位学生的语文学科核心素养都能够获得形成和发展。

相对于高中语文学科核心素养"语言建构与运用""思维发展与提升""审美鉴赏与创造"

"文化传承与理解",义务教育语文课程强调核心素养的阶段特征和育人价值指向,强化学生对中华文化生命力的坚定信心,培养学生热爱国家通用语言文字的深厚感情和崇尚求真创新的品质,涵养高雅的情趣及健康的审美意识和观念。义务教育阶段的语文学科核心素养,不仅体现着语文课程的性质,还反映着课程理念。

第三节　语文课程理念

课程理念一般是指人们对课程的价值追求。比如对"为什么要学语文"这个问题的认识,有人说学语文是为了表达思想,有人说是为了交际和交流;对于"语文教学的目的是什么"这个问题的回答,有的人说语文主要是让学生学会语文知识,有人说语文是为了提高学生的语文能力,也有人说语文主要是培养学生自主独立、求新求异的思维能力……对类似这些问题有着不同回答的原因就在于他们有着不同的语文课程理念。

党的十八大指出,"立德树人"是教育的根本任务。语文课程也应坚持立德树人,着力培养德智体美劳全面发展的社会主义建设者和接班人。以该思想为指引,《义务教育语文课程标准(2022年版)》立足于学生核心素养,提出要贯彻以下五个课程理念。

一、立足学生核心素养发展,充分发挥语文课程育人功能

义务教育语文课程围绕立德树人根本任务,充分发挥其独特的育人功能和奠基作用,以促进学生核心素养发展为目的,以识字与写字、阅读与鉴赏、表达与交流、梳理与探究等语文实践活动为主线;面向全体学生,突出基础性,使学生初步学会运用国家通用语言文字进行交流沟通,吸收古今中外优秀文化成果,提升思想文化修养,建立文化自信,德智体美劳得到全面发展。

1. 语文课程立足学生核心素养发展

小学阶段的语文学科核心素养是文化自信、语言运用、思维能力和审美创造的综合体现。

文化自信是指学生认同中华文化,对中华文化的生命力有坚定信心。通过语文学习,热爱国家通用语言文字,热爱中华文化,继承和弘扬中华优秀传统文化、革命文化、社会主义先进文化,关注和参与当代文化生活,初步了解和借鉴人类文明优秀成果,具有比较开阔的文化视野和一定的文化底蕴。

语言运用是指学生在丰富的语言实践中,通过主动的积累、梳理和整合,初步具有良好的语感;了解国家通用语言文字的特点和运用规律,形成个体语言经验;具有正确、规范运用语言文字的意识和能力,能在具体语言情境中有效交流沟通;感受语言文字的丰富内涵,对国家通用语言文字具有深厚的感情。

思维能力是指学生在语文学习过程中的联想想象、分析比较、归纳判断等认知表现,主

要包括直觉思维、形象思维、逻辑思维、辩证思维和创造思维。有好奇心、求知欲,崇尚真知,有勇于探索创新,养成积极思考的习惯。

审美创造是指学生通过感受、理解、欣赏、评价语言文字及作品,获得较为丰富的审美经验,具有初步的感受美、发现美和运用语言文字表现美、创造美的能力;涵养高雅情趣,具备健康的审美意识和正确的审美观念。

在构成语文核心素养的四个方面中,语言学习与运用是语文核心素养的基础。语文课程与教学应以语言学习与运用作为培养学生语文核心素养的抓手,指导学生在用语言思维、用语言审美、用语言传承发展文化的过程中提升语文素养。

2.语文课程以语文实践活动为主线

语文实践作为语文教育的主要途径。语文课程应遵循学生成长规律和语文学习规律,以学生生活为基础,以"识字与写字""阅读与鉴赏""表达与交流""梳理与探究"等语文实践活动为主线。语文课程要重视学生的言语实践活动,一方面,让学生在说话中学会说话,在阅读中学会阅读,在习作中学会写作,在大量的语言实践中形成良好的语感,而不能片面地进行知识的一味讲解;另一方面,通过丰富多样的动作化的实践活动促进小学语文课程的学习,例如观察、提问、收集资料、信息整理、活动策划、讨论演讲,在喜闻、乐见、爱做中学习语文。

3.语文课程是小学阶段的基础课

语文课程致力于培养学生的语言文字运用能力,提升学生的综合素养,是学好其他课程的基础;语文课程为学生形成正确的世界观、人生观、价值观,形成良好个性和健全人格打下基础,为学生的全面发展和终身发展奠基。小学阶段语文的基础性,说到底是在学生对于国家通用语言文字学习和运用过程中实现的,失去了这个根本,语文课程的育人功能就失去了生长点。

4."以文化人"是语文课程内容的价值取向

语文课程要使学生热爱国家通用语言文字,感受语言文字及作品的独特价值认识中华文化的丰厚博大,汲取智慧,弘扬社会主义先进文化、革命文化、中华优秀传统文化,建立文化自信。在课程内容上,坚持以文化人,突出中华优秀传统文化、革命文化、社会主义先进文化方面的主题和载体,同时选择反映世界文明优秀成果、科技进步、日常生活特别是儿童生活等方面的主题和载体。

语文核心素养

二、构建语文学习任务群,注重课程的阶段性与发展性

利用单篇文章进行听、说、读、写的训练,这曾是以往语文课程的主要教学内容与教学形式,但这种课程内容构建方式太零碎、太重复、太随意,语文课程内容以及教师的教学任务不够集中,学生自主学习也不够,为解决这一问题,现行课标提出了学习任务群这个概念。

课标指出,小学阶段语文课程结构遵循学生身心发展规律和核心素养形成的内在逻辑,以生活为基础,以语文实践活动为主线,以学习主题为引领,以学习任务为载体,整合学习内

容、情境、方法和资源等要素,设计语文学习任务群。学习任务群的安排注重整体规划,根据学段特征,突出不同学段学生核心素养发展的需求,体现连贯性和适应性。

1. 义务教育语文课程内容主要以学习任务群组织与呈现

语文学习任务群是课程内容的组织与呈现方式,它是由围绕一定主题展开的有内在逻辑关联的系列学习任务组成,这一系列学习任务共同指向学生的核心素养发展,具有情境性、实践性、综合性的特点。

小学语文课程按照内容整合程度不断提升,分三个层面设置学习任务群,其中第一层设"语言文字积累与梳理"1 个基础型学习任务群,第二层设"实用性阅读与交流""文学阅读与创意表达""思辨性阅读与表达"3 个发展型学习任务群,第三层设"整本书阅读""跨学科学习"2 个拓展型学习任务群。

学习任务群是实现了语文课程内容的结构化,它引导学生通过学习掌握方法和策略,获得情感体验,有力地促进了学生在未来学习、生活和发展方面所需的核心素养的形成与发展,是语文育人方式的重大变革。

2. 学习任务群的安排要呈现课程的阶段性与发展性

小学阶段的 6 个学习任务群分别有自己的总目标和要求,同时,每个任务群都贯穿三个学段,每个学段的目标和要求呈现出逐步提升、螺旋发展的态势。因此,语文课程与教学应在全面把握六个学习任务群的内涵和外延的基础上,根据不同学段特点特别是学生认知规律,统筹安排各类主题,特别是要突出中华优秀传统文化、革命文化、社会主义先进文化主题。从而使小学语文课程在实现"以文化人"价值取向的基础上,实现课程的基础性、阶段性和发展性。需要注意的是,在实际操作中,学习任务群的安排可以根据不同学段学生的特点而有所侧重。

三、突出课程内容的时代性和典范性,加强课程内容整合

小学语文课程突出内容的时代性,充分吸收语言、文学研究新成果,关注数字时代语言生活的新发展,体现学习资源的新变化。语文课程内容应具有典范性。语文课程应精选文质兼美的作品,重视对学生思想情感的熏陶感染作用,重视价值取向,突出社会主义先进文化、革命文化、中华优秀传统文化。注重课程内外的整合,从而促进知识与能力、过程与方法、情感态度与价值观的整体发展。

1. 语文课程内容具有时代性和典范性

从课程内容看,第一,语文课程的选篇要具有经典性与时代性,选文要文质兼美,适宜教学。语文课程可以适当减少未沉淀的"时文",增加经典课文,特别是能呈现社会主义先进文化和革命文化文章以及中华优秀传统文化的经典文章。第二,语文课程知识要具有时代性和典范性。一方面,要帮助学生掌握语文基础知识和基本技能;另一方面,要充分吸收语言、文学研究新成果,对汉语言文学知识除旧纳新,将科学的、适合当代社会生活需要的语文知识纳入语文课程,并按照一定的层级进行呈现。第三,语文学习资源要具有时代性。随着现代生活的高速变革,未来学生在学习、工作、生活中可能会遇到新的需要语文学科支撑的任

务。因此,语文课程应开发出新的语文学习任务,以帮助学生应对未来社会生活的需要。对于学习任务群,也应基于时代性和典范性的考虑及时进行适时、适宜的调整。

2. 语文课程内容重在整合

综合性、整体性是语文课程的重要特点。基于语文课程的这一特点,语文课程内容应加强课程内容与生活、与其他学科的联系,注重听说读写的整合,即以学生语文学科核心素养的形成与发展为出发点,将课堂教学与课外活动相结合,书本学习与实践活动相结合,语文课程内容的选择、安排与学生生活相联系,将语文课程与其他课程相沟通,特别是要能把语文课程蕴含的语文基本知识与听说读写的基本技能练习相整合。通过多方面课程内容的整合,促进学生在语文课程学习活动中口、耳、手、目、心并用,从而促进其知识与能力、过程与方法、情感态度与价值观的整体发展。

四、增强课程实施的情境性和实践性,促进学习方式变革

小学语文课程实施从学生语文生活实际出发,创设丰富多样的学习情境,设计富有挑战性的学习任务,激发学生的好奇心、想象力、求知欲,促进学生自主、合作、探究学习;引导学生注重积累,勤于思考,乐于实践,勇于探索,养成良好的学习习惯;关注个体差异和不同的学习需求,鼓励自主阅读、自由表达;倡导少做题、多读书、好读书、读好书、读整本书,注重阅读引导,培养读书兴趣,提高读书品位;充分发挥现代信息技术的支持作用,拓展语文学习空间,提高语文学习能力。

1. 倡导自主、合作、探究的学习方式

自主、合作、探究的学习方式是新课程倡导的三种学习方式。自主学习是相对于被动学习、机械学习、他主学习提出来的,是一种学习主体有明确的学习目标,对学习内容和学习过程具有自觉的意识和反应的学习方式。合作学习是指学生在学习群体中为了完成共同的任务,有明确的责任分工的互助性学习。探究性学习是指学生独立地发现问题、实验、操作、调查、收集与处理信息、表达与交流活动,获得知识、技能、情感态度发展的学习方式。它着眼于解决问题,并在学习中生成新的问题。自主、合作、探究的学习方式不是截然分开的,自主学习是教育的着眼点和归宿,合作学习是重要的组织形式,而探究学习则是自主学习的过程。

2. 鼓励自主阅读、自由表达

当下的语文课程鼓励学生多阅读。阅读是一种个性化的行为,因此学生不应是整齐划一地进行阅读,而应给予他们进行自主阅读的权利。语文课程应给予学生阅读选择的自由,根据个人能力及其学习需求自主选择阅读内容;给予学生阅读时间的自由,应给予学生发挥阅读想象的自由;给予学生对作品进行个性理解的自由……自主阅读还学生以阅读兴趣,还学生以独特的阅读感受、体验和理解,对学生语文素养的养成与提高有着积极的促进作用。

语文课程还应尊重儿童天性与个性,减少对学生表达的束缚,倡导"心灵自由";培育言语人格,鼓励学生在文体"规范"内真实、真诚、自然、自由地表达自己。

3. 注重阅读引导及阅读量与阅读品位的提升

不读书、读书少是现在中小学生普遍存在的问题。因此语文课程内容只包含教材提供的少量课文是远远不够的。语文课程教学也不能仅仅停留于精读课文的教学，还应关注课外阅读，通过海量阅读，提升学生的阅读量。在阅读方面，鼓励学生多读书、好读书、读好书、读整本的书。不仅读中国的书，继承中国优秀传统文化；也要读外国的书，拓展孩子们的视野。要多读经典，提升阅读品位。

4. 发挥现代信息技术的支持作用

网络时代下，现代信息技术的使用转变了学生的语文学习方式，为学生的学习和发展提供了丰富多彩的教育环境。语文课程应发挥现代信息技术的支持作用，拓展学习空间、丰富学习资源、整合多种媒介的学习内容，利用多种媒介解答疑难问题，为学生的自主、合作、探究学习提供有力的学习支撑；发挥大数据优势，分析和诊断学生学业表现，优化教学，提供及时、准确的反馈和个性化指导。

五、倡导课程评价的过程性和整体性，重视评价的导向作用

小学语文课程评价要有利于促进学生学习，改进教师教学，全面落实语文课程目标。课程评价应准确反映学生的语文学习水平和学习状况，注重考察学生的语言文字运用能力、思维过程、审美情趣和价值立场，关注学生学习过程和学习进步。根据不同年龄学生的学习特点和不同学段的学习目标，选用恰当的评价方式，抓住关键，突出重点，加强语文课程评价的整体性和综合性。注重评价主体的多元与互动，以及多种评价方式的综合运用，充分利用现代信息技术促进评价方式的变革。

1. 语文课程评价以核心素养的发展为旨归

语文课程评价以学习者核心素养的整体发展为旨归，以促进教与学的及时改进、落实课程目标为目的。在评价中，应充分理解和把握每个学段学生语文学业成就表现，统筹安排评价内容，立足重点，关注各个学段的水平进阶，实现评价的科学性、整体性、综合性和个性化。

2. 语文课程评价要关注过程性评价

语文课程评价不应强调知识结果的客观性与准确性，在评价中，不仅要关注学生在语文学习过程中表现出来的语文核心素养的发展水平，还应关注学习者在真实而富有意义的评价任务中展现的学习态度、思维过程、参与程度以及在完成任务过程中的收获与进步，关注学生语文核心素养发展的动态过程。

3. 语文课程评价方式要多样

语文课程评价应根据学习者的发展需求选取恰当的评价方式。评价的方式应从纸笔测试这一单一的终结性评价形式转变为标准化测试、表现性评价、过程性评价等多种方式的结合。例如，项目式学习常常采用的一种方式就是设置真实而富有挑战的实践性任务，在评价方面，就不能简单地通过纸笔测验定等定分，而是要根据学生的实际表现给出评定，并通过访谈、文本分析的方式给予学生实质性的文字描述，最终给出学生有针对性的改进建议。

4. 语文课程评价主体要多元

就评价主体而言，核心素养取向的教学评价强调评价主体的多样化，即教师、学生、重要

小学语文教学设计与实施

他人等都可以参与到评价过程。换言之，评价不局限于教师对学生学习结果的评价，还可以包括学生自我评价和学生个体间的互相评价、重要他人与学生的互动评价等方式。

在"立德树人"思想为指引下，在对语文课程性质把握的基础上，《义务教育语文课程标准(2022)》从语文课程目标、教学内容和教学形式、课程内容、学习方式、教学评价五个方面规定了语文课程理念，全方位、立体地构建了语文教育理念体系。上述五个课程理念应是今后语文课程与教学的指导思想。

 思考与练习

1. 简述语文课程的发展历程。

2. 小学、初中、高中三个阶段语文教学的侧重点有什么不同？

3. 如何理解语文课程的性质？

4. 如何理解语文学科核心素养？你认为语文学科核心素养的明确对于语文课程教学会有怎样的影响？

5. 如何理解语文课程理念？

第二章　小学语文教学设计

 学习目标

1. 理解教案与教学设计的区别。
2. 理解教学设计的概念。
3. 掌握小学语文教学设计的主要内容与方法。
4. 能够自主进行小学语文教学设计。

 问题情境

　　下面是一份表格教案(表 2-1)和一份教学设计表(表 2-2),这两份表格有哪些差异? 备课中撰写的教案等同于教学设计吗?

表 2-1　表格教案举例①

姓名:	学校:	年级:
课题/授课内容		
教学目标:		
教学重点:		
教学难点:		
教具、学具准备:		
教学过程		
一、复习		
二、新授	教师:提出问题…… 学生:给出答案…… 教师:…… 学生:…… ……	
三、练习		

----

① 张秋玲.语文教学设计:优化与重构[M].北京:教育科学出版社,2012:25.(略有改动)

小学语文教学设计与实施

续表

教学过程	
四、总结	
五、作业	

表2-2 教学设计表举例

姓名：	学校：	年级：
课题/授课内容		

一、教学目标确定的依据

1. 教材分析

(1) 该教学内容所处单元的知识结构分析

(2) 该教学内容的教学价值分析

(3) 体现教学价值的教学策略的选择和教材处理情况的说明

2. 学情分析

(1) 学生对于所要学习内容的已有经验和个体差异

(2) 学生对于所要学习内容的各种可能与困难障碍分析

(3) 学生发展需要和对学生可能达到的发展水平的估计

二、教学目标

1. 目标一

2. 目标二

3. ……

三、教学方法

……

教学过程设计

教学环节	(教师)教的活动	(学生)学的活动	设计意图
开放的导入	**教师提出大问题** 思考如何放下去？ 以怎样的方式呈现学习资源？ 如何有效利用这些资源？ 怎样促进生生、师生互动？ 应对学生各种可能的方案是什么？ 思考如何"收"得有层次？	……	阐述设计的理由，体现了哪些认识和追求，设计背后的理论支撑是什么……
核心进程的推进	**核心问题域的生成与展开** 问题之间是否有内在关联？ 问题的思考是否有递进和提升？ 如何形成生生、师生互动？ 如何收放合理、自如、有效？ 教师的"讲"； 教师的"问"。 （生生、师生的互动，展开核心问题域；设置内在关联的问题，递进和提升的问题，放收合理、自如、有效）	分析可能形成的问题域，分析学生对问题思考的可能状态或学习行为，如对课文的理解和感受、看课文某处、默读课文某些段落等	

续表

教学过程设计			
教学环节	（教师）教的活动	（学生）学的活动	设计意图
开放的延伸	**总结提升与内容延伸** 是否注意概括性的总结？ 是否注意到学习方法特点的提炼？ 是否注意到所学内容在新的问题情境中的应用？	总结内容、方法； 运用所学知识与技能	阐述设计的理由，体现了哪些认识和追求，设计背后的理论支撑是什么……

理论述要

第一节　教学设计概述

一、教学设计的概念与现代含义

（一）教学设计的概念

教学设计兴起于 20 世纪 40 年代的西方，教学设计的概念是由"教学"与"设计"概念结合而形成的。

"教学"（instruction）一词包含"学"与"教"两个方面。从行为上看，"学"是学习者通过与环境的相互作用，改变自身的能力和倾向，以适应环境的行为，如语文学习中的阅读、写作、语文相关练习。"教"是教者帮助学习者学习的行为，如教师为学生指定阅读的书籍、指导学生的读写练习等。[①]

"设计"（design）是指人们参与的、旨在提升后续创新行为质量的活动的过程。"设计"的产生依赖于专门的知识和技能、高水平的思维能力以及高水平的创新能力。

综合"教学"和"设计"的概念，教学设计是指根据学习与教学的原理，用系统化方法分析教学问题、确定教学目标、建立解决教学问题的策略方案、实行解决方案、评价试行效果和对方案进行修改的过程。

（二）现代教学设计的含义

现代教学设计通常需要回答以下三个问题。

（1）我们将去哪里？（教学目标是什么？）

（2）我们如何去那里？（教学策略、教学方法和教学媒体是什么？）

---

① 皮连生.教学设计[M].北京：高等教育出版社，2000：4.

小学语文教学设计与实施

（3）我们如何知道我们何时到那里？（测量是什么样？如何评价和修改教学材料？）①

从中可以发现，现代教学设计有四个特点。第一，过程性。教学设计将学习与教学的原理转化为教学目标的确定、教学材料的准备、教学活动的组织、信息资源的利用以及教学评价等问题，呈现比较完整的教学过程。第二，系统性。教学设计需要考虑到教学各个要素之间的关系，将教和学进行设计、实施、评价的系统设计，还需要考虑教学系统与学习资源潜在的社会系统的联系。第三，交互性。教学设计需要考虑学习者的学习情况和学习需要，调整教学策略与教学方法，选择合适的教学媒体，使教学信息更加有效。第四，创造性。教学设计不应是对别人教学方案的简单模仿，而要综合地考虑影响课程与教学的各种因素，从有效性的角度，创造性地提出问题的解决方案。

二、教学设计的一般过程模型

为了便于教师操作，研究人员提出多种教学设计过程模型，最著名的是迪克和凯瑞的教学设计过程模型（图 2-1）。

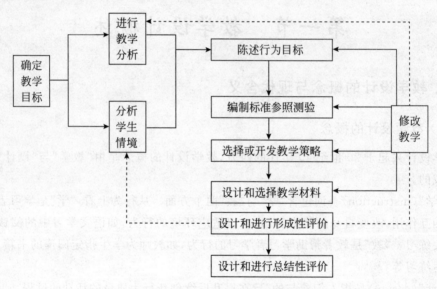

图 2-1 教学设计的一般过程模型②

这个教学设计模型分为 9 个步骤。第 1 步是根据教学目的、学生需求、教材等确定教学目标；第 2 步是教学分析，包括确定目标中包含的学习类型，分析完成目标所需要的步骤；第 3 步是分析学生与情境，包括分析学习者在希望达到的目标指引下应该具备何种知识和技能、学习习惯与学习态度以及教具、师生关系、班级气氛等；第 4 步是陈述行为目标，即详细描述教学任务完成后学生应该能做什么或有怎样的表现；第 5 步是编制标准参照检验，即编制测验项目以测量学习者的习得能力；第 6 步是选择或开发教学策略，即选择和开发为达到教学目标引导学生学习的一整套步骤、方法、媒体等；第 7 步是设计和选择教学材料，即根据

---

① 史密斯，雷根.教学设计［M］.庞维国，等译.上海：华东师范大学出版社，2005：3.

② W. Dick, L. Carey, J. Carey. The Systematic Design of Instuction(5th ed.).Copyright© 2001 by Allyn & Bacon.

教材素材和教学资源等选取教学材料；第8步是设计和进行形成性评价，即以个人、小组和全班测试为形式，其评价的结果为设计表提供可用于改进教学的数据和信息；第9步是修改教学，即在形成性评价之后，设计者总结和解释收集来的数据，确定学习者遇到的问题以及发生这些问题的原因，并修改教学步骤以及教学目标、策略与方法，以优化教学活动。① 设计和进行总结性评价是确定教学是否有效的步骤，是教学结束时进行的、用于信息反馈的环节，因此不属于教学设计工作中应做的工作。

三、语文教学设计的特殊性

语文教学设计必须以下面几项要素为依据。第一，语文课程标准的研究，即通过研读语文课程标准，建构新的语文课程观和教学观、把握学科知识结构和学段目标；第二，要充分了解学生，了解他们的认知现状和学习情况以及他们可能达到的认知水平等；第三，要认真研读教材，深入解读文本，明确文本的教学价值，之后结合自身的知识结构、教学风格以及师生关系再进行教学设计。这些要素的相关工作是语文教师应具备的教学基本技能。

语文教学设计有着与其他学科不同的特点，具体如下。

（一）必须以语文学科的性质为出发点进行语文教学设计

语文是学习语言文字运用的课程，语文教学设计必须关注学生的语言发展。虽然语文课程有综合性的特点，但所有的这些综合必须将落脚点置于发展学生的语文素养的基础上。比如部编本教材五年级上册说明文《太阳》的教学，一位教师设置了下面三个教学目标：①通过课文学习，理解太阳远、大、热的特点；②通过课文学习，理解太阳和地球的关系；③养成热爱自然的情感，形成科学的态度。如果按该教学目标设计进行教学的话，语文课程就会上成科学课。因此，在语文教学设计各个方面的内容中，都需要以语文学科的性质为出发点，牢牢把握"语文"二字，聚焦语言这个根系，时刻关注学生的语言发展。

（二）语文教学设计要以语文学习活动设计为中心

在日常的教案撰写或者教学设计研究中，许多教师关注更多的是教学内容，即如何把教材上的内容在一定的时间内更有效地传授给学生。由此，"灌输"和"告诉"成为多数教师喜欢用的方法。然而，多维性、交互性、建构性是现代语文教学最大的特点。在现代语文教学理念的引领下，学者们形成这样的共识："教学流程就是'学的活动'的充分展开。"② 因此，语文教学设计中，不仅要设计教的活动，更要设计"学的活动"。通过语文学习活动设计，使"学的活动"更有结构、更完整，使学生的语文学习方式更丰富、更多样，从而更加有效地提升学生的学习效果。在教学活动设计中，不仅可以安排自主、合作、探究的学习活动，更不能忽视传统语文学习活动方式（如诵读、书写）的规划与安排。

（三）语文教学设计具有独特性

语文教师在设计教学时，通常带有强烈的个性色彩，教师会把自己对语文教学理念、教

---

① 皮连生.教学设计[M].北京:高等教育出版社,2000:9.
② 王荣生.教学流程就是"学的活动"的充分展开[J].语文学习,2010(3).

学内容的理解,自己的思维方式、个性特点、爱好倾向融入教学设计中,使设计具有独特性。

语文教师个人教学艺术和魅力的展现也有赖于有个性的、独特的教学设计,语文教学设计的整齐划一是不利于语文教育健康发展的,甚至有人这样认为:"(语文)课堂教学设计的独特性,决定它存在的必要性。如果你的设计跟别人的一模一样,那么,它根本没有存在的价值。"①因此,语文教师要凭借渊博的知识和开阔的视野,秉持锐意进取、不断突破的精神,在关注学生个性差异的基础上,做好个性化的、独特的语文教学设计。

第二节　小学语文教学设计的基本内容

语文教学设计的内容有:教学内容的设计、教学目标的设计、教学方法的设计、教学过程的设计、作业的设计和教学评价的设计。

一、语文教学内容的设计

(一)语文教学内容与语文教学内容设计的内涵

教师在实施语文教学时,面临的第一个问题,也是最重要的问题就是一堂语文课或者一个语文教学单元需要"教什么",即教学内容的确定的问题。语文教学内容属于教学层面的概念,从教的方面说,主要指教师为达到教学目标而在教学实践中呈现的种种材料,它通常体现为学生学习语文必须掌

教学内容编制
体系的历史演进

握的、可以终身受用的语文知识、语文方法和语文技能,如汉语拼音、标点符号、常用汉字;查字典的方法、查资料的方法、阅读文章时圈点批注的方法;记叙、描写等写作方法,简单的文章结构方法;为掌握这些知识和方法展开的听、说、读、写技能训练等。②

语文教学内容是相对稳定的,但它也是可以在教学过程中生成与创造的。语文教学内容既包括教师在教学中对现成教材内容的沿用,也包括教师对教学内容的"重构"——处理、加工改编乃至增删、更换;既包括教师对教学内容的执行,也包括在课程实施中教师对课程内容(正的或负的)的创生。语文教学内容的设计主要做对教学内容的选择、组织,即确定哪些内容能够进入课堂教学活动。教学内容设计中,教师要确立主动参与课程研制、用教材教和教学为学生服务的理念。

(二)语文教学内容设计的依据

教学内容设计考虑的主要因素有语文课标、文本体式、学情等。

1. 语文课标

根据课标的总目标以及语文教学五大模块的阶段目标,以文选型教材为例,小学低段的

---

① 熊芳芳.独特性决定存在的必要性——例谈语文课堂教学设计[J].中国教师,2015(19).

② 吴忠豪.跳出讲读课文的思维定式——也谈语文到底教什么怎么教[J].语文建设,2015(28).

课文教学的主要内容是识字教学;小学中高段的课文教学的内容在兼顾识字教学、词语教学的同时,更侧重阅读教学,包括理解语篇的表层信息、理解文意、体味语言、体验情感等。

2. 文本体式

以文选型教材为例,语文教学内容的确定还需要根据文本体式。依据文本体式确定教学内容,即教师在备课时需要依据文本的特征进行教学解读,从而确定合宜的教学内容。

"文本体式"有两个层面的内涵,第一个层面是指文本的类别,即文类。比如对于文学作品,通常采用"三分法"——叙事文学、抒情文学和戏剧文学,或者"四分法"——诗歌、散文、小说、戏剧。再如从文章学的角度,可将语体文分为记叙文、议论文、说明文、应用文等。每一种文类都拥有其"类"的共性特征,因此,教学设计中首先要依据文体的共性特征确定教学内容。例如,对于诗歌教学来讲,通过诵读进行诗意的理解就是通常诗歌教学的教学内容。

"文本体式"第二个层面的内涵是指单个文本的特定样式,也就是个体文本所具有的特殊的表现形态。教师在进行教学设计时不仅要考虑某一篇课文作为类的共性特征,更要通过对该篇课文的文本解读,把握其个性特征,这往往是确定教学内容的关键。[①] 基于文本个性的教学内容设计,教师可以利用一些靠得住的课程资源——学科专家所做的文本解读专著、优秀教师上过的成功案例等。例如,钱理群《名作重读》、孙绍振《名作细读——微观分析个案研究》《听名师讲课》《小学语文名师同课异教实录》等。

3. 学情

根据学情选择教学内容,即基于学生的学习经验以及学生在学习过程中可能产生的困难与障碍分析,选择那些适合学生的,对学生学不懂、学不好的地方有切实帮助的教学内容。

以阅读教学为例,教师在教学设计之前要针对某一篇具体的课文,去探测学生的学习经验——哪些地方读懂了,哪些地方没读懂;哪些地方能读好,哪些地方可能读不好。教学内容设计时要根据多数学生阅读这篇课文时的阅读困难来安排相应的学习内容。

例如,一位教师在教学部编本教材三年级上册《秋天的雨》之前,通过调查了解学情:大部分学生已经认识了"钥匙""喇叭"等生活中常见的字词,"勾""枚"这些意义抽象的、生活中不常见的字还不太认识;"曲"字结构特殊,多数学生认为这个字难写;"五彩缤纷""频频"两个词比较难理解。课文充满诗情画意,学生喜欢课文中优美的句子,但对于一些句子,学生们不能理解其背后的含义,如"秋天的雨,是一把钥匙""秋天的雨,带给大地的是一曲丰收的歌,带给小朋友的是一首欢乐的歌"。基于以上学情,教师在教学设计中一方面要关注比较抽象的、生活中不常见的字词的识记和理解;另一方面要将教学重点放在引导学生赏析优美词句,体会语言之美上。

此外,师生关系、生生关系、教师素质及学校教学条件等语文教学环境条件因素也会影响教学内容的选择与安排。

二、语文教学目标的设计

仅仅知道教学内容,而不清楚教学目标,往往会事倍功半,甚至徒劳无功。因此,教师要

---

① 步进.如何确定教学内容——"依据文本体式"和"根据学生学情"的统一性[J].语文学习,2011(增刊1).

小学语文教学设计与实施

做好教学目标的设计。

语文教学目标设计指的是通过语文学习之后学习者能达到的行为状态,并将这种行为状态通过具体的、明确的、可操作的语言表述出来。简单地说,就是在教学前做"教到什么程度、学到什么水平"的设计。语文教学目标设计非常重要,它是语文教学设计的重要内容,对教学设计以及实际教学过程都能起到极其重要的导向作用。

(一)语文教学目标设计的依据

1. 语文课程的核心任务

语文课程以发展语言、发展思维、提升审美、传承文化为主要任务,语文教学目标的设计也应围绕语文课程的核心任务,以学生的语言发展为宗旨,以学生语言思维逻辑的养成为目标,以学生精神的丰富与人格完善为追求。

2. 语文课程目标

参照《义务教育语文课程标准(2022年版)》规定的语文课程的总目标和阶段目标,设置知识、技能、思想情感和文化修养等多方面。教师在教学时可以将课程目标分解成不同阶段更为具体的目标:学期目标、单元目标、课时目标。

3. 学情

与关注教师知识传授的教案不同,教学设计关注学生发展与学生的个体差异,教学目标设计要依据下列学情分析:①学生对于所要学习内容的已有经验和个体差异;②学生对于所要学习内容的各种可能与困难障碍分析;③学生发展的需要和对学生可能达到的发展水平的估计。

4. 教材

教材是教师教学的一种凭借,学段目标、单元目标是教师设计一篇课文的教学目标与课时教学目标的基本依据。教材分析的内容主要包括:①该教学内容所处单元的知识结构分析;②该教学内容的教学价值分析;③体现教学价值的教学策略的选择和教材处理情况说明。

(二)教学目标设计的要求

1. 准确

(1)教学目标定位要准确

教学目标的设计要基于学生已有的水平,设置学生可能达到的发展水平,切合学生的"最近发展区",要避免"高段低化"和"低段高化"的问题。

要基于教材价值准确设计教学目标。教师要在对文本深入解读、明确教材教学价值,准确把握文章的中心处、关键处之后进行教学目标的设计,即要根据教学重点、难点进行准确设计。教学重点也可辅助参照单元说明和课后习题来确定。

(2)教学目标表述要准确

教学目标有导教、导学和导检测的功能,因此教学目标的表述必须清晰、具体、明确,并有一定的层次,便于后续评价。

在教学目标的表述中，要以学生为行为主体，体现学生主体发生的变化，如规范的教学目标的开头是"应当……"，如"能够正确、迅速地抓住对方说话的意图"，而不能将教学目标表述成"教给学生……"或者"教师将说明……"。

教学目标的表述中还要用可观察、可操作、可检验的行为动词来确切描述学生"做什么"的不同水平，这类动词有"认读""背诵""说出""描述""解释""说明""分析""评价""模仿""参与""讨论""交流"等。

教学目标还需要行为条件的表述，以说明影响学习者学习结果产生的有关情境或条件。行为条件的表述有三种类型：一是对使用辅助手段的说明，如"借助工具书……"；二是对时间限制的说明，如"能在 1 分钟内认读 20 个汉字"；三是对完成行为情境的说明，如"在课堂讨论时能发表自己的意见（课堂即是完成行为的情境）"。

2. 集中

教材内容涉及的知识面广，知识点多，可以作为教学目标的项目也很多，如果要求学生全部掌握，就会既增加学生的负担，也不符合课改的要求。因此，教师要在对教材的教学价值发掘的基础上，从文化自信、语言运用、思维能力和审美创造的角度对可列入教学目标的内容进行筛选、提炼与整合，使教学目标的设计聚焦教学的重心，做到"集中"。比如部编本教材六年级上册《北京的春天》，结合教材中该单元的单元导语"分清内容的主次，体会作者是如何详写主要部分的"以及课文后的思考题，就可确定该课文的教学目标是：一是会写"蒜、醋"等 15 个字，会写"热情、自傲"等 20 个词语；二是了解课文的表达顺序，把握详略安排及其效果，学习作者抓住有特色的民俗活动进行细致描写的方法；三是体会老舍"京味儿"语言的特点，感受老北京春节的民风民俗；四是联系生活实际和阅读体验，感受不同时代、不同地域的春节习俗。

3. 预留弹性空间

教学目标并不是一成不变的，随着教学过程在教学情境中的展开，可以生成和发展出新的课堂教学目标。因此，课堂教学目标不仅是预设的，也是生成的。基于此，教师不应把教学目标看作是唯一的、固定不变的，而应在教学目标的预设中做好弹性设计，特别是为生成性目标预留弹性空间。教师可预先制定出总的教学目标，但并不为教学过程中的每一个教学行为或教学细节事先制定具体的目标，而是依靠教师对教材和学生的了解及以前的教学经验，预设教学情境中可能生成的灵活的、随机的和能适合学生学习需要和引发学生兴趣的目标。[①]

这种基于生成性目标的弹性设计通常侧重考虑学生学习兴趣的变化、学习能力的形成等，它适用于过程与方法领域目标的表述。例如，《荷风莲——韵莲文化的魅力》这一语文综合实践活动课设计的教学目标可以为：通过对有关莲花的各种信息的收集、整理、探究，揭开莲文化的神秘面纱，养成探究事物的习惯和方法，养成筛选、处理各种信息的能力和合作交流的能力。[②]

---

① 范梅南.教学机智——教育智慧的意蕴[M].李树英,译.北京：教育科学出版社,2001:6.
② 吴伟昌.新课程语文课堂教学目标设计的表述方法[J].上海教育科研,2009(8).

小学语文教学设计与实施

弹性教学目标的设计不仅要考虑学生的实际发展需求,而且要为教学的顺利推进、学生的积极参与以及意外的教育契机留下足够的空间。

(三)确定教学目标时应注意的问题

核心素养取向的课程目标致力于培养学科思维能力,将原有碎片化状态的能力训练目标转变为一个综合的整体。因而,必然要对以往所提出的三维目标进行综合和整合,力促其呈现共生的、并进的、交融的形态。学生建构知识的过程,也应是能力发展、经验形成和反省内化方法的过程。在这个过程中,学生基于兴趣的真实学习动机得到开发,情感被充分调动,学习态度、生活态度潜移默化地受到积极影响,从而树立对自我、对同伴、对社会、对未来生活的健康的价值观念。在语文学科中,学科核心素养包含文化自信、语言运用、思维能力和审美创造等四个方面,我们固然可以出于研究和讨论的需要分开表述,但是实践过程中这四个核心素养一定是同时发生的,无法单独加以培养。因此,在教学目标的确定定上,要将交汇融合的核心素养呈现出来,教学目标的表述应具有整合性,不能将四个核心素养分开表述。

教学目标的确定还应切实可行。在表述上,要清晰、具体,有一定层次;能体现学生主体发生的变化;能确切描述学生"做什么"的不同水平;可以尽可能地清晰描述在什么条件下,学生学习的结果或成就的最低标准。

【例 2-1】部编本二年级下册杜甫《绝句》的教学目标设计

教学目标设计一:

(1)学习本课的生字。

(2)背诵全诗。

(3)培养爱自然、爱祖国语言文字的情感。

上述目标没有结合课文特点,学生的具体表现程度表述不清晰,总体比较笼统。

教学目标设计二:

(1)认识"鹭、含"等 5 个生字,会写"泊、窗"等 4 个生字。

(2)正确、流利、有感情地朗读古诗,背诵古诗。

(3)通过诵读古诗,感受春天里大自然万物复苏、和谐美好的景象,体会诗人热爱大自然、热爱生活的情感。

和教学目标设计一相比,教学目标设计二中学生"做什么",需要达到什么标准相对更加明确。

三、语文教学方法的设计

"教学方法是指教师在教学过程中为了完成教学任务所采用的工作方式和在教师指导下的学生的学习方式。"教学方法是教学思想的直接体现,教师运用或设计某种教学方法,总是有意或无意、自觉或不自觉地受一定教学思想的支配。因此,教师要深入理解《义务教育语文课程标准(2022年版)》提出的语文课程的基本理念,结合我国传统的语文教学方法,如吟诵涵咏、口诵心惟、熟读精思、旁推交通,做好教学方法的选择与设计。

从教师的教和学生的学的角度看,常用的小学语文教学方法有下面几种①。

1. 讲授法

讲授法包括以叙述和说明的方式来讲授语文知识的讲述法;以解说和诠释为方式释疑解惑的讲解法;以讲与读结合的方式锻炼学生读写能力的讲读法;逐字逐句讲解文章的串讲法;以评价分析的方式讲授语文知识的评析法;对文章写作方法和思想内容进行品评圈点的评点法等。

【例 2-2】特级教师吉春亚《白杨》教学片段

爸爸借白杨表白自己的心,这也是边疆建设者要表白的心。课文借白杨赞美边疆建设者们扎根边疆、建设边疆的志向和无私奉献的精神,这就是借物喻人的写法。白杨树是边疆工作者坚强不屈性格的象征,白杨是边疆工作者默默奉献精神的象征,白杨是边疆工作者不计较生活条件为人民做贡献的象征!

2. 诵读法

诵读法包括将书面语言转化为有声语言的朗读法;凭借记忆念出读过的文章词句的背诵法;用唱歌似的声调诵读作品的吟诵法等。

【例 2-3】特级教师窦桂梅指导学生练习诵读教学片段

师:课前同学们背了那么多的诗。有人说,诗是推敲出来的。这便让我想起一个诗人,谁啊?

生齐答:贾岛。

(师出示:"闲居少邻并,草径入荒园。鸟宿池边树,僧敲月下门。——《题李凝幽居》")

师:读过这首诗吗?谁愿意给大家读一读?

(个别生读)

师:诗要读得字正腔圆。所以我们可以像刚才这位同学一样一个字一个字地读,其中有停顿。我们也可以按古人最基本的读法:四声读法,一声二声可以拉长声音读,三声四声读得短促一点。"闲"是第几声?

生:第二声。

师范读:闲——居——少(声短促)林——并(声短促)。

师:好,下面我不说了。看看怎么读?谁愿意读给大家?

(学生练读)

3. 议论法

议论法包括教师提出问题,引导学生积极思考,得出正确答案的谈话法,或者叫提问法;以集体(小组或全班)的组织形式,围绕某一教学要点或专题,展开议论甚至争辩,从而获得

---

① 周庆元.语文教育研究概论[M].长沙:湖南人民出版社,2005:115-123.

知识、开发智力的讨论法等。

【例2-4】《将相和》教学设计片段

（1）默读文中的三个故事，小组讨论：故事中的蔺相如是怎样的一个人？

（2）再次进行讨论，组内发言时要注意：每个人要先综合别人的见解，之后再用一句完整的话表达自己的见解。

（3）结合记录员记录的内容，形成小组的代表性评价，每一个小组派一名代表用一句或几句完整的话表达出蔺相如是一个怎样的人。

（4）学生总结、教师总结："蔺相如既是一个机智过人、爱国、有胆识、为国家利益不顾个人安危的人，也是一个胸怀宽广、顾大局、识大体、讲团结的人。"

4. 练习法

练习法包括以课文为依据，根据理解和回忆，用自己的语言叙述课文内容的复述法；用准确简明的语言扼要概括课文内容并揭示其内在联系的提纲法；有选择地、扼要地抄写摘录的摘抄法；为巩固、深化和提高学习效果，以课后完成练习为形式的作业法等。

【例2-5】特级教师吴琳《去年的树》教学片段

师：同学们读了那么多遍课文，一定对课文的内容有了解了。大家请看，大屏幕上，老师这里有几段话，把课文的主要内容串下来了，看看你能填出来吗？填不出来的地方可以再浏览一下课文或者和同学们再商量一下。

出示PPT：

鸟儿和树是好朋友，它天天唱歌给树听。

将要飞回南方时，鸟儿答应_____，可是第二年春天，鸟儿从南方飞回来却发现_____，它四处寻访，它问了_____、_____和_____，最后找到了_____。于是，鸟儿_____。

自己出声音读一读，填一填。

该教学片段用完成填空练习的方法，帮助学生梳理课文的主要内容。语文是语言实践类课程，练习法是促进语言能力的掌握和提高非常有效的方法，其不仅仅在课下使用，课上也经常使用。

5. 观察法

观察法包括以组织学生观看幻灯片、投影、录像等电教媒体为形式的观摩法；利用教学挂图、卡片、实物、标本、模型等教具辅助教学的演示法；组织学生参观访问以满足教学需要的参观法等。

【例2-6】《观潮》教学片段

师：同学们通过预习，已经了解了作者先写潮来之前，再写潮来之时，最后写潮过之后。有没有同学见到过钱塘江大潮？

生：(遗憾地摇摇头)没见过。

师：别遗憾，老师把这大潮用录像机给录下来了。想不想看？

生：想。

师：我们就一块儿来看看画面，听听声音，感受一下这一天下奇观。

（学生看钱塘江潮录像，不时发出惊叹声）

师：刚才录像里潮水的景象，课文里也有。你能找出来吗？……

该片段采用了录像手段，让学生感受了观潮时的气氛，并与课文中的文字相结合，有利于促进学生对于潮来时情境的感受以及文字的理解。

语文教学方法是不断发展的，有的教学法将几种教学方法进行整合，形成一种新的教学方法，如读写结合法；有的教学方法将国外一些先进的教学方法进行本土化改造，形成新的教学方法，如情境教学法、五步读书法；也有的教学方法基于本身和他人的教学方法进行创新，如"读、划、批、写"教学法等。语文教学法更是多样的，在部编教材识字与写字、阅读、习作、口语交际、综合性学习主要板块中，所使用的教学方法是不尽相同的，在后面的章节中，还将对语文课程的主要板块的教学方法做深入的阐述。

四、语文教学过程的设计

教学过程通常是教学的各个环节或步骤的具体排列，它是教学目的、教学原则、教学内容、教学方法等在课堂中的直接体现。

语文教学过程就是语文教师根据语文教学的目的和要求以及学生身心发展的特点，引导学生有目的、有计划地学习语文知识、培养语文能力、开发智力、陶冶情操、完善人格的教学各个环节或步骤的系统排列。

语文课程可以分成多种课型，不同课型的常规教学过程设计是不同的。

（一）自学辅导课常规教学过程

自学辅导课是学生根据教师预定的教材、指定的作业或自学材料进行自学或做练习，教师适当指导、答疑和小结的课程类型。这种类型的课程以学生自学为主，有利于学生自学能力的培养以及良好自学习惯的养成。通常来讲，自学辅导课通常由自学—讲读讨论—练习巩固—小结四个环节组成。

1. 自学

自学是课程的核心部分。在该环节，学生可以在教师明确自学要求和自学方法后展开自学或者学生先自学，在自学中自主发现问题并尝试解决问题。

2. 讲读讨论

讲读讨论主要是通过阅读、讨论、对话等形式明确学习重点，突破学习难点。

3. 练习巩固

练习巩固是学生通过练习的方式，将所学知识迁移运用，巩固所学知识。

4. 小结

小结主要是对本节课进行归纳总结，可以由教师归纳，也可以由学生归纳；可以归纳学习成果，也可以归纳本节课学到的学习策略和学习方法等。

小学语文教学设计与实施

例如,某教师为部编本三年级下册《海底世界》设计的教学过程如下。①教师布置自学任务:自学生字词;正确、流利地朗读课文;小组合作探究,了解课文的主要内容,明白课文是从哪几个方面介绍海底世界的。②小组交流与讨论:难读字的读音(如"啾""窃""缩");教师抽查朗读情况并进行朗读指导;组间比赛朗读。③默读后分组讨论:课文哪些地方让你感受到海底景色各异、物产丰富?④小组提交自学过程中的疑难问题,针对学生疑难问题进行交流点拨(如:为什么"海面上波涛澎湃的时候,海底依然很宁静"?"有些贝类自己不动,却能趴在轮船底下做免费的长途旅行",这样写的好处是什么?)⑤达标检测:生字组词、根据意思写词语、读出描写海底声音和植物差异的词句、写出自己认为文中描写最生动的句子并说明理由等。

（二）新授课常规教学过程

从众多的语文教学理论来看,以阅读教学为例,新授课的常规教学过程设计类型主要有三阶段和四阶段两类。三阶段的阅读教学过程设计主要有下面几种类型:①预习—讲读—复习和练习;②预习性阅读—理解性讲、读、议—巩固性练习和应用;③预习课文—精读课文—复习课文。四阶段的阅读教学过程设计主要体现为:预习(感知阶段)—分析(理解阶段)—练习(运用阶段)—复习(巩固阶段)。

在本书后面的章节,还会详细介绍识字与写字、阅读、习作、口语交际领域新授课的常规教学过程。

（三）练习课常规教学过程

练习课也称为习题课,它是以多层次练习为主要内容和形式的一种讲、练、评相结合的课程类型。练习课中以学生练习为主要表现形式,教师在练习课中不讲或少讲。练习课常规的教学过程是:明确要求—逐项训练—讲评总结—强化练习。

教师首先需要明确练习的内容。练习内容通常有下面几种形式:识记性练习,如词语积累练习;理解性练习,如有关阅读理解的练习;拓展性练习,如教材中安排的围绕某一主题的综合性学习与专题性活动。在练习课中通常会综合安排几种练习,以使学生在练习中学会积累并准确运用语言文字。练习与评议环节相结合,通常有三种形式:先讲后练(适用于新、难的练习);先练后讲(适用于旧、易的练习);以练带讲(适用于拓展性练习)。评议后,教师要进行总结。总结练习中习得的方法、技巧,能促进学生语文能力的迁移。最后,可通过再次布置练习或检测,强化练习效果。

例如,某教师为练习课"修改病句"设计的教学过程:案例导入,明确学习目标;通过例句讨论、归纳、讲解常见语病;布置课堂练习(病句判断练习、用修改符号修改病句练习等);布置作业。

（四）复习课常规教学过程

复习课是通过复习帮助学生巩固所学知识,并把知识系统化的课程类型。

语文复习课并不是把课程内容再重复一遍,而是应求"新""精""活""实"。求"新",即教学方法的使用、习题设计力求新颖;求"精",即要明确教材重点、难点以及学生易混淆之处;求"活",即教师要善于对知识进行加工和转化,把课本内容变成学生易接受、理解的内容;求

"实",即追求复习课的实效。

复习课的常规教学过程有两种。一种是:①教师简要交代本节复习课的主要内容与要求;②知识梳理,师生系统回顾所学知识;③教师组织讲解、讨论,使学生加深对知识的理解;④学生在教师辅导下练习,深化知识应用;⑤师生共同小结与讲评,并归纳、总结学习方法与规律;⑥布置课后作业。

【例2-7】部编本教材四年级下册第四单元的单元复习课设计片段

教材分析:本单元围绕"我的动物朋友"这一专题,编排了《猫》《母鸡》《白鹅》三篇文学作品。这几篇课文虽然内容、表达方式、风格特点各不相同,但都表达了同样的情感——作者对于动物的喜爱和赞美。

教学目标:通过读书感受动物的可爱、可敬;理解三篇文章的观察角度、作者的心理体验、文章运用表达方式的不同,体会三篇文章的特色;在习作中学会运用该单元文章的写作方法。

教学过程:

1. 自主复习,知识梳理

明确复习任务:①快速读课文,回忆每篇课文中介绍的动物有什么特点,作者是从哪几方面介绍的。②找出自己喜欢的内容反复朗读。③读一读课文中你认为精彩的段落,想一想作者用了什么表达方式。④小组合作,完成下面的表格。

课　题	动物特点	能体现这些特点的词句	表达方式	质疑问难
《猫》				
《母鸡》				
《白鹅》				

2. 练习巩固,迁移运用

(1) 归纳总结三篇文章的写作方法:抓住小动物的特点先总述后分述、明贬实褒、前后对比。

(2) 借鉴以上写作方法完成习作《我的动物朋友》。

3. 交流总结,深化学法

通过交流总结学习本单元课文的方法与步骤:课文总体感知(把握动物特点)—重点词句(通过具体文字感受动物特点)—精彩段落(学习写作方式)。

复习课通常还有一种结构是:①教师简要交代本节课复习内容和要求;②学生独立复习或小组合作复习,教师巡视辅导;③师生共同梳理知识,明确学习内容及学习方法;④布置课后作业。如果时间允许的话,在第③步后可再次安排学生练习。对学习能力较强、基础较好的班级可采用该复习结构。

例如,某教师为低年级学生复习某一单元"要求会认的生字"设计的教学过程:①翻开书,同桌互相考生字;②把不会读的生字做上三角符号,课后补认;③出示课件,用"开火车"方式认读生字;④小结读错频率较高的生字并将其复读几次;⑤用读错频率较高的生字进

小学语文教学设计与实施

行组词练习,帮助记忆。

除上述课程类型外,还有讲评课、考核课、活动课、研究课等课程类型。

五、语文作业设计

学习任务的作业分为课堂作业和课外作业两大类。课堂作业是教师在上课时布置学生当堂进行检测的各种练习。课外作业是学生在课外时间独立进行的学习活动。教师布置课堂作业或课外作业的目的是巩固所学知识,检测学习成果,促进学习的保持与迁移。因此,作业设计在语文教学设计中必不可少。结合教学目标,教师必须设计有针对性的作业。小学语文作业设计要秉持以下原则。

1. 目的性原则

作业的目的是巩固所学过的教学内容,因此,设计作业首要的关注点是作业内容与教学内容的一致性,特别是作业内容要突出教学的重点、难点。例如,某教师在一节课的教学中以识字和初读课文、了解课文主要内容为教学重点,并未在课上设置讲故事环节,却留了"回家后把故事讲给爸爸妈妈听"的作业,这样的作业设计就不太合理。

2. 多样性原则

(1)作业设计的时机可多样:作业在学生学习之前,可称为"前置性作业",教师可以从学生的"前置性作业"中及时发现问题,调整自己的教学;有时特定的教学情境会产生教学灵感,在学生学习过程中,教师可以设置"生成性作业";作业在学生学习之后,可称为"后置性作业",以检验学生学以致用的成效。

(2)作业形式可多样:书面形式和朗读、表演、调研、访谈等非书面形式均可;学生作业可以由学生参与设计,作业也可以由学生自由选择、有安排地完成。

(3)作业方法可多样:语文作业可以由学生独立完成,也可以由学生与学生、学生与家长、学生与教师合作完成。

(4)完成作业的时机可多样:有的是随堂练习;有的是课前预习;有的是课后练习。

(5)检查评估方式可多样:作业完成后可以教师批改、学生批改、家长协助检查等。

3. 层次性和差异性原则

一个教学班几十人,要求统一却又程度不齐;若以大多数中等生为准设计练习,置优、差两头而不顾,势必造成学困生完不成、优等生受束缚。因此,作业的设计和布置必须多层次、有差异。学习有困难的学生,应适当减少作业量或适当降低作业的难度,让他们完成一些记忆型的作业,如汉字的拼读与认读、字词的抄写等作业;对学习能力较强的学生适当提高要求,设计理解型作业,如对句段篇的理解,也适当出一些应用型作业,即举一反三,解决实际问题的作业。

【例 2-8】部编本教材三年级上册《掌声》一课的梯次选择性练习

选择练习:星级题(学生自主选择,练一练)

☆☆☆:我能用上今天学到的词语写一件简单的事。

☆☆:我能用上课文中的词语写一两句话。

☆：我能摘录课文中的词语，如"默默、骤然、热烈"等。

这样，通过分层次的练习，让优等生"吃得饱"，中等生"跳一跳，够得着"，后进生"消化得了"，使全体学生各有所获。

此外，小学语文作业设计还要适量、有趣味，以更有效地提高学习的质量和效果，真正达到作业的目的。

识字与写字、阅读、习作、口语交际、综合性学习模块有不同的作业类型，在后续的章节将有详细阐述。

六、语文教学评价设计

教学评价设计是教学设计中非常重要的一个环节。小学语文常见的评价环节包括课堂教学评价和学期教学评价。这里主要讨论课堂教学评价，并将其分为以下几个环节。

（一）评价内容的设计

小学语文教学评价的内容按照评价对象的不同分为两大类：一类是针对教师"教"的行为、能力、过程和效果的评价，其主要内容是对教师的语文课堂教学进行价值判断，以促进语文教学更好地为学生的发展服务；另一类是针对学生"学"的行为、能力、过程、效果的评价，其主要内容是对学生语文学习质量的评价。

小学语文教学内容分为识字与写字、阅读、习作（写话）、口语交际、综合性学习，对各部分的评价应按照知识与能力、过程与方法、情感态度与价值观三维目标，抓住关键、突出重点，全面考查学生的语文素养。

（二）评价主体的设计

现行课标鼓励多元评价，在评价中应注意将教师的评价、学生的自我评价及学生之间的互相评价相结合，加强学生的自我评价和互相评价，促进学生主动学习，自我反思。根据需要，可让学生家长、社区、专业人员等适当参与评价活动，争取社会对学生语文学习的更多关注和支持。

1. 教师评价

教师评价最为常见，也是小学语文教学评价中最为基础的教学评价。教师是小学语文教学评价中必不可少的评价主体，对学生在课堂上的表现，如认知水平、学习态度、学习能力等进行评价。

2. 学生评价

课标确定了学生也是评价主体的地位，学生评价可以弥补教师单一或单项评价的不足，有利于教师综合地、全面地了解教育教学情况，也有利于激发学生参与学习的兴趣，提高学生学习的主动性和积极性。

3. 家长评价

实现有家长参与的评价主体多元化是当前我国基础教育评价体系改革的目标之一。家长评价有助于全面、客观、公正评价学生，对培养学生诚实品质，促进家校合作，形成教育合力具有重要意义。教师应引导家长积极关注学生的学习行为、态度、能力、过程等,进而促进学生发展并指导教学。

(三)评价方法的设计

小学语文教学评价的具体方法有很多,常见的主要有以下几种。

1. 测试

测试仍是当前教育教学中常见的评价方法,包括书面测试、口头测试。书面测试是教育行政部门为了掌握学生的学习情况,了解学习效果,组织专门教学研究机构或教师编制一定的测试题,以书面考试方式进行的一种评价方式。书面测试应注意改革测试内容、测试题型,有效发挥测试的诊断、激励、调节和导向作用。

小学语文教学中许多教学目标可通过口头测试来实现,尤其是低年级,主要形式有认读生字、复述材料、背诵课文、口头小作文等。相对于书面测试,口头测试可以考察学生的学习过程,了解学生发展中的需求,帮助学生认识自我,及时发现自己的进步和不足,以调整学习进程。

2. 观察

观察即在自然的教育场景下了解观察对象。在实际的教学过程中,教师每天都在课堂和其他教学活动中对学生进行观察,这种观察就是在自然状态下进行的。直接的观察可以使教师对学生的语文学习行为做出及时的评价,并对学生的反应做出更有根据的判断。在课堂上,教师可以直观地通过学生对提问的回答、学生在课堂上的各种表现、学生的表情反应和情绪变化等得到反馈。通过观察了解学生的语文学习兴趣、爱好、习惯,了解学生的语文学习方法和态度,同时准确、系统地记录观察结果,并对结果进行分析。

3. 调查

小学语文教学评价中行之有效的调查方法主要有问卷和谈话。问卷可以测查出学生表面上不显露的知识、态度、意志、过去发生的事件以及长期以来的行为。谈话可以较深入地了解学生的主观动机、情感态度以及其他客观存在的问题等,并据此对学生的语文学习做出全面评价。

第三节　小学语文教学设计案例

一、常规格式的教学设计

【例 2-9】部编本教材三年级上册《金色的草地》教学设计①

教材分析:《金色的草地》是第五单元第二篇课文。它以儿童的视角,描写了生活在乡村的小男孩观察发现草地颜色的变化并寻找原因的过程。课文语言平实,意境优美,充满童真

---

① 毛敏慧.《金色的草地》教学设计[EB/OL].(2019-05-30)[2019-09-22].http://xiaoyu.pep.com.cn/xxsx_176803/xxsxwd/201905/t20190530_1938786.html.(有改动)

童趣。课文配有一幅插图,展现了兄弟俩在草地上吹蒲公英绒毛的游戏情景,画面色彩鲜艳,形象活泼生动,有助于学生直观了解草地的样子,感受草地给兄弟俩带来的快乐。单元导语提示,"本单元要引导学生体会作者是怎样留心观察周围事物的;要仔细观察,把观察所得写下来。"结合课文特点、插图和单元导语提示,本课在教学中应基于文本与插图做好课文朗读;关注能表明作者留心观察了解事物的变化的词句,如"很早""中午""傍晚"等表示时间的词语以及描写草地、蒲公英在不同时间里不同样貌的词句;引导学生进行细致观察与仿写实践。

学情分析:通过学习前一篇课文《搭船的鸟》,学生初步感受了留心观察的好处,学习了如何进行有序的观察,并能简要地记录观察所得,这些为本课的学习打下了有效的基础。基于学生已有学习经验,本课的教学重点在于引导学生继续体会留心观察的好处,学习作者细致观察和持续观察的方法。对于三年级学生来讲,要将在本文中学到的观察方法转化为自身的写作能力是有一定难度的,因此写下细致观察所得、完成观察片段的仿写是教学难点。另外,学生未见过蒲公英开放、合拢的样子,难以体会到发现的乐趣,因此理解并说清草地变色的原因也是本课教学的重难点。

教学目标:

(1)认识"蒲、英"等 6 个生字,会写"蒲、英"等 13 个生字,会写"乡下、窗前"等 18 个词语。

(2)能一边读一边想象画面,感受文中人物的快乐,能紧扣关键词说出草地的变化情况及变化的原因,体会作者观察的细致性。

(3)能观察某一种动物、植物或一处场景的变化情况并和同学交流,尝试仿写一个片段,进一步培养学生留心观察周围事物的习惯。

教学重点:通过交流,能紧扣关键词说出草地的变化情况及变化的原因,体会作者观察的细致性。

教学难点:观察某一种动物、植物或一处场景的变化情况并和同学交流,尝试仿写一个片段,进一步培养学生留心观察周围事物的习惯。

教学流程:

第 一 课 时

一、设置悬念,导入新课

大家都见过草地吧,都是什么颜色的? 可是有两位小朋友看到的却是一片金色的草地,你们想知道是为什么吗? 今天我们来学习一篇新的课文(板书课题)——《金色的草地》。

二、初读课文,整体感知

(一)自由读课文

(1)用自己喜欢的方式读课文,注意读准字音,读通句子。

(2)一边读一边想象课文描写的场景。

（二）学习生字词

出示生字词：蒲公英 盛开 玩耍 哈欠 钓鱼 观察 合拢 有趣 喜爱 睡觉

（1）学生开火车带读，正音。

（2）关注"钓"：与"钩"进行对比，发现异同，分别口头组词。

（三）交流初读感受

最喜欢课文中描写的哪个场景。

教师板书：快乐 有趣

（四）学习第四自然段

课件出示第四自然段，读一读，初步感受快乐、有趣。

三、想象画面，感受快乐

（一）借助图片，感受花开之美

（1）出示第一自然段，引导学生想象蒲公英盛开，一片金色的画面，带着想象朗读。

（2）出示蒲公英盛开的图片，看着图美美地读。

（3）齐读，体会情感。

（二）抓关键词，感受草地游戏之乐

（1）自由朗读第二自然段，画出最能表现我快乐的词句，一边读一边想象画面。

（2）反馈交流。

（3）想象说话：说说自己仿佛看到了什么，听到了什么？

（三）再读第四自然段，感受快乐

四、指导书写

指导书写"蒲""察"两个生字。

五、作业布置

（1）看拼音，写词语。

shèng kāi   wán shuǎ   diào yú

（   ）   （   ）   （   ）

guān chá   hé lǒng   yì běn zhèng jīng

（   ）   （   ）   （   ）

yǒu qù   yǐn rén zhù mù

（   ）   （   ）

（2）组词。

要（ ）   欠（ ）   钓（ ）   拢（ ）

要（ ）   吹（ ）   钩（ ）   笼（ ）

（3）填合适的词。

（   ）的花瓣   （   ）的草地   （   ）的笑脸

（4）想象文中的画面，带着快乐的感觉，把课文读得正确、流利。

第 二 课 时

一、复习导入

(1) 课件出示课文第一、二自然段,有感情地朗读,重温草地带来的快乐。

(2) 引入本课学习:这片草地还非常神奇,颜色会发生变化,一起到课文中寻找草地的变化。

二、了解草地变化,体会观察细致

(一) 了解草地的变化

(1) 课件出示课文第三自然段,边读边画出草地变化的句子。

(2) 学生交流,完成课后练习第 2 题的前半部分,请多名学生说一说。

出示:

早上,草地,_____;

中午,草地,_____;

晚上,草地,_____。

引导学生发现:草地在早、中、晚三个时间颜色发生了变化,从绿色变成金色,再从金色变成绿色。

板书:颜色(绿色 金色 绿色)

(3) 齐读草地变化的句子,感受神奇。

出示:有一天,我起得很早去钓鱼,发现草地并不是金色的,而是绿色的。中午回家的时候,我看见草地是金色的。傍晚的时候,草地又变绿色了。

(4) 引导学生关注三个表示时间的词,并圈画出来,通过细读发现作者是在早、中、晚三个不同时间进行连续观察才发现草地的变化,初步感受作者观察的细致性。

板书:时间(早上 中午 晚上)

(5) 再读草地变化的句子,读出作者当时的惊喜。

(二) 了解草地变化的原因

1. 体会作者观察时的认真思考

(1) 有了发现之后,作者是怎么做的呢?(去仔细观察)

出示:这是为什么呢? 我来到草地上,仔细观察,发现蒲公英的花瓣是合拢的。

(2) 引导学生关注问句:这是为什么呢?

小结:如果没有这个思考,作者就不会再去仔细观察了。看来,在观察的时候,认真思考特别重要。

2. 了解草地变色的原因

(1) 再读第三自然段,画出草地变色原因的句子。

(2) 学生交流,口头完成课后练习第 2 题。

早上,草地_____,因为蒲公英_____;

中午,草地_____,因为蒲公英_____;

傍晚,草地_____,因为蒲公英_____。

小结:原来草地会变色的原因是草地上的蒲公英会变色,蒲公英花瓣张开、合拢的姿态不一样就使草地的颜色也不一样。

板书:姿态(合拢 张开 合拢)

(3)手势模仿:师生一起一边读课文,一边模仿蒲公英花盛开、合拢的样子。通过动作的演示体验,让学生对蒲公英花瓣变化导致草地颜色变化有更好的理解。(蒲公英张开时,五指张开;蒲公英合拢时,五指合拢握拳)

(4)看蒲公英花张开、合上的图片,直观感受,加深印象。

(5)请学生动笔完成课本第2题练习题。(动笔练习时指导学生写字姿势)

(6)回顾第三自然段,分层朗读。

① 课件出示第三自然段,朗读感受草地变色的神奇、作者观察的细致性。

② 隐藏有关草地和蒲公英的变化的词语,引导学生记忆朗读。

3.品味语言

(1)替换原文:草地的变化及变化原因,课文第2小题中简单的几句话就讲明白了,把第三自然段替换掉读一读。

(2)比较朗读:你更喜欢原文的写法还是替换掉的写法?

小结:虽然意思一样,但是原文的写法读起来更有趣一些,读着读着能让我们想象到当时的情景。

(3)再读原文。

(三)体会"我"观察的细致

(1)课件出示早、中、晚草地的图片,引导:为什么作者发现这神奇的秘密?

板书:细致观察

(2)回顾课文,用自己的话说说作者的细致观察体现在哪儿。

小结:正因为作者的细致观察,发现了草地变色的秘密,也让他更加喜爱这片草地。

(3)齐读最后一段。

三、交流观察所得,尝试片段描写

(一)交流课外观察所得

(1)《搭船的鸟》这节课学习后布置学生去持续观察身边的一种动物、植物或一处场景,看看有没有发现变化,并记录在观察记录单上,先在四人小组内进行交流。

观察记录单

观察对象				
观察地点				
观察时间				
观察所得				

(2)全班交流观察所得,重点评价是否进行持续观察,发现事物的变化。

（二）尝试进行片段描写

（1）播放含羞草被触碰后发生变化的视频，让学生说说有什么发现。（含羞草被轻轻触碰后叶片慢慢合拢，3～5分钟后叶片慢慢张开；用力触碰含羞草，叶片快速合拢。）

（2）出示含羞草被触碰后的变化原因：含羞草叶柄里充满了水分，当用手轻轻触碰它时，叶柄水分就立即向上或两边流去，叶柄就下垂，叶子就合拢了；不触碰它时，水分就会慢慢回到叶柄里，叶子就又张开了。

（3）仿写。

课件出示片段仿写的提示。

今天，我仔细观察了含羞草。用手轻轻触碰它时，含羞草＿＿＿＿＿＿＿＿。过了3～5分钟，＿＿＿＿＿＿＿＿。＿＿＿＿＿＿＿＿时，含羞草＿＿＿＿＿＿＿＿。真是＿＿＿＿＿＿＿＿。这是为什么呢？老师告诉我，原来，含羞草的叶柄＿＿＿＿＿＿＿＿，用手轻轻触碰它时，叶柄＿＿＿＿＿＿＿＿，叶子＿＿＿＿＿＿＿＿；不触碰它时，水分＿＿＿＿＿＿＿＿，叶子＿＿＿＿＿＿＿＿。

（4）交流分享仿写片段。

四、作业布置

（1）抄写自己喜欢的句子。

（2）你留意过哪些事物的变化？选择一个你印象最深刻的，写一写它的变化。

五、板书设计

金色的草地

持续观察

时间：早上　中午　傍晚

颜色：绿色　金色　绿色

姿态：合拢　张开　合拢

二、表格式教学设计

【例 2-10】五年级《观察作文》教学设计[①]

学情分析：从二年级开始，学生就开始尝试写观察日记，比如观察水果、植物、动物。到了中年级，学生开始写观察作文，学习有顺序、有条理、具体地写下观察中新的发现。为使观察作文的写作更加生动与深入，高年级的观察作文不仅要巩固有条理、细致的观察及其写作，更需要进一步学习根据观察进行合理想象、联想的习作方法。

教学目标：

（1）养成观察事物的兴趣和习惯。

（2）学会观察静态事物——角度、顺序以及根据观察进行合理想象、联想的习作方法。

（3）懂得评价观察作文的标准，学会批改观察作文的方法。

---

① 根据孙双金《观察作文》教学实录改写。

小学语文教学设计与实施

教学过程：

教 学 环 节	教 的 活 动	学 的 活 动
导入	（出示一个盒子）在这个精致的盒子里用红布包着的东西是什么？（一块普通的砖头）	猜一猜
指导观察	1."观其形"（板书：形） 2."辨其色"（板书：色） 3."掂其重"（板书：重） 4.敲一敲，"听其声"（板书：声）	1.说"形" 2.说"色" 3.说"重" 4.谈感受，说"声"
指导想象和联想（深层次地观察）	1.砖头怎么来的？ （根据学生回答，板书：泥土、塑形、晾晒、烧制） 2.从砖的烧制中你得到了什么启示？ 3.砖的用途有哪些？ 4.一块普通的砖有这么多的用途，你悟到了什么？根据对砖的感受定题	1.说来历 2.说由砖引发的联想 3.谈用途 4.谈感受，说题目
（学生写作）		
习作批改	教批改作文的方法：把认为最出彩的那一句话、一个片段用波浪线画出来。待一会儿全班推荐一处最精彩的地方	学生互相批改
习作讲评	1.根据学生的推荐片段面批面改 根据学生的反馈随时总结：学会描写，描写要具体；用好词佳句；写真实场面…… 2.扩展阅读《观砖记》，教师朗读	1.读片段，谈对该片段的感受与评价 2.学习优秀作文

作业布置：根据作文要求，结合同学对你作文的批改以及你对范文的借鉴，再次写作本篇作文。

（教学反思及其教学设计修改略）

从表 2-1、表 2-2 以及上述的教学设计案例看，教案撰写与教学设计确实有不少相似之处：二者的目的都是为教学服务，都希望实现教学目标，从而取得好的教学效果；无论是教案还是教学设计，都需要认真学习课程标准、分析处理教学内容、考虑学生情况以及现代教育技术如何与教学整合等。不同的是，以往的教案撰写是将教科书中呈现出来的教学材料，由教师单方面从教的角度确定教学目标、安排教学内容、规定教学步骤，单向线性传递给学生。与此相比，教学设计更加关注学生发展需要、个体差异和学习环境，它将教师、学生、教学内容、教学环境组成一个有序的教学系统，由分析、计划、实施、评价、修改五个环节构成了一个非线性结构。教师通过对各环节中的核心元素进行优化组合，使学生在这个优化的系统中得以自由地、最大限度地发展。可见，教学设计既不是一种形式化的拟定教学方案，也不是简单地排定教学内容的步骤，而是一项遵循必要程序，运用科学方法，使教学趋向理性化、科学化的系统设计。因此，将教学设计等同于"备课"、将教学设计的研究等同于写教案，这样的理解是略有偏颇的。

思考与练习

1. 结合实例,谈谈现代教学设计的特点。

2. 结合实例与相关理论,谈一谈你对语文教学方法的理解。

3. 小组合作,收集小学语文优秀教师的成功课例,分析并分享其教学内容和教学方法设计的成功经验。

4. 自选一节小学语文教学名师的教学设计、教学实录或教学录像。

(1) 根据这些材料,用文字或者思维导图的方式对该节课的教学过程进行分析。

(2) 结合该案例以及教学过程设计的相关理论,谈一谈你对于优化教学过程设计的设想。

5. 小组合作,收集、交流、分享小学语文常见作业类型。

6. 选取部编本教材三至五年级一篇讲读课文,初步尝试进行教学设计。

第三章 小学识字与写字教学设计

 学习目标

1. 了解部编本小学语文教材中拼音、识字与写字部分的内容和要点。
2. 把握拼音、识字与写字设计的要点和基本教学流程。
3. 掌握几种拼音、识字与写字设计的方法。
4. 能独立进行拼音、识字与写字教学设计。

 **问题情境**

一年级为何要改为先认字,再学拼音?①

过去都是一年级刚上学就学拼音,然后再用拼音去认字。这回改了:把拼音学习推后个把月,先认一些汉字,再学拼音,而且边学拼音边认字。这个改变体现了一种更切实的教学理念。其实,传统的语文教育都是从认字开始的,是在没有注音帮助的情况下进行的。以前的蒙学办法,就是让孩子反复诵读,慢慢就会认字了。部编本教材多少有点儿回归传统。入学教育以后,第一篇识字课文,就是"天、地、人、你、我、他",六个大的楷体字扑面而来,会给刚上学的孩子留下深刻的印象,可能是一辈子的印象。接下来是"金、木、水、火、土""云对雨,雪对风",很传统,也很有趣。为什么这样安排?要的是孩子们对汉字的原初感觉。"第一印象"不是字母 abc,而是汉字"天地人",这个顺序的改变是别有意味的:把汉语、汉字摆回到第一位,而拼音只是辅助学汉字的工具,不是目的。

先认字后学拼音,还有一个考虑是幼小衔接,放缓坡度。对于一年级刚上学的孩子而言,一上来就是拼音,比较难,并不利于培养对语文课的兴趣。现在把拼音学习推后一点,能减少他们的畏难情绪。总之是要想办法让小学生觉得语文学习挺有意思的,一开始就要注意培养认字读书的兴趣,这比什么都重要。

---

① 温儒敏.用好部编本小学语文教材值得注意的 11 个问题[EB/OL].http://www.sohu.com/a/159832243_500680 [2021-07-21].(有删减)

部编本小学语文教材在拼音教学、识字与写字教学的编排上有何变化？如何应对变化来设计小学语文拼音教学、识字与写字教学？课标又对拼音教学、识字与写字教学有何要求？这些问题将在本章进行讨论。

 理论述要

第一节　拼音教学设计

汉语拼音是用来为汉语普通话标注读音的工具。我国古代并没有汉语拼音，注音方法主要是反切法和直音法，中国近代的汉语拼音是从清朝末年的切音字运动开始，历经多次探索和改革，吸收中外经验，直到 1958 年，第一届全国人民代表大会第五次会议正式批准《汉语拼音方案》，同年秋，《汉语拼音方案》进入全国小学语文课堂。《汉语拼音方案》自制定以来，得到迅速的推广和应用，汉语拼音成为学习汉语重要的辅助工具，是小学一年级语文课程指定的教学内容。

汉语拼音方案

一、教材解读

《汉语拼音方案》颁布实施 60 多年来，小学语文教材历经变迁，不同时代的教育理念和对语文学科的不同认识，也影响到汉语拼音的教材呈现。目前，全国小学推行的是由教育部统一组织编写的教材，本节主要对部编本教材的拼音部分进行解读。

在部编本教材中，汉语拼音集中在第一册的两个单元中，共 13 课。新编排的拼音单元主要有以下几个方面的特点。

1. 定位明确，主次分明

汉语拼音是识字的工具，是学习普通话的工具。汉字是表意文字，汉字的字形结构与它所记录的词义之间有密切的关系，汉字的表意性是区别于世界上其他文字的重要的特点。但是，在几千年的演变发展中，汉字的表音机制并不完备，因此推行注音字母和汉语拼音方案，是弥补表意汉字与口语的语音联系不足的不可缺少的措施。

汉语拼音是科学地标记汉字语音的符号，是辅助识字和发音的工具。是学习汉字的辅助性工具。学习汉字的关键在于认字和写字，所以部编教材第一册第一单元不再是拼音，而是识字，拼音单元后移。这样的编排凸显了汉字的重要性高于拼音，显示了汉字与拼音不同的地位和性质。同时，也考虑到了实际情况，学生对汉字的熟悉程度比拼音高，这样就降低了一年级学生初入学的学习难度，缓解了学生对学习的畏难情绪。

2. 相互呼应，综合立体

两个拼音单元课文部分主要有七个板块：字母、情境图、音节、词语、儿歌、识字、拼音书写，各板块之间相互呼应，彼此巩固。新学的字母，在情境图、音节、词语、儿歌、识字、拼音书写中

小学语文教学设计与实施

以图片、朗读、书写等多种方式呈现巩固,综合展现出该新学字母不同的应用场景和组合搭配。

拼音单元的学习与识字、写字、阅读等相互结合,彼此呼应,使拼音学习不再枯燥单一。比如词语部分,将拼音和识字结合在一起。再如儿歌部分,不仅仅是巩固发音,也是帮助学生练习阅读,增加语感,如 j q x 课后的儿歌《在一起》:小黄鸡,小黑鸡,欢欢喜喜在一起。刨刨土,捉捉虫,青草地上做游戏。

这种综合学习的特点在语文园地中体现得最为明显,如:拼一拼,写一写中,将拼音与写字相结合;和大人一起读,将拼音与阅读相结合;字词句运用,将拼音与说话相结合等。

3. 联系实际,实用性强

在部编本教材中,拼音的学习不是孤立的单个字母或音节的学习,也不是脱离实际的凭空学习,而是将拼音与实际生活相联系,让学生能即学即用,活学活用,能将学到的拼音进行实际的交流和应用。比如配合字母学习的情境图,展示出来的画面除了包含所学拼音字母外,还是一幅幅生活画面或故事情境,可以让学生迅速产生联想。再如语文园地的练习中,识字加油站直接展示课程表;读一读,记一记中,说一说自己名字里的声母和韵母;用拼音中,说一说秋游的时候,你想带些什么。这些练习都能直接激发学生的生活经验,使学生提高学习的兴趣。

4. 编排有序,重点突出

在教材的编排上,注意拼音的整理、分类,突出重点内容。如在音节部分,精选高频音节;将同类事物归纳在一起,如季节、数目、亲戚等;在对声母、韵母的整理中,同类声母和韵母排成一列,不能拼的空缺,如 r 和 a、ua 的拼写部分(图 3-1)。

zhā	zhè	zhù	zhuā	zhuō	zhí
chá	chě	chū	chuā	chuō	chī
shǎ	shè	shù	shuā	shuō	shī
	rè	rǔ		ruò	rì

图 3-1　zhi、chi、shi、ri 拼音分类排序

对于需要重视或重点学习的内容,教材以不同方式进行提示和突出,比如以色彩进行区别和提示。新学的字母,书写中以黑色示例,后面加描红;儿歌中新学的拼音以鲜艳的红色强调;音节部分,新学音节以红色强调;不强调拼读法,更重视拼读结果,所以拼读过程是浅灰色。再如以同类练习提示重难点。在语文园地的用拼音中,通过字形易混字母、读音易混字母等同类练习,解决学习重点和难点问题。

5. 形式多样,生动有趣

注重寓教于乐,在拼音学习中注重形式多样的教学和练习,比如孩子和大人一起读,让孩子在家长陪伴下无压力朗读。教材还安排了很多游戏类的练习,生动有趣,以激发学生的学习兴趣和学习热情,比如同类词语涂色练习;思维导图的词语发散练习;读一读,做动作的模仿练习;连点成图的图画练习(图 3-2);开动脑筋的益智练习(图 3-3)等。

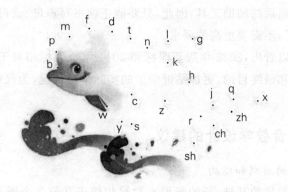

图 3-2　汉语拼音连点成画练习

hái néng bǎi shén me　　kuài lái shì shì kàn
还 能 摆 什 么 ？　快 来 试 试 看 。

图 3-3　汉语拼音益智练习

二、课程标准对拼音教学的要求

《义务教育语文课程标准(2022 年版)》对拼音教学的要求如下:学会汉语拼音。能读准声母、韵母、声调和整体认读音节。能准确地拼读音节,正确书写声母、韵母和音节。认识大写字母,熟记《汉语拼音字母表》。汉语拼音学习的评价,重在考查学生认读和拼读的能力,以及借助汉语拼音认读汉字、讲普通话、纠正地方音的情况。

从这些要求和评价可以感受到对汉语拼音的教学要求最大的特点就是,降低了学习要求,减缓了学习难度,突出了汉语拼音的工具性。

从之前的熟练拼读、直呼音节到准确拼读音节,降低了读拼音的难度。"准确拼读"和"熟练拼读",这是两个不同层次的要求,直呼音节需要熟练拼读,反复训练才能做到,其目的是通过熟练直读音节来读课文,帮助阅读。而直接识字阅读才是我们的最终目的,所以以读拼音代替读汉字的做法是不妥当的。因此,《义务教育语文课程标准(2011 年版)》进行了重大调整,把熟练拼读修改为准确拼读,能读准声母、韵母、声调和整体认读音节就可以,能准确拼读就意味着学生可以借助读音进行识字、纠正普通话发音、查工具书,这样就达到拼音教学的目的。《义务教育语文课程标准(2022 年版)》沿用了这些调整。

从之前的"背诵"到"熟记"、从"默写"到"正确书写",降低了对汉语拼音识记的要求。学习汉语拼音,无论是拼读还是识记,本身是有一定难度的,甚至可以说比认识汉字都要难,因为汉语拼音的声母、韵母本身并没有意义,发音和自身的字形也没有直接关联,所以在识记时,只能是机械记忆,这无疑是有学习难度的,尤其对于刚入学的小学生更是如此。汉语拼音只是学习汉字和普通话的辅助工具，因此，只要能正确书写声母、韵母和音节，认识大写字母，熟记字母表就够了，不需要更高的要求。

通过以上分析可以看出，2022年版新课标和2011年版课标相对于2001年版课标更加贴近汉语拼音的定位和最终目的，更加贴近学生的实际学习情况，为汉语拼音的教学提供了梯度和层次。

三、对汉语拼音教学设计的建议

1. 掌握教材编写的原则和结构

吃透教材是进行教学的基础，新的部编本教材相较于其他各个版本的语文教材有全新的编写理念，在内容和结构安排上有了较大的变化，只有掌握了这些新的理念和内容，适应新的教材，调整好自己的教学策略，才能较好地进行下一步教学工作。

2. 深入贯彻课标要求

语文课程标准是语文教材编写、教学、评估和考试命题的依据，体现了对学生在知识与技能、过程与方法、情感态度与价值观等方面的基本要求，规定了语文课程的性质、目标、内容框架，提出了教学建议和评价建议，对教材、教学和评价具有重要指导意义，是教材、教学和评价的出发点与归宿。拼音教学设计自然也需要以语文课程标准为指导，在课标的基础上才能开展有效的语文教学。

3. 注重教学策略

教学策略是对教学活动理论或实践的概括，是达到教学目的的手段和方法，具有明确的指向性和可操作性。正确的教学策略可以帮助教师快速有效地制定教学程序，达成教学目标。

就拼音教学而言，首先要明确拼音教学的目标和定位。汉语拼音是辅助工具，是用来帮助识字和学习普通话的。其次要抓住拼音教学的重点，即拼音训练，对于理论性的语音知识，尽量少讲或不讲。再次要注意选择合适的教学方法，根据具体的教学目标和内容组织有效的教学。最后要注意激发学生学习的兴趣。

4. 灵活运用各类教学方法

拼音教学方法多种多样，有示范法、口诀法、比较法、观察法、模仿法、情境教学法等，每一种教学方法都有自己的特点和优势，比如对于容易混淆的"b""d""p""q"，可以用比较法；双拼音节和三拼音节的教学，可以结合情境教学法等。在具体教学时，要根据本班学情，灵活运用各类教学方法，才能达成拼音教学的目的。

【例 3-1】学习 ai、ei、ui 的读音

师：出示情境图并提示：画面上都有谁？他们在做什么？

生：有老奶奶，有小朋友，小朋友坐在老奶奶周围，听老奶奶讲故事。

师：小朋友们爱听故事吗？

生：爱听。

师：除了人物，画面上还有什么？

生：有桌子、凳子，桌上有一杯水。老奶奶还戴着红围巾。

师：大家观察得很仔细，非常好！你能用爱听故事、红围巾、老奶奶、水杯说一段话吗？

指名回答：小朋友们都爱听故事，一放学，他们就围坐在老奶奶身边。老奶奶戴着红色的围巾，很美丽。她讲得口渴了，就喝了一杯水。

齐读带有 ai、ei、ui 的词：爱故事　奶奶　围巾　周围　水杯　美丽

5. 注意与其他教学内容的协作

教学中拼音教学并不是孤立的，其中还有识字、阅读等内容，识字与拼音是紧密相关的，低年级的阅读与拼音也联系密切。教材中也安排了相关内容，如拼音单元课后的儿歌《说话》《在一起》等，在进行拼音教学时，也要关注到这些内容的相互联系，通过潜移默化的教学，让小学生能认识一定数量的汉字，初步感受到阅读的快乐。

四、汉语拼音教学过程设计

汉语拼音的教学过程设计一般如下。

（一）复习检查

复习检查的主要内容是上一节课所学知识，目的是巩固学习成果，加深学生记忆。复习检查可以利用多种方式方法，如教师检查、小组互查、单个检查和集体检查相结合；在辅助教具上，可以利用卡片、小黑板、情境图等。

（二）教学新课

教学新课时，有以下几个必要的环节。

1. 导入新课

汉语拼音的导入有多种方式，可以开门见山导入、情境导入、儿歌谜语导入、故事导入、游戏导入等。比如学习字母 e 时，可以用绕口令导入：哥哥弟弟坡前坐，坡上卧着一只鹅，坡下流着一条河。哥哥说宽宽的河，弟弟说白白的鹅。鹅要过河，河要渡鹅。不知是鹅过河，还是河渡鹅。

2. 教读新音

教读新音时，教师首先要正确示范发音，讲解发音方法，学生再跟读。

【例 3-2】认读复韵母 ao

教师出示情境图：这幅图中小象驾驶的帆船上有什么标志？

生：奥运会的五环。

师：对，奥运会标志，奥运会的奥，发音写出来，就是 ao（板书）。大家看，这个复韵母是由哪两个字母组成的？

生：a 和 o。

师：对。我们读 ao 的时候，要注意先发 a 的音，声音要长而响亮，然后舌头逐渐抬高，口型收拢，变圆，声音由 a 滑向 o，发出近似 u 的音，要轻短。听老师读 ao。跟老师一起读 ao。

学生跟读。

读完新音之后,要给学生练习时间,注意训练形式的多样,特别注意让学生个别读,以便及时发现问题。

3. 教读声调

教读声调主要是针对韵母的教学,声调就是教读和练习韵母的四声及标调原则。在教读时,教师首先要正确示范读音。在练读时,可以采用游戏法、口诀法等多种教学方式。如在练读声调 ü 和声母 j q x 相拼的标调,可以用口诀法:小 ü 见了 j q x,去掉两点还念 ü。

4. 练读拼音

在练读拼音时,教给学生两拼法和三拼法,注意给拼音赋予一定的意义,和生活相联系,避免无意义的音节的反复操练。如整体认读音节 yuan,让学生加上声调组词,选一声,组词"鸳鸯";选三声,组词"遥远"等。

5. 练习书写

《义务教育语文课程标准(2022 年版)》对拼音书写的要求是"正确书写声母、韵母和音节",正确书写指的是抄写,没有默写和听写的要求。教师要牢牢把握目标,不要人为拔高要求,增加难度,因此在教学时,要在认识、拼读上下功夫,让学生熟悉和掌握字母的字形,了解字母的占位,强调主体部分在中间,可以用四线三格,也可以两线一格,不要灌输过多的书写规则,让学生练习描红即可,不要进行大量的抄写练习。

(三)巩固练习

抓住本课的重点内容进行练习,以认读为主,注意练习的方式要多元化,如用游戏、儿歌、故事、歌曲、童谣等来激发学生的学习兴趣,课后的儿歌主要在于巩固拼音的教学成果,调动学习积极性,要以诵读为主,不要求理解和背诵。

(四)课堂小结

对本课所学的主要内容进行归纳概括,点明重点、难点,归纳新读音的特点、发音要领,总结学生的学习情况,表扬好的方面,提醒需要注意的方面等。

(五)布置作业

作业的目的是巩固新学的内容,培养学生良好的学习习惯,作业的形式可以多种多样,如抄写新音,诵读儿歌,学唱童谣,对照情境图找词语、讲故事等。

五、汉语拼音教学设计案例

【例 3-3】 j q x 教学设计(共二课时)

第 一 课 时

教学目标:

(1)学会三个声母 j、q、x,能读准音,认清形,会正确读写。

(2)学会 j、q、x 与单韵母拼读音节及带调拼读音节,准确拼读 j、q、x 开头的三拼音节。

（3）感受学习拼音的乐趣。

教学重点：

j、q、x 的读音与书写；j、q、x 与单韵母和三拼音节的拼读。

教学难点：

知道 j、q、x 能和哪些单韵母相拼。

教学准备：

拼音课件，单韵母卡片。

教学过程：

一、复习导入新课

以拼音王国旅行为背景：

（1）回忆上节课认识的 g、k、h，齐读，并组词。

（2）认识新朋友，了解新朋友 j、q、x。（板书）

二、学习发音

（1）出示情景图全图，教师提示：今天我们来到了乡村，大家认真观察，看看画面上都有什么，他们在做什么？

学生观察并总结：有山、有水、有树、有蝴蝶、有母鸡和小鸡，还有西瓜、小女孩和气球。

（2）出示母鸡、小鸡、西瓜、气球的放大图，提示：今天要认识的三个新字母朋友就在图里，大家找一找。

学生找到 j、q、x，并试着读一读。

（3）学习 j 的发音。单独出示母鸡追蝴蝶的图，可以让学生尝试创编顺口溜，如：母鸡追蝶 jjj；一只母鸡 jjj；小鸡吃米 jjj 等。

（4）学习 q 的发音，单独出示气球的图，创编顺口溜：气球气球 qqq；五彩气球 qqq；七个气球 qqq 等。

（5）学习 x 的发音，单独出示西瓜的图，创编顺口溜：一个西瓜 xxx；西瓜甜甜 xxx；西瓜西瓜 xxx 等。

（6）综合学习 j、q、x 发音，将顺口溜合在一起：一只母鸡 jjj，七个气球 qqq，一个西瓜 xxx。或者母鸡母鸡 jjj，气球气球 qqq，西瓜西瓜 xxx。

（7）巩固记忆。

出示藏有 j、q、x 的一组图片，请学生找一找、读一读。

三、学习书写

（1）引导学生观察 j、q、x 的字形，说说它们像什么。

学生观察，同桌互相讨论，指名回答。

师生共同总结：

i 下带钩 jjj，左上半圆 qqq，打个叉叉 xxx。

（2）巩固字形记忆。

与易混淆的声母相比较：i 和 j，q 和 b，p 和 d，x 和 k。

（3）指导书写。

教师在四线三格中示范书写，提示书写要点：在格中站位，有几笔，先写什么，后写什么。学生跟随教师的示范书空。

学生在本上书写，教师巡视指导。

四、学习拼读

（1）找朋友。教师出示单韵母卡片，学生逐一拼读，最后得出结论：j、q、x只能和 i、ü 相拼。

（2）配合四声拼读 ji、qi、xi，并组词。

j—ī—jī（母鸡） j—í—jí（年级） j—ǐ—jǐ（自己） j—ì—jì（记忆）

q—ī—qī（日期） q—í—qí（国旗） q—ǐ—qǐ（起床） q—ì—qì（生气）

x—ī—xī（希望） x—í—xí（学习） x—ǐ—xǐ（欢喜） x—ì—xì（唱戏）

教师范读后，学生齐读，然后开火车读。

（3）学习 j、q、x 的三拼音节。

出示三拼音节：jia、qia 和 xia，回忆三拼音节拼读要领，师生一起读。

教师出示 jia 的四声拼读，并组词，之后学生分小组学习 qia 和 xia 的四声拼读，并分组展示学习成果。

五、小结

这节课我们认识了三个新朋友：j、q、x，学习了它们的发音和书写，还知道了它们只能和 i、ü 相拼，还学了 j、q、x 与单韵母 i 的拼读以及 j、q、x 的三拼音节。下节课我们接着学习 j、q、x 与单韵母 i 的拼读。

第 二 课 时

教学目标：

（1）学会 j q x 与 ü 相拼时的读法和写法。

（2）会认、会读五个生字——下、洗、衣、服、鸡和三个词语——下棋、洗衣服、搭积木。

（3）能流利地朗读儿歌《在一起》，发音正确。

（4）感受学习拼音的乐趣。

教学重点：

生字、生词的认读和儿歌的朗读。

教学难点：

j q x 与 ü 相拼时的读法和写法。

教学准备：

教学课件，学生游戏头饰，拼音卡片。

教学过程：

一、复习巩固

（1）复习 j、q、x 与单韵母 i 的拼读以及 j、q、x 的三拼音节。

（2）导入新课。

上节课还有 j、q、x 的一位好朋友没有介绍，就是 ü。

二、j、q、x 与 ü 的拼读

出示情境图。

（1）观察 ü 的特点：ü 戴着一顶帽子。

（2）观察 j、q、x 与 ü 拼写在一起后的特点：ü 的帽子去掉了。

（3）以故事激发学生的兴趣：小 ü 是个有礼貌的孩子，他到 j、q、x 家去做客，先把帽子摘掉。摘掉帽子的小 ü 还是小 ü 吗？当然是。

教授拼读口诀：小 ü 见到 j、q、x，摘掉帽子还念 ü。

教授拼写口诀：小 ü 见了 j、q、x，摘下帽子笑嘻嘻。

学生拼读 j、q、x 分别和 ü 相拼而成的 ju、qu、xu。

多种形式朗读：教师范读、指名学生读、齐读、男女生分别读等。

（4）练习巩固。

小游戏：找朋友

请三位学生戴着有 j、q、x 的头饰站在前台，其他要答题的小朋友抽取情境字卡，如橘子：抽到了读一读，站到 j 的旁边。

三、学认新字、新词

1. 出示情境图

画面上有谁？在干什么？指名回答。

提示学生说话要清楚完整，声音响亮，想好了再说。

通过情境图学习五个生字——下、洗、衣、服、鸡和三个词语——下棋、洗衣服、搭积木。

2. 多种形式拼读

（1）开火车读。

（2）根据情境图用词语说一句话，如：下棋可以让人开动脑筋，妈妈用洗衣机洗衣服等。

四、学习儿歌

（1）单独拼读红色的新学拼音。

（2）小试身手：请能力强的同学带大家读一读。

（3）多种形式朗读儿歌。如同桌之间拍手读儿歌，自由朗读，小组齐读等。

五、检查巩固

1. 拼读比赛

出示 j、q、x 的单韵母和三拼音节字卡以及分别与 ü 相拼的字卡，比赛谁读得又快又好。

2. 拼写练习

出示拼写练习题：

→l—ü　　（　　）

→j—ü　　（　　）

→q—ü　　（　　）

→x—ü　　　(　　　)

→n—ü　　　(　　　)

每位学生在四线三格本上书写,教师巡视指导,当堂订正。

六、布置作业

找一找生活中还有哪些和 j、q、x 相关的词语,如鸡蛋、油漆、洗衣液等,收集整理,小组内分享交流。

六、对汉语拼音教学的评价

在教师对学生进行教学评价时,根据学生年龄特点和心理特点,尽量把学生的知识、能力、习惯三者结合起来进行检测和评价。具体的评价形式,可以口试和笔试相结合,以口试为主,笔试为辅。在测评时,需要注意把握课程标准,制定合理的测评难度;还要注意测评方式灵活多样,充分调动学生参与的积极性;最后要注意学用结合,将拼音与生活实践联系起来,真正发挥拼音认读汉字、讲普通话、纠正地方音的辅助作用。

第二节　识字教学设计

一、教材解读

识字是阅读和写作的重要基础,是语文学习的一项基本任务,是第一学段的教学重点,同时也贯穿于整个义务教育阶段。识字教学的质量直接关系到小学生听、说、读、写能力的发展。

在部编本教材中,识字内容重视学生语文素养的建构,向课外阅读延伸,向语文生活延伸,保护学生识字的兴趣和热情,注重独立识字能力的培养。具体而言,有以下一些特点。

1. 识写分流,多识少写

识写分流,多识少写,这是部编本小学语文教材对识字教学编排和内容选择的一个重要特点。研究表明,识字的难度与笔画的多少基本无关,有时甚至由于笔画较多的汉字可以提供较多的信息,从而使其更容易识记,而写字则与笔画的多少高度相关。所以,认写分开有科学的依据。

为了配合这样的要求,部编本教材在第一学段,专门安排了识字单元集中识字,第一册第一单元就是识字单元。先安排识字,之后再学拼音和写字,而且拼音教学中也安排了认字的内容。这种改变体现了对传统的回归,也符合汉语的学习特点。因为传统的语文教育都是从认字开始,反复诵读,并没有拼音的帮助。这种改变凸显了汉字是第一位的,拼音只是辅助学习的工具。同时在语文园地中,也安排了大量的识字练习,这样可以减轻随课文识字的负担,让学生通过多种途径识字,多识字,尽快进入阅读的状态。

2. 注重识字的科学性

（1）先学习覆盖率高、构词能力强的高频字。著名文字学家周有光提出了"汉字效用递减率"，根据这个规律测算的结果，识字量达到 1000，现代汉语的覆盖率就能达到 89.528％；识字量达到 2500 字，现代汉语覆盖率达到 98.556％；之后随着识字量增加，汉字效用的增长十分缓慢。因此，在义务教育阶段，并非识字越多越好。汉字教学从零基础开始，应该优先选择高频字，以帮助学生尽快进入阅读和写作阶段。部编本教材就是遵循这个原则进行编排的。

（2）由简单到复杂。遵循小学生心理规律和学习规律，先认识简单的独体字，再认识复杂的合体字；从小学生的实际出发，先认识生活中较为熟悉的字，再扩展到陌生的字。如识字加油站中，认识家庭中亲人的称呼，认识各种职业，这些都是学生生活中熟悉的内容，学习起来有亲切感。

（3）注重识字方法。良好的方法不仅使学习变得有趣，而且能做到事半功倍。部编本教材极为重视识字方法，采用了多种多样的方式来呈现识字内容，有字理识字法，如认识日、月、水、火和明等字；有看图识字法，如认识口、耳、目等身体器官；有归类识字法，如认识有关亲属的称谓、职业等；有儿歌识字法，如《小书包》《升国旗》等；还有传统蒙学识字法，如《对韵歌》等。丰富多彩的方法使识字变得生动有趣。

需要提醒的是，在运用字理识字时，要注意有所克制，并不是每一个汉字都可以讲出明确的字理，有些汉字已经失去了理据，另外字理有一定的难度，如果过分强调字理，反而会成为学生的负担。因此，字理识字的方法主要适用于一些简单、基础的识字教学。

3. 注重传统文化的传承熏染

注重传统文化的传承熏染是部编本教材一以贯之的理念。在集中识字部分，第一册第一单元识字单元的第一课就是"天、地、人、你、我、他"，这简单的六个字代表了中国文化对于宇宙人生的思考和对社会生活的概括。除了课文的正文，水墨画面的背景，京剧人物的元素，"站如松，坐如钟。行如风，卧如弓"这样的谚语等，处处都传递着传统文化的信息。学生可能并不能在当时深入理解，也并不要求学生理解，但这些无处不在的传统文化的熏染，能给学生初步的体会和感受，能浸润学生的精神家园。

4. 注重在语境中学习

字不离词，词不离句，句不离文，在语境中学习，是最切实的识字方法，在语境中运用，是识字的最终目的。因此，部编本教材的识字并非单纯识字，而是注重语境的营造，在语境中学习和运用词语。如第一册语文园地一中的识字加油站，根据古诗猜字意，在语境中认识生字"六、七、八、九、十"；第二册语文园地五中的"选一选，填一填"，根据句子选填"青"和"清"以及"再"和"在"，在语境中运用认识的字。

5. 注重培养学生独立的识字能力

独立识字能力有助于学生尽早进入阅读世界，帮助学生进行阅读和写作。独立识字能力包括读准字音，认识字形，分析字义，借助字典、词典等工具书自学汉字音、形、义的能力。

部编本教材中安排了多种方式和练习培养学生的独立识字能力。例如，学习用音序检字法和部首检字法查字典,课后练习和语文园地中根据情境图猜一猜,运用熟字加一加或减一减偏旁,独体字换不同偏旁组成字族等。通过多种方式,让学生逐步从本课会认,过渡到在其他语言环境也能认识,会运用,逐渐提升学生的独立识字能力。

二、课程标准对识字教学的要求

《义务教育语文课程标准(2022 年版)》对识字教学的要求随着学段的不同而不同。

第一学段,喜欢学习汉字,有主动识字、写字的愿望;认识常用汉字 1600 个左右,其中 800 个左右会写;学习独立识字,能借助汉语拼音认读汉字,学会用音序检字法和部首检字法查字典。

第二学段,对学习汉字有浓厚的兴趣,养成主动识字的习惯;累计认识常用汉字 2500 个左右,其中 1600 个左右会写;有初步的独立识字能力,能用音序检字法和部首检字法查字典、词典。

第三学段,有较强的独立识字能力;累计认识常用汉字 3000 个左右,其中 2500 个左右会写。

从以上要求可以看出,课标对识字量和写字量的要求不同,识字量要多于写字量,会认的字不一定就会写。

在不同学段,对识字教学要求的重点也不同。在第一学段,识字是一个重点,要完成两年内认识 1600 个左右汉字的任务量,就意味着制定教学目标时,要把培养识字兴趣作为基础,初步学习独立识字,识字教学是教学重点之一,一定要给识字教学留出足够的时间,以保证识字教学目标的顺利完成。在第二学段,继续把识字作为一项重要任务,课堂上需要留给识字一定的时间,但这个阶段更注重巩固知识、能力、兴趣、习惯、方法等方面的成果,形成初步独立识字能力。到了第三学段,依然需要关注识字内容,继续巩固识字成果,但更重要的是致力于学生独立识字能力的培养,除了累计认识常用汉字 3000 个左右,要使学生具备较强的独立识字能力。由此可以看出,课标对于识字的要求是一以贯之的,但具体要求呈现螺旋式上升的特点。

三、对识字教学设计的建议

1. 根据不同学段确定相应的教学策略

第一学段的学生年龄较小,但识字量最大,所以首先要创设丰富多彩的教学情境,采用图片、音频、视频、游戏等直观形象且生动有趣的教学手段,激发学生的识字兴趣。

第二学段的学生要多鼓励,引导学生运用已经掌握的识字方法,通过小组合作、查字典等方式学习自主识字,按照识字要求,强化生字的音、形、义教学,还可以通过多音多义字、形近字等增加识字量。

第三学段的学生已具备较强的独立识字能力,要持续培养学生对汉字和汉语的兴趣,通过独立课前预习、独立解决难懂的字等方式继续提高学生的独立识字能力,巩固之前的教学成果。

2. 遵循学生认知汉字的规律

低年级的学生,对字形的掌握,首先是感知整体字形,然后对字形查分重组,最后是整体感知。教师在教学中要遵循这样的规律进行有序教学。如教"明"字,先让学生整体感知字形,知道这是合体字;再引导学生分析字的结构,由"日"和"月"组成,是左右结构的字,了解笔顺笔画;最后,再回到整体,明确"明"的结构和写法。

3. 建立音、形、义统一的认知系统

汉字是音、形、义的统一体,学生必须统一掌握音、形、义才算真正掌握了汉字。在教学中,教师要按照一定的方法和规律来帮助学生建立起音、形、义三者的联系。一般认为,在学习生字时,尤其是低年级阶段,要先用学生经验中已经具备的音和义联系与字形建立起统一体。比如教学"耳",学生没学习之前通过生活经验已经知道"耳"的读音,并对"耳"的内涵也有明确的了解,只是还不知道"耳"的字形。认识"耳"字的过程,就是调动学生已有的对"耳"的音、义的经验,加入"耳"的字形,学生看到"耳"字,认识字形,立刻读出"耳"的音,并联想到"耳"的义,或者听到"耳"的音,就立刻能联想到字义和字形,这就将"耳"字的音、形、义建立起统一的联系。

汉字字体的演变

遇到没有音、义联系的生字,先看到的是形,这种情况下,可以先建立"形—音"的联系,也可以先建立"形—义"的联系,最后建立音、形、义统一的联系。

4. 采用灵活多样的教学方法

识字教学是语文教学的重要组成部分,是语文教学的重点和难点。识字教学中教师要重视范读,重视以熟字带生字,尽量与口语词接近等,还要采用灵活多样的教学方法。识字教学有很多种方法,如情景教学法、字谜口诀法、字理分析法、字族教学法、形音义结合法等,要根据实际情况选择最适合的方法。如认识"宀""冖""穴"这三个部首,可以通过追溯字源、讲述字理来对比理解。而在认识"睛、清、蜻、晴"等与"青"有关的合体字时,可以用"换一换"的方式来认清字族。再如认识"高"时,可以用口诀法:一点一横梁,梯子够着房,大口张着嘴,小口往里藏。

【例3-4】认识"瓜"和"爪"

师:出示瓜藤和鸟爪的图片,提问:图片上分别是什么?

生:瓜和鸟爪。

师:出示"瓜"的金文和"爪"的金文,提问:这两个字念什么?

生:瓜和爪。

师:这两个字有什么区别?

生:瓜字中间是竖钩加一点;爪字是一竖,没有点。

师:对,两边长长的藤,藤中结了瓜,所以瓜字中的一点就代表结的瓜,而爪呢,原来的意思就是鸟爪,鸟爪是没有点的。大家记住瓜和爪了吗?

生:记住啦!

5. 教给学生识字的方法，培养学生识字习惯

教师的教很重要，学生的学更重要，要想在识字教学中取得良好的教学效果，一定要引导学生掌握多种识字的方法，不能仅仅依靠拼音来识字，还要注意根据汉字特点，通过字形、结构、偏旁等方式去认字，如加一加、减一减、熟字换偏旁。要学习根据上下文猜读、根据形声字构字规律猜读，根据语境推测等，让学生通过观察发现、自主探究去识字，既能有效地激发学生识字的兴趣，也培养了学生独立识字的能力，使识字不再枯燥乏味，而是变得生动有趣。

【例 3-5】根据情境认识生字

师：（出示学校、老师；工厂、工人；医院、医生；军队、军人四组生字）提问：大家认识这些生字吗？

生：不认识。

师：（出示学校、工厂、医院和军队四组图片及刚才的四组生字）现在，你能根据画面猜一猜这些生字是什么吗？

生：学校，老师；工厂，工人；医院，医生；军队，军人。

师：大家说得很对。不过，我想问问大家，为什么我第一次出示生字大家不认识，第二次出示图片就认识了呢？

生：因为有图，我们能猜出来。

师：很好，大家又说对了。根据图片我们能猜测生字的意思，大家以后遇到这样的图片和生字也可以用这样的方法猜一猜。不过一定要记得再请教别人或者查字典确认，看看自己到底猜得对不对。

除了要注意方法的指导外，还要注意学生识字习惯的培养，如良好的观察习惯，通过观察，注意到字的组成细节、形近字的区别等；要培养学生查字典的习惯，遇到不认识的字，查字典解决，提高学生独立识字能力；还要培养学生在阅读中识字的习惯，在具体的语言环境中提高识字能力。

6. 识用结合，及时巩固

识字教学还要注意到学生的年龄特点和心理特点，将学生熟悉的语言因素作为材料，多结合学生的生活经验，利用多种途径教他们识字。识字教学不仅在课堂，还要在课外下功夫，如强调课外阅读。还要将识字引申到生活中，利用生活中的各种资源认字，如广告牌、店铺名称、电视节目、超市的各类商品、景点的导游图等，这些都是很好的学习资源和语言环境，让学生能随时随地自主识字，并能随时随地运用自己已经学习过的字，获得学习的快乐。

学生在认识生字时，学得快，忘得也快，所以教师要根据遗忘规律，及时巩固。比如在教学内容安排上，教第二、三单元时，要巩固和复现之前认识的汉字，避免回生。具体教学上，可以采用认卡片、找朋友、读儿歌、组词、造句等多种方法进行。

四、识字教学过程设计

识字教学过程设计一般包括四个环节：展示生字—学习生字—练习巩固—运用生字。

识字教学有集中识字和分散识字,所以具体设计时要考虑到两者内容和方式的差异性,下面结合设计思路来具体分析。

1. 展示生字

展示生字的方式要多元化,尤其对于低年级的学生,更要考虑哪种展示方式最能激发学生兴趣、贴近学生认知规律。

低年级识字单元的集中识字与语境离得较远,学生年龄较小,所以教学时要注意营造语境,并且让语境尽量形象直观,如展示图片、播放视频等。对于课文中的集中识字,要考虑生字的数量、难易程度和学生的接受能力,生字是全部集中展示还是部分集中展示。一般而言,集中展示的生字可以是音近、形近字,可以是反义词,以方便在对比中认识和区分,或者是课文中生字较多,可以采取一部分集中认识,一部分分散认识的方法。

2. 学习生字

学习生字,重在音、形、义的识记。

字音教学主要是通过拼音来学习字音,要指导学生通过形声字的声旁来学习字音,还要通过独立查字典来确定字音。教学时,教师要示范朗读,学生进行多种形式的朗读,读准确,读流利,注意纠正地方音。

字形教学是识字教学的难点。教师在教学时,最基本的教学方法是笔画分析法,对于独体字,直接教给学生基本的笔画、笔顺,整体记忆字形,教师要示范,学生书写。对于合体字和结构复杂的独体字,要先分析结构,再记忆笔顺笔画。字形比较法也经常用到,用熟字带动生字的学习,加一加,减一减,换一换,在比较形近字的不同部件时,可以用彩笔着重标示出来,以引起学生的注意。

字义的教学有多种方式,可以直观演示,如学习名词时,可以用实物、图片、标本、模型等形象地展示该词的含义。也可以根据字理推断,如"明、晚、昨、时",都有日字旁,都与时间有关。还可以对比辨析、独立查字典掌握等。分散识字因为本身就在语境之中,符合字不离词、词不离句、句不离文的要求,所以不用特意营造语言情境,更适合以阅读带动识字。集中识字除了注意营造语境,运用上述教学方法外,还可以关注学生的学法,比如小组合作,组内互助,共同解决问题,还可以设计一些小组之间的竞赛,比如变魔术,出示一个基本字"日、木"等,看哪组组出来的新字最多,让学生保持兴奋感,使学习不再枯燥单调。

3. 练习巩固

练习巩固的环节要帮助学生加深印象,巩固记忆。这个环节要在新认生字的基础上,设计多种形式的练习,常用的教学方法有游戏法、竞赛法、字谜法、故事法等。如小游戏"摘葡萄",展示葡萄架背景图,一串葡萄就是一个生字,学生对照手中的拼音卡,找到对应的生字。

4. 运用生字

能否运用生字是评价识字教学效果和学习效果的关键性指标,生字的运用不仅仅要看学生能认出来多少字,更要看学生能否把这些生字恰当地运用到听话说话、朗读、阅读、写作中去。所以,生字的运用要和朗读、复述、造句、问答、背诵、阅读、写话、口语交际等相结合,做到从语境中学习,在语境中运用,让学生能学以致用。

五、识字教学案例

集中识字教学案例

【例 3-6】《口耳目》(节选识字教学部分)

教学过程:

一、谈话导入

你了解自己的身体吗? 今天我们就来认识一下身体的器官。

二、学习生字

(1) 学习口、耳、目、手、足。

展示身体器官图片。学生说一说分别是什么器官,注意提示学生口语和书面语的差别,如嘴和口,眼和目,脚和足。

(2) 在身体器官图片上展示相应的名称,教师范读,学生跟读。

学生多种形式朗读:齐读、开火车读、指名读。

(3) 学习站和坐。

教师展示坐下和站立,让学生说一说分别是什么动作。

PPT 出示配生字站和坐的情境图,教师范读,学生跟读。学生多种形式朗读,自读,分行读、男生读、女生读。

三、巩固练习

1. 小游戏:指一指

游戏规则:同桌为一组,听教师发出指令,互相指对方相应器官。

教师可以稍有变化,如左耳朵,右手,或者故意有混淆的,如脚丫儿,增加趣味性,调节课堂气氛。

2. 小游戏:做一做

游戏规则:听指令,做动作。基本句式:现在请你×××,我就立刻×××。例如,现在请你站起来,我就立刻站起来。

可以先由教师带领学生做一做,之后分小组游戏,由一人发出指令,其他同学做动作。

3. 说一说

出示耳朵听音乐、嘴巴吃饭等情境图,请学生根据情境图说说器官的作用。

比如:我的耳朵可以听声音。

分散识字教学案例

【例 3-7】"披"字教学(部编本教材二年级上册《小蝌蚪找妈妈》)

学生齐读句子:他们游到荷花旁边,看见荷叶上蹲着一只大青蛙,披着碧绿的衣裳,露着雪白的肚皮,鼓着一对大眼睛。

教师提问:青蛙披着碧绿的衣裳,什么是"披"?

出示青蛙图片提示:披的结构,左边是提手旁,这个字和什么有关?

学生讨论后指名回答,共同总结,披是盖或者搭在肩头上。

用披组词造句:披风,披着,披散,爸爸披着一件大衣。

比较字形:披、波、坡,观察三个字,哪里有差别?

学生回答:偏旁不一样,声旁相同。

教师总结:三个字发音接近,但形旁不同,意义就不一样。提手旁代表和手有关,三点水代表和水有关,土字旁和土有关。所以声旁表示字音,形旁表示字义,看到形近的字,要根据形旁判断字的含义。

六、对识字教学的评价

在教师对学生进行教学评价时,根据学生年龄特点和心理特点,尽量把学生的知识、能力、习惯三者结合起来进行检测和评价。具体的评价形式可以口试和笔试相结合,以口试为主,笔试为辅。在测评时,需要注意把握课程标准,制定合理的测评难度;还要注意测评方式灵活多样,充分调动学生参与的积极性;最后要注意学用结合,将拼音与生活实践联系起来,真正发挥拼音认读汉字、讲普通话、纠正地方音的辅助作用。一般而言,只要按现教材设定的各个阶段目标推进,学生到二年级下学期的识字量就大致可以实现独立阅读。

第三节　写字教学设计

一、教材解读

写字教学是小学语文基本教学内容之一,是第一学段的教学重点,也贯穿了整个义务教育阶段。写字不仅仅是认识的字在笔下的再现,还包含着有关汉字和汉语的诸多文化信息,包含着审美元素和艺术元素,承载着传承与发扬的任务。写好汉字是一项基本的素质和能力,小学语文的写字教育起着打基础的作用。

写字示范课视频

部编教材关于写字的编排,主要有以下特点。

1. 识写分流,多识少写

这一点在识字教学中已经提到过。所谓少写,是适当降低对会写字数量的要求,但在会写字的选择上,注重高频字和基本字。高频字覆盖率高,基本字构字能力强,因此,会写字的数量虽然有所减少,但质量并未降低,而是更加精准、适用。

2. 由简单到复杂

对书写内容,先写独体字和简单的合体字,后学复杂的独体字和合体字。学习写字的顺序,先学习笔顺笔画,再学习偏旁部首,最后学习合体字的基本结构,如左右结构和上下结构的区分。其间穿插偏旁表意的基础知识和简单的字理常识,如象形字和会意字等。对书写的要求呈螺旋式上升。

3. 注重基础,培养学生独立书写的能力

注重基本笔顺、笔画和偏旁部首的学习,引导学生在认清字体结构的基础上把字写正确、写端正。比如一年级下册在语文园地中出现了三次"书写提示"板块,提示学生汉字笔顺的书写规则和要点。语文园地一,学习全包围结构的字的书写笔顺,是"先外后内再封口";语文园地四,学习有点的字的书写笔顺,"点在正上方或左上方,先写点""点在右上方,后写点";语文园地七,学习左上包围和右上包围的字,"先外后内"的书写顺序。

课文中出现的新笔画都拆解出来,放在课文最末田字格的左上角,以红色加以标识。新教材还注重学生对字形的观察,注意观察同一笔画在不同汉字中的不同形态,如"人、秋",同是撇画,在田字格中位置不同、形态不同。这些都是对学生的提醒,帮助学生有效掌握书写的重点内容。这样就使写字教学有法可依,更加形象,体现出汉字表意文字的特点。

4. 注重培养学生的书写兴趣

新课标第一学段第一条中就明确提出要让学生"喜欢学习汉字,有主动识字、写字的愿望"。兴趣是最好的老师,兴趣可以转化为学习的动力。小学低年级阶段,更要注意引导和保护学生的学习兴趣,教师可以通过多种方式,调动学生的听觉、视觉、触觉等,让学生的大脑、眼睛、嘴巴、身体的多种感官全方位参与进来,让学生领悟汉字的规律、感受汉字的魅力,获得学习汉字的乐趣。

5. 注重传统写字方法的渗透

在书写工具上,现在主要是硬笔,即铅笔、圆珠笔、钢笔等,传统的书写工具为软笔,即毛笔,书写工具虽然有所变化,但传统写字方法在今天依然有许多值得借鉴的做法,如写字先简后繁,描红、仿影、临帖等。新教材中也继承和发扬了这些传统,教学中,一是要求写字正确,不写错字和别字;二是要整洁、美观,横平竖直,结构合理,字体匀称;三是要熟练书写,一开始不求快,但在熟练之后,要提升写字速度,以适应学习的需要;四是要了解不同字体,先写楷书,熟练后可以写行书。

此外,汉字的书写虽然是一项实用的任务,但书法同时也是一门艺术,教材中也注意到了这个特点,在不同单元的语文园地"书写提示"中,有的展示柳公权楷书代表作《玄秘塔碑》,帮助学生了解楷书艺术,有的建议大家举办书写作品展览;课后的口语交际中也设有"聊聊书法"这样的话题,除了展示王羲之《兰亭集序》(局部)外,还结合有关书法艺术的多样化问题,让学生自由展示和讨论,增强学生对书法艺术的了解和热爱。

二、课程标准对写字教学的要求

《义务教育语文课程标准(2022年版)》对写字教学的要求分不同阶段,低年级段的学生,要注意写字的基础指导,一是要详细指导每个字的笔画、笔顺、简洁结构、在田字格中的位置等,讲解和示范缺一不可;二是要指导学生把字写正确,在此基础上要注意字体的端正、美观;三是要注意指导学生写字的姿势,严格按照"一寸、一拳、一尺"的标准要求学生,即手指离笔尖一寸,胸前离桌面一拳,眼睛距书本一尺;四是要培养学生良好的写字习惯,要从每一个细节提醒和要求学生,如运笔方法、笔画写法、笔顺顺序、姿势、执笔、字体的端正等,要在课堂上示范、反复指导、循序渐进,使学生逐步养成良好的写字习惯。

中年级的写字指导要注意提醒学生写字质量。三年级学生由使用铅笔改为使用钢笔,注意帮助学生适应这个变化,指导学生使用好钢笔。由于写字量增大,不再每个字都示范指导,教师要有重点地指导,如不容易写好的笔画、容易错的笔顺、少见的结构等,对这类字教师依然要示范书写,进行详细的指导。要继续强调正确的写字姿势,培养良好的写字习惯。

高年级的写字指导在提高写字质量的基础上要力求美观,用硬笔书写楷书时,能行款整齐,有一定的速度,并力求美观,能用毛笔字书写楷书,并能在书写中激发学生感受汉字的魅力,体会汉字的优美。同时,仍然要强调写字姿势正确,培养良好的写字习惯。

三、对写字教学设计的建议

1. 识字与写字有机结合

在写字教学中要注意识字与写字的有机结合。因为识字与写字都需要了解汉字的读音、字形、结构等常识,这是识字与写字教学可以结合的基础。识字是对汉字的观察,写字是动手练习,手眼结合,既能提高识字和写字效率,又能锻炼学生能力,所以边识字边写字或者先识字后写字,符合学生的认知规律,能提高学生识字和写字的效率。

书空是识字、写字相结合的有效学习手段。学生或跟随教师示范,或集体或个体,用手指在空中、桌面或手心比画字形,同时口中唱念汉字的笔画、笔顺,读出字音、说出字义,做到音、形、义紧密结合。书空时,学生的眼、口、手、耳互相协调,能让注意力集中,加深字形记忆,精确地掌握字形结构,同时帮助学生规范书写笔顺,强化运笔印象,能有效提高学生的识字、写字能力。

2. 重点培养学生基本书写技能

首先教师做好基础知识的讲解与示范,要让学生对于所学生字的笔顺、笔画、结构等基础知识学习到位,同时教师要做好示范,执笔姿势正确,对生字的讲解清晰、准确,板书能成为学生学习的榜样。

低年级学段,要先让学生悉心描红,认真感受每一个字的笔画特点和结构安排规律,感知生字在田字格中的占位等。之后进行临摹,掌握基本笔画的书写方法,掌握书写过程中各类笔画的书写要领,反复练习,做到准确书写,字迹端正,力求美观。练习过程中,要注意随时纠正学生的执笔姿势和写字身姿。对书写困难的学生,教师要进行个别指导,手把手教写。对写字好的学生,可以适当提高要求。

中高年级,除了继续进行基础性指导和练习外,还要对学生提出更高一些的要求,比如字体大小要均匀、行款整齐,字体在端正之外,力求美观,整页字布局要合理等。

3. 注重培养良好的书写习惯

写字是一个长期的过程,要把汉字写正确、写端正、写美观,培养良好的书写习惯十分重要。良好的书写习惯包括：

（1）保持书桌整洁和文具的正确摆放。

（2）正确使用文具，爱护书写工具。

（3）仔细观察，认真看例字，领会例字的结构和运笔，想好了再下笔书写。

（4）认真写字，坐姿和执笔姿势正确，写字专心，不分神。

（5）认真检查，写好后要与例字对照，保证书写正确、端正。

（6）持之以恒，保持天天练字，坚持不懈地写字，做到逐步提高。

4. 培养学生写字兴趣

写字本身是一项相对枯燥的行为，有了写字的兴趣会提高学生对写字的认可度，让学生对写字有积极性和主动性。在教学中可以用讲故事，如王羲之、王献之父子写字的故事，郑板桥卖字帮助穷人的故事；动画演示，如"休"字的动画；开展竞赛，如"汉字书写大王"；作业星级制度，每次作业给出相应的星级，期末综合评定，给予一定奖励等多种教学手段激发学生学习写字的兴趣，提高学习效率。

四、写字教学过程设计

写字教学分为分散写字教学和集中写字教学。分散写字教学是指在课文学习过程中有选择性的写字教学设计，这类教学能直接结合语境，有利于学生在理解的基础上识记和书写。因为相对随机，所以在教学设计时要视具体情况而定，因此教学设计会千差万别，缺乏一般性规律。集中写字教学则具有一定的规律性，所以此处的教学设计思路主要是针对集中写字教学而言。

集中写字教学一般包括以下几个过程。

1. 写前指导

写前指导是指教师首先要讲清楚生字的间架结构、重点笔顺笔画，教师可以通过口头讲述、多媒体课件演示、生字卡等多种教学方式，让学生充分观察，掌握书写的要领。

2. 书写示范

教师要一边介绍书写规则，一边在黑板上范写生字，教师的示范要正确、规范、美观，保证学生能清楚地观察到每一笔画的起笔、行笔、收笔以及运笔的快慢等。此环节可以适当引入多媒体示范，但要以教师示范为主。

3. 学生练习

低年级学生可以先进行书空，再在田字格中描红，然后在空白田字格中摹写。教师要巡回指导，重点放在学生的写字方法、容易写错的笔画和重点笔画上，还要注意对学生写字坐姿和执笔姿势的强调与纠正，保证学生在教师指导下的练字时间，个别问题个别解决，普遍问题在全班纠正。

4. 检查反馈

教师要及时检查批改学生的写字作业，多给予肯定和鼓励，写得好的字可以用红笔圈出来，对写错的或者写得有问题的，也要标出来，让学生及时订正。对学生的作业情况要及时反馈,进行分析、评价,可以教师评析,也可以让学生自评或互评。

5. 反复练习

如果一次语文课的第一课时已经完成了上述四个环节,反复练习的环节可以放在第二课时,可以根据学生写字时出现的问题再进行练习和巩固;如果集中写字是在第二课时,可以把写字练习留作课下作业。

需要注意的是,集中写字教学和分散写字教学并不是截然分开的,两者也可以结合起来进行。无论集中写字教学还是分散写字教学,都应该围绕生字的识记、生字的巩固和生字的书写来进行,教师要认真指导学生扎实地训练,从一年级开始就养成良好的写字习惯。

五、写字教学案例

【例3-8】部编一年级上册《江南》写字教学设计

教学目标:认识笔画竖钩和竖弯,会写可、西、东三个生字。

教学重点:可、西、东三个字的笔顺和笔画。

教学难点:笔画行笔的方向及弯圆的细微变化。

教学过程:

一、故事引入,激发兴趣

1. 讲述买东西的故事

南宋有位大学者叫朱熹,他有一个好朋友叫盛温和,这个人也博学多才。一天,两个人在街上遇见了,朱熹见盛温和手里提着篮子,就问他:"你去干什么?"

盛温和回答说:"我去买东西。"

朱熹接着问:"你说买东西,为什么不说买南北呢?"

盛温和说:"你知道五行是金、木、水、火、土,东方属木,西方属金,南方属火,北方属水,中间属土。我的篮子是竹做的,盛火会烧掉,装水会漏光,只能装木和金,更不会盛土,所以只能叫买东西,不说买南北呀。"

2. 教师引导

师:今天我们就来学习东西的写法。

二、复习上节课的撇和竖弯钩

(1) 课件演示撇和竖弯钩的笔画,学生书写。

(2) 出示笔画:竖钩和竖弯。

让学生观察这两个笔画的特点。

竖钩:写法是起笔作顿,随即转笔直下,至钩处先用力顿或向左下挫,然后提笔向左上呈45°角勾出。

竖弯:下笔写短竖,再圆转向右水平方向写短横,收笔稍重。

(3) 比较竖弯和竖弯钩。

学生发现:竖弯和竖弯钩前面的笔顺一样,但两个笔画收笔不一样,一个是一顿;一个是向上提,写出来钩。

小学语文教学设计与实施

三、生字指导

分别讲解"可""东""西"的笔画和笔顺,学生书写。

可:共五画,注意笔顺,先写横,再写口,最后写竖钩。

东:共五画,第四笔是撇。笔顺是:横,撇折,竖钩,撇,点。

西:共六画——横,竖,横折钩,撇,竖弯,横。

注意竖弯和竖折以及竖弯钩的区别,竖弯是从上往下右弯,不要写成直角。

四、教师示范

教师在黑板上的田字格里示范可、西、东的写法,学生书写。

五、学生练习

(1)学生先观察字形,在书上描红。

(2)学生在空白田字格中摹写这三个字。

(3)教师巡视指导,注意纠正学生坐姿、执笔姿势,发现个别问题进行个别指导,发现普遍问题在班级中指导。

六、当堂评价

(1)以前后桌四人为一组,每组选出一份写得最好的作业,并让每个小组说一说这份作业好在哪儿。

(2)全班共同评选出"写字小明星",将小明星的作业贴在班级展示栏。

(3)鼓励所有同学,每个人都能把汉字写好。

六、对写字教学的评价

在进行教学评价时,要注意评价方法。首先要有激励性,激励性评价有助于激发学生写字的兴趣,帮助学生养成写规范字的习惯,减少错别字。其次要注意多元性,要用不同的方法激励和评价学生的书写,使学生保持书写热情。比如好的字标红,赢取小红花,争做汉字之星,在班级乃至全校展示学生的书写作品等。最后要注意评价的针对性,面对个体学生,评价要具体、准确,详细指出学生写字的优劣;面对学生群体,评价要具有普遍性。

 思考与练习

1. 结合实例说说汉语拼音的作用。

2. 随文识字是语文课堂中常用的识字方法,请结合下面的课文节选谈一谈随文识字的好处。部编本三年级下册《燕子》节选:

小燕子带了它的剪刀似的尾巴,在阳光满地时,斜飞于旷(kuàng)亮无比的天空,叽的一声,已由这里的稻田上,飞到那边的高柳下了。

另有几只却在波光粼(lín)粼的湖面上横掠(héng lüè)着,小燕子的翼(yì)尖或剪尾,偶尔沾(zhān)了一下水面,那小圆晕(yùn)便一圈(quān)一圈地荡漾(yàng)开去。

3. 结合部编本教材,选一篇你喜欢的课文,尝试进行写字教学设计。

4. 请针对你所在地区的小学语文识字教学进行一次实地调查,调查内容可以针对某一主题,如识字教学的理念、识字方法、识字效果等,并对调查结果进行分析,得出结论。

5. 请针对某一学段的小学生,如二年级小学生,进行一次作业中易错字的调查,写一份调查报告。

6. 古代蒙学识字、写字方法对现代的识字、写字教学有何启示?

第四章　小学阅读教学设计

 学习目标

1. 了解阅读能力的纵向结构。
2. 理解语文阅读教学的任务。
3. 掌握不同学段语文阅读教学的目标。
4. 掌握阅读教学设计的内容和方法。
5. 理解不同文体课文教学设计的策略。

 问题情境

阅读教学教什么？
——从《将相和》教学设计片段谈起①

在五年级上册《将相和》一课的教学设计中，一位教师设计了以下教学目标和教学思路。

教学目标：

（1）能独立学习生字。在阅读过程中理解并积累"勃然变色""声色俱厉""负荆请罪""同心协力"等词语。

（2）有感情地朗读课文，准确地读出文章中人物的不同语气。

（3）初步把握课文的主要内容，领悟三个故事之间的内在联系。感受蔺相如在渑池会中的智勇双全，在面对廉颇挑衅时的宽阔胸襟；感受廉颇知错就改的勇气；体会两人以国家利益为重的爱国之心。

教学思路：

（1）读秦王为赵王鼓瑟的段落，明白蔺相如维护了赵王的尊严，维护了赵国的利益。

（2）读蔺相如避让廉颇的段落，明白蔺相如顾大局、识大体，一切为了赵国的利益。

① 吴忠豪.吴忠豪与小学语文名师磨课[M].北京:高等教育出版社,2018:219-220.(题目为编者所加)

（3）读廉颇负荆请罪的段落，明白廉颇知错就改，同样是为了赵国的利益。

从这个案例的教学目标和教学思路的表述上可以看出，这堂课是围绕课文内容以及人物思想的理解组织教学的。把对课文思想内容的理解作为教学的主要目标，没有把握住语文课程的性质和特点是该教学设计最主要的问题。因此，该教学需要基于对文本的深入解读，从学习语言文字运用方面重新选择本课的教学内容，并重新提炼教学目标。

如何选择阅读教学内容？对于这些教学内容如何进行教学？如何确定阅读教学目标？如何设计阅读教学过程？一系列的问题将在本章得到解答。

理论述要

第一节　小学语文教材中的阅读教学

一、阅读与阅读教学

（一）阅读

阅读是从写的或印的语言符号中取得意义的一种心理过程。广义上来说，读书、阅报、读通知、看图纸，甚至看图像，都是不同形式的阅读活动。狭义上来说，专指阅读书刊报章的文字。在语文教学中，则特指阅读语文教材中的课文和课外读物。

阅读是语文课程中极其重要的学习内容。现代的阅读观认为，一般意义上的阅读，是收集处理信息、认识世界、发展思维、获得审美体验的重要途径，语文课程的阅读同样也应该这样理解。

（二）阅读教学

1. 阅读教学的含义

阅读教学是指为重点培养学生阅读能力而进行的一系列语文教学活动。阅读教学是语文教学中极其重要的学习内容，它是小学语文教学的核心部分，在小学语文教学中占有极其重要的地位。对于启蒙时期的小学生来说，阅读教学更是有多方面的作用，不仅学生的阅读能力必须通过阅读教学来培养，而且识字能力、写作能力、口语交际能力、综合性学习能力都有赖于阅读和阅读教学来奠定基础。可以这样说，阅读教学的质量在很大程度上决定了整个语文教学的质量。

2. 阅读能力的纵向结构

阅读教学以培养学生阅读能力为核心，阅读能力可以从低到高分成以下几个层级。

（1）阅读感知能力

阅读感知能力即对字、词、句等语义的识别能力，这是最低层次的阅读能力。具体来讲，

小学语文教学设计与实施

阅读感知能力包括对字、词、句的认读能力;对图像、表格、标点等非文字符号以及书写形式的感知能力;对记叙、描写、说明、议论等各种表达语体的辨识能力等。

（2）阅读理解能力

阅读理解能力是指在感知语言的基础上,对段、章、篇等文意的提取能力,它属于对作品思想内容的宏观把握,是基准层次的阅读能力。阅读理解能力是阅读能力的核心,包括:对文中有重要内容功能的词句的理解能力(如文眼、中心句);对段落关系以及文章结构的理解能力;归纳文章主旨的能力以及对文章表现形式的理解能力等。

（3）阅读鉴赏能力

对文学的鉴赏能力是对文学的欣赏和评价能力。阅读鉴赏能力包括:对作品思想内容和社会意义的评价能力;对作品真实性和典型性评价的能力;对作品表现形式、风格特征和审美意义的欣赏和评价能力等。

（4）阅读迁移能力

阅读迁移能力即阅读活用能力,是把在阅读中学到的知识加以运用的能力。阅读迁移能力包括:对作品内容和形式的借鉴能力;复述、评述、评价作品的能力;将阅读心得迁移到阅读活动中的能力等。

（5）阅读创造能力

阅读创造能力是最高层次的阅读能力,这是建立自身"情境模型"(即结合社会经验对所读到的材料有深刻的、自己的理解)的理解状态。[①] 阅读创造能力包括:补充、提升作品内涵的能力;熔铸作品新意的能力;结合自身经验,独立发挥读者创见的能力等。

在小学语文阅读教学实践中,教师可以参照《义务教育语文课程标准(2022 年版)》中对不同学段学生阅读能力的相关要求,帮助学生实现从阅读感知到阅读理解,最终达到阅读创造的阅读状态。

二、课标解读

（一）阅读教学的目标

阅读教学以提升学生独立阅读能力,使学生学会运用多种阅读方法,有较为丰富的积累和良好的语感,有丰富感受和理解的能力与情感体验为主要目标。从阅读的学段目标上看,各学段目标都突出了情感、态度和价值观的培养,突出了学生的主体地位,突出了多读,重视语感和语言积累,也突出了阅读能力的培养,最终指向学生形成正确的阅读策略——会读,具备阅读的基本能力——读懂。但相对于 2001 年的《全日制义务教育语文课程标准》(实验稿)而言,《义务教育语文课程标准(2011 年版)》和《义务教育语文课程标准(2022 年版)》对各学段阅读目标的表述更加清晰、紧凑、集中,梯度更加明显。这种梯度大致可用表 4-1 来表示。

---

① 教育部办公厅.中小学幼儿园教师培训课程指导标准(义务教育语文学科教学)[EB/OL].(2017-11-18)[2019-01-08].http://www.moe.gov.cn/srcsite/A10/s7034/201712/t20171228_323255.html.

表 4-1　小学各学段阅读形式、阅读能力、阅读文体的比较

学　段	阅读形式	阅读能力	阅读文体
第一学段	正确、流利、有感情地朗读;学习默读	结合上下文和生活实际了解课文中词句的意思	阅读浅近的童话、寓言、故事;诵读儿歌、儿童诗和浅近的古诗
第二学段	正确、流利、有感情地朗读;初步学会默读;学习略读;圈点、批注	①能联系上下文,理解词句的意思,体会课文中关键词句表达情意的作用;②能初步把握文章的主要内容,体会文章表达的思想感情;③能复述叙事性作品的大意,初步感受作品中生动的形象和优美的语言	阅读叙事性作品;诵读优秀诗文
第三学段	正确、流利、有感情地朗读;默读有一定速度;学习浏览;尝试使用多种媒介阅读	①能联系上下文和自己的积累,推想课文中有关词句的意思,辨别词语的感情色彩,体会其表达效果;②在阅读中了解文章的表达顺序,体会作者的思想感情,初步领悟文章的基本表达方法	明确提出不同文体阅读的要求,叙事性作品、诗歌、说明性文章以及简单的非连续性文本

《义务教育语文课程标准(2022 年版)》中阅读教学各学段目标相互联系,螺旋式上升,最终全面达成总目标。

(二)阅读教学的任务

语文阅读教学目标是从知识与能力、过程与方法、情感态度与价值观三个维度展开设计的。三个方面相互渗透,融为一体,综合促进学生语文素养的整体提高。从阅读教学的角度看,语言习得和思维训练是促进知识与能力、过程与方法目标实现的主要途径;人文渗透则是情感、态度和价值观的主要实现途径。因此,语言习得、思维训练和人文渗透是阅读教学目标实现的三大途径,也是阅读教学的基本任务。

1. 语言习得

阅读课是使学生品味语言、感知语言、顺畅地习得语言,从而获得文本认知、形象感悟、情感体验的最重要的课程类型。从《义务教育语文课程标准(2022 年版)》看,在小学的三个学段中,对于各年段都没忘记"语言",但学习语言的要求是层层深入的,各学段语言习得的侧重点也有所不同:从第一学段的"了解意思"到第二学段的"体会情意",再到第三学段的体会"表达效果"。可见,在阅读教学中,捕捉住课文中关键词句"理解意思",体会"情意"及"表达效果"是上好语文课的关键一环。

2. 思维训练

在阅读教学中,学生对于整篇文章"篇章格局"的理解以及语言运用的过程,也是锻炼思维能力的过程。这需要教师在阅读教学中有计划、有目的地对学生进行思维训练,以帮助学生形成良好的分析、综合、归纳、演绎、比较、类比、想象、联想等方面的思维能力以及积极思考的思维习惯。

小学语文教学设计与实施

【例 4-1】部编本五年级上册《圆明园的毁灭》教学设计片段

(1) 提出初读要求：放开声音读一次课文，要求读准字音，读通句子，难读的地方多读几遍。(读通)

(2) 指名轮读，读中正音。归纳各自然段大意，师概括板书：

不可估量

精美布局

风景名胜

珍贵文物

惨遭毁灭

提问：哪些段落可以合在一起理解？(第二至四段)用一个词概括第二至四段写的是什么。(昔日辉煌)

(3) 看文章结构布局，你有什么发现？看题目和文章结构布局，你又有什么疑问？

这个教学片段引领学生由浅入深地理解文意。第二个教学环节，通过带领学生归纳、概括段意以及将自然段整合为结构段，锻炼了学生概括能力和逻辑思维的能力；第三个教学环节，推动学生继续思考，产生疑问，理解作者写圆明园的"毁灭"却用大量的笔墨写圆明园昔日的"辉煌"的反衬写法，这也是帮助学生养成善于思考的习惯、建立对比性思维的教学环节。

3. 人文渗透

《义务教育语文课程标准(2022 年版)》指出，义务教育语文课程围绕立德树人根本任务，充分发挥其独特的育人功能和奠基作用。因此，阅读教学不能忽视文本本身蕴含的人文要素。需要注意的是，阅读课上的人文要素是不能脱离语言文字而单独存在的，语文课的人文性是在语言文字的习得过程中渗透而得的。

以《狼牙山五壮士》一课为例，教学本课，不能脱离文本单纯地空谈五壮士舍生取义的爱国情怀，而应该抓住课文中"事关重大""坠落山涧""热血沸腾"等关键语言文字甚至分号、感叹号等标点符号，感受五壮士的壮举。

三、教材解读

1. 增加传统文化篇目，选文注重经典性与时代性

2019 年起，以社会主义核心价值观和立德树人为编写的指导思想的部编本小学语文教材在全国范围内投入使用。从阅读的层面来看，部编本教材凸显了两个"传统"——中华优秀传统文化和革命教育传统。

部编本小学语文
阅读篇目目录

部编本教材增加了中国传统经典篇目，整个小学阶段共选古诗文 129 篇，共占所有选篇的 30% 左右，平均每个年级 20 篇左右。小学阶段有古诗词 112 首，文言文 14 篇，古典名著 3 篇。除古诗词、古代寓言、神话传说、历史故事外，还从《三字经》《百家姓》《千字文》《弟子规》《笠翁对韵》等传统蒙学读物中选编了部分章节。从篇目数量上来看，部编本比原有人教版增加了 55 篇，增幅达 80%。增加的量主要在"日积月累"这个栏目上。设置

"日积月累"主要是让学生背诵、积累,对诗句意思的理解、对诗人表达的感情不要求统一掌握,学有余力的学生可以进一步探究,做到下要保底,上不封顶。"日积月累"中的古诗文必须背诵,等学生们到一定的年龄,他们就会自通其义,在生活、工作中自如运用已学内容。

革命传统教育的篇目也占有较大的比重,小学阶段选取了 40 篇,例如二年级的《朱德的扁担》《邓小平爷爷植树》;三年级的《手术台就是阵地》;四年级的《为中华崛起而读书》《小英雄雨来》;五年级的《军神》;六年级的《七律·长征》《为人民服务》等。这些选文充分体现了社会主义核心价值观,对培养学生社会主义道德、理想和情操都大有裨益。

这两个"传统"还呈现在导语和习题的设计等诸多方面,努力将语文所包含的语言教育、情感教育、审美教育融合在一起,力求达到"润物细无声"的效果。部编本语文教材重新回到"守正"的立场,强调经典性、文质兼美和适宜教学。阅读教材经典作品增加了,未经沉淀的"时文"相对少了。但教材并没有忽视时代对于学生语文能力的需求,比如如何正确地认识和使用新媒体、如何过滤信息都在教材中有所体现。[①]

2.将阅读向课外延伸,构成"精读—略读—课外阅读"三位一体的教学体系

部编本教材和以往各种版本的语文教材一样,都分了精读和略读两类课型。精读课主要由教师教读,一般要求讲得比较细、比较精,通过带学生学习"这一篇",举一反三,掌握读"这一类"文章的方法。略读课则由学生自主性地泛读,它主要是通过学生自读,把精读课学到的方法运用到略读课中。

阅读仅仅以教材中精读和略读的篇目为内容是不够的,部编小学语文教材贯彻了《义务教育语文课程标准(2022 年版)》"少做题,多读书,好读书,读好书,读整本书"的实施意见,将课外阅读纳入教材体制,使课外阅读课程化,引导学生阅读向课外延伸。

部编本教材中,一年级在每个单元语文园地中设置了"和大人一起读"的栏目,一学期设8 篇文章。到二年级变为"我爱阅读"栏目。这两个栏目的设置体现了提升学生阅读兴趣、增强学生阅读体验、促进学生阅读习惯的养成以及拓展学生阅读方式的编写理念,将语文课堂教学延伸到课外和家庭,拓展了学生的阅读空间。

部编本教材还在每学期设置了一次"快乐读书吧"栏目。该栏目每次安排某种阅读类型,比如儿童故事、童话、寓言、民间传说、科普读物等,其目的是使学生接触各种文体类型,了解基本的文体知识,掌握一些读书方法,并对阅读各种类型读物产生兴趣。[②]

具体来讲,"快乐读书吧"栏目在第一学段主要推荐童谣、儿歌及情节简单、有趣的儿童故事等,重在培养学生对书的认识,如引导学生关注书名、作者、封面、目录等,同时注意良好阅读习惯的养成,如爱护图书。第二、三学段每册推荐不同种类的书籍给学生,以开拓学生的视野。第二学段推荐内容较简单的童话、寓言等,第三学段推荐小说之类的文学作品。该栏目的教学可以让学生自己找书来读,教师讲一点相关的读书常识(书的类型和阅读方法)

---

① 温儒敏."部编本"语文教材的编写理念、特色与使用建议[J].课程·教材·教法,2016(11).
② 温儒敏.如何用好"统编本"小学语文教材[J].课程·教材·教法,2018(2).

小学语文教学设计与实施

即可(表 4-2)。①

表 4-2 "快乐读书吧"各册分布内容

册次	题　目	内　容
一上	读书真快乐	激发学生读书的兴趣、愿望
一下	读读童谣和儿歌	读童谣和儿歌,培养交换读书的好习惯
二上	读读童话故事	读故事,找找书名和作者等主要信息
二下	有趣的儿童故事	读故事,关注书的目录等
三上	在那奇妙的王国里	读《安徒生童话》,拓展《稻草人》《格林童话》
三下	小故事大道理	读《中国古代寓言》,拓展《伊索寓言》《克雷洛夫寓言》《拉·封丹寓言》
四上	很久很久以前	读《中国古代神话》,拓展《希腊神话与英雄传说》
四下	十万个为什么	读科普《十万个为什么》,拓展《穿过地平线》《细菌世界历险记》《爷爷的爷爷哪里来》《地球的故事》《森林报》
五上	从前有座山	读《中国民间故事》,拓展《一千零一夜》《列那狐的故事》
五下	读古典名著,品百味人生	读名著《西游记》,拓展《三国演义》《水浒传》《红楼梦》
六上	笑与泪,经历与成长	读儿童文学《童年》,拓展《小兵张嘎》《草房子》
六下	漫步世界名著花园	读外国名著《鲁滨逊漂流记》,拓展《骑鹅旅行记》《汤姆·索亚历险记》《爱丽丝漫游奇境》

　　由此,部编本阅读教材将阅读材料延伸到了学生广阔的生活中,与精读课文、略读课文一同构成了"精读—略读—课外阅读"三位一体的教学体制。因此,教师在教学中不能忽视教材中设置的这些栏目,在精读课、略读课的教学中也要注意与课外阅读的结合。

　　3. 双线组织单元结构,重建语文核心素养体系

　　部编本语文教材虽然也属于文选型教材,但它在编写时采用了双线组织单元结构,即按照内容主题组织单元,课文大致都体现相关主题,形成一条贯穿全套教材的、显性的线索;同时又有另一条线索,即将语文素养的各种基本因素,包括基本的语文知识、必需的语文能力、适当的学习策略和学习习惯以及写作、口语训练等,分成若干个知识或能力训练的"点",由浅入深,由易及难,分布并体现在各个单元的课文导引或习题设计之中。据此,教师在阅读教学中,可以按照新教材的单元顺序来安排教学,但不要拘泥于人文主题,一方面应注意语文知识、能力的系统化落实;另一方面要注意把阅读与单元中的习作、综合性学习等几方面结合起来。

　　对于阅读教学内容的设计,教师不能仅仅参考教参,更要以教学班的学情为基础,关注教材中单元导语对本单元学习的重点包括知识点或能力点的提示;关注课后的思考题和拓展题,以辅助教学设计中语文知识点或者能力点训练的设计。

---

① 　陈先云.部编小学语文教科书的亮点及教学应注意的几个问题[J].小学语文,2017(10).

第二节　小学阅读课的教学设计

一、小学阅读教学内容的设计

小学阅读
示范课视频

语文教材中的文章多数不是为了语文教材而写的,而是作为一种社会阅读客体存在的。语文教材中的文本作为社会阅读客体而存在的价值,可称为"原生价值"。这个"原生价值"主要是信息价值。一篇文章一旦进入语文教材,它们的价值便发生了增值和变化:它们原本所有的传播信息的价值得以保留,同时又增加了一种新的价值,即如何通过语言传播信息的言语教学价值,亦即我们所说的"教学价值"。① 文章教学价值的实现与学生语文核心素养的养成,首先需要语文教师能够在教学中选择合适的教学内容作为语文学习材料。那么,在一篇课文中哪些内容具有教学价值呢?结合《义务教育语文课程标准(2022 年版)》对于阅读教学目标的相关规定,也为了表述方便,本节将在四个方面对阅读内容的选择与设计进行阐述。

《义务教育语文课程标准(2022 年版)》指出,在第一学段要"结合上下文和生活实际了解课文中词句的意思",第二学段"能联系上下文,理解词句的意思,体会课文中关键词句表达情意的作用"。因此,在中低年级这个培养学生阅读能力的起始阶段,要抓好词句教学。

(一)词语教学

1.词语教学的要求与内容

词语教学的要求概括地说,就是要能正确读写、懂得意思、积累运用,重点是理解词义。词语教学可以选择的词语有:生字生词(以前没见过的词语);熟字生词(熟字在新的语境中表示新含义的词);熟字熟词(词义、词性发生变化的词);在文章中起关键作用的词)。

2.词语教学常用的方法

理解词义可用查字典的方法、联系上下文(例 4-1)、直观演示(例如"溢")、比较辨析(例如教学"五光十色"时与"五颜六色"一词比较)、分析语素法(例如"健美")等。多数词语,需要联系上下文、结合语境来理解词意,在结合上下文理解的基础上,教师可以引导学生通过朗读和思考等方式体会词在句子中的具体含义。

【例 4-2】部编本四年级上册《观潮》"水天相接的地方出现了一条白线,人群又沸腾起来"一句中"沸腾"一词的教学

师:人群又沸腾起来,看到那条白线,人们怎么沸腾的? 咱们来演一演。准备,开始!

生:(跳着,叫着,挥舞着手,有的喊:快看,潮来啦!)

师:沸腾了! 刚才这场面还可以用一个词来形容,就在这个自然段里。

---

① 寇永升.文本的原生价值、教材价值和教学价值[J].语文教学通讯,2017(13).

小学语文教学设计与实施

生:人声鼎沸。

师:好,让我们读出这种沸腾的感觉来!

生:(齐读)

"沸腾"一词对学生来讲属于熟字生词,对该词的理解对于感受钱塘潮来临时人们高涨的情绪有重要的作用。"沸腾"一词脱离课文的语言环境则不利于对该词的理解,因此,该词的教学适宜随课文的学习来进行。

教师的教学从概念到形象,用表演、朗读等感性体验的方式将抽象的人群的"沸腾"具象化,通俗易懂,便于学生理解。又从形象到概念,巧妙地利用了课文中的同义词"人声鼎沸"来帮助对于"沸腾"的理解。该教学片段将学生表演展示、联系上下文、同义词替换等多种方法并用,取得了较好的教学效果。

(二)句子教学

1. 句子教学的要求与内容

根据《义务教育语文课程标准(2022年版)》的相关规定,句子教学的要求是:理解句子的意思,体会课文中关键句子表达情意的作用。

在阅读课中需要指导学生重点学习的句子有:难以理解的句子、含义深刻的句子、对于表现主题思想有较大作用的句子、在文章结构上有特殊作用的句子(如中心句与过渡句),以帮助学生理解文章的基本意思和思想内容;教学结构比较复杂的长句或句式特殊的句子,以帮助学生理解句子结构规律,学会遣词造句;教学生动形象的句子,以帮助学生感受文章风格、积累语言、积淀语感。

2. 句子教学常用的方法

(1)抓重点词理解句子

如四年级上册《麻雀》"可是因为紧张,它浑身发抖了,发出嘶哑的声音。它呆立着不动,准备着一场搏斗",通过引导学生简单地表演,理解"紧张""发抖""嘶哑""搏斗"这些词语,就可以帮助学生感受老麻雀的紧张、愤怒、永不畏缩的情感。

(2)利用图画理解句子

有些句子所写的事物,学生没见过,或不清楚地理位置,教学时如果照本宣科,学生很难理解;如果利用挂图,则一目了然。例如,《富饶的西沙群岛》的第一句话:"西沙群岛是南海上的一群岛屿,是我国的海防前哨。"教学这一句话,可以利用地图,让学生从地图上找出西沙群岛,了解西沙群岛所处地理位置,再联系整个祖国的地图理解"海防前哨"的意思,体会西沙群岛的地理位置的重要性。

(3)联系上下文理解句子

每个句子都不是孤立的,处在特定的语言环境中,即上下文中,联系语境讲解句意,有助于学生理解句子的含义和所表达的思想感情。例如部编本五年级下册《田忌赛马》这篇文章,第二次田忌赢齐威王的原因是课文最后一句话"还是原来的马,只调换了一下出场顺序,就可以转败为胜"。光读这句话,会让学生产生误解:其他的比赛调换顺序也能赢?当联系第三自然段孙膑的话"从刚才的情形看,他的马比你的快不了多少呀……"来理解,学生就会发现调换顺序是要有一定条件的,这是仔细观察、分析得出的结果。

（4）结合生活理解句子

课文中一些写景、写场面的或饱含一定哲理的句子,一般可以借助想象以及必要的思维补充,通过具体感觉或感受将课文内容与自己的生活相联系,从而领悟句子的含义。例如五年级下册《军神》"沃克医生吓了一跳,不相信地问:'我割了多少刀?'""七十二刀",就可以结合学生自己曾经受伤的感受去体会刘伯承坚忍不拔的钢铁意志。

（5）逐层剖析理解句子

课文中有的句子较长,学生不能很快认清它的结构,理解它的意思,可采取逐层剖析的方法理解句子。例如六年级下册《为人民服务》第三自然段的中心句"因为我们是为人民服务的,所以,我们如果有缺点,就不怕别人批评指出"的教学,可以先理解"我们如果有缺点,就不怕别人批评指出",明白"有了缺点就不怕别人批评"这样的道理;再根据关联词"因为……所以……",明白几个分句之间的因果关系。这样逐层深入地训练,有利于学生理解语句的意思,也有利于理解分句之间的关系,认清句子的结构。

（6）变换句式理解句子

【例 4-3】五年级上册《慈母情深》"背直起来了,我的母亲。转过身来了,我的母亲。褐色的口罩上方,一双眼神疲惫的眼睛吃惊地望着我,我的母亲……"一句的教学

（1）谁能发现这句话的特别之处?把它改成平常的说法,读一读,看看是一种什么感觉?（引导学生发现连用三个"我的母亲"、谓语前置的特殊句式）

（2）你看到了什么样的母亲?当这个背影转身的一刻,至今让我无法忘记。这短暂的一刻为何显得如此漫长?（体会特殊句式的作用）

（3）带着你的感受,读好这句话。

（三）段落教学

1. 段落教学的要求与内容

段是介于句和篇之间的文章结构单位,它逻辑地表现了作者在思维进程中的间歇、转折、强调,反映了文章的内在层次和文章的构成顺序。对段落内容、结构、表达的学习,有利于学生分析、综合、概括、归纳能力的培养,有利于学生对文体、风格的理解能力及其语言运用能力的提高。因此,段落教学非常重要。

《义务教育语文课程标准（2022 年版）》提出在第二学段"初步把握文章的主要内容,复述叙事性作品的大意",对课文内容的理解以及有条理地复述都需要基于对于自然段的理解以及对于意义段的梳理。《义务教育语文课程标准（2022 年版）》明确提出在第三学段要"在阅读中了解文章的表达顺序"。因此,段落教学的内容有:指导学生理解自然段;指导学生厘清文章思路;指导学生概括段落大意。

2. 段落教学常用的方法

（1）指导学生理解自然段的方法

自然段训练的重点是理解句与句之间的关系和概括自然段的意思。中年级段落教学的

小学语文教学设计与实施

主要内容是自然段的教学,目标是通过对于自然段内容的了解达成对整篇课文内容的初步了解,同时达成言意兼得的学习目标。具体的方法有:反复朗读法(通过反复朗读理解自然段)、问题引路法(提出有利于理解自然段的中心问题)、字词突破法(通过寻找关键词理解自然段)、想象画面法(通过想象画面理解段落和体会情感)。[①]

高年级段落教学更多是对连续的几个自然段(段群)或分散的几个自然段(这几个自然段往往在情感上是相通的,在语言表达上是一致的)的教学以达到理解内容、品析词句、揣摩表达的学习目标。

【例 4-4】部编本六年级下册《十六年前的回忆》第九至十二自然段的教学设计

课文原文:

"什么?爹!"我瞪着眼睛问父亲。"没有什么,不要怕。星儿,跟我到外面看看去。"

父亲不慌不忙地从抽屉里取出一把闪亮的小手枪,就往外走。我跟在他身后,走出院子,暂时躲在一间僻静的小屋里。

一会儿,外面传来一阵沉重的皮鞋声。我的心剧烈地跳动起来,用恐怖的眼光瞅了瞅父亲。

几个自然段整体体现了李大钊同志面对敌人的从容不迫。教师在教学中不仅要引导学生体会人物情感,还要引导学生关注语言表达形式,品析词句及其表达。基于以上考虑,针对这几个自然段可以做以下教学设计。

(1) 从这段文字中,你能看出当时"我"是一种什么样的心理?抓住关键词句来说一说。

明确:害怕。体现在"瞪着眼睛""什么?爹!""我的心剧烈地跳动起来,用恐怖的眼光瞅了瞅父亲"。(板书:恐惧)

(2) 读一读"我"说的这句话,注意要读得急促,"爹!"要更重一些。学生试读后,教师范读,之后学生再次练读。

(3) 分角色朗读后思考。

此时此刻,面对凶恶的敌人,面对恐慌的我,父亲该怎样回答?分角色读一下。父亲又有哪些举动呢?由此,你可以看出这是一位什么样的革命者?(板书:从容不迫)

(4) 学习描写方法。

作者在表现人物的心理活动时,运用了哪些描写方法?试一试:选择自己印象深刻的情景,用简短的语言和恰到好处的动作描写来说一说、写一写。(板书:语言 动作)

(2) 指导学生厘清文章思路的方法

分段是厘清文章思路的重要方法。分段是把文章分成意义段(或称逻辑段、大段)。划分段落有助于厘清文章的层次结构,了解作者的思路,加深对文章内容的理解,还有助于逻辑思维能力的发展。

在学生的分段训练中,注意不要套用固定模式(例如按总分关系、总分总关系、开头—中

---

① 李伟忠.语文段落教学有"六法"[J].教学月刊(小学版·语文),2011(3).

间—结尾分段），如果成为固定的模式，分段便失去了思维训练的意义。在分段训练中，教师可以设计一些有语文味的、艺术化的教学引导语。例如特级教师王崧舟在《望月》一课的教学中这样帮助学生厘清作者行文的脉络："有人说，《望月》所望的月亮，不是一个，而是三个。（课件呈现：江中月、诗中月、心中月）一个在江中，一个在诗中，一个在心中。打开书，静静地寻找，江中月在哪里，诗中月在哪里，心中月又在哪里。"

（3）指导学生概括段落大意的方法

概括段落大意，是在理解每个意义段的基础上对各段主要内容做出概括。它是理解课文的重要手段。指导学生概括段意时，要抓住以下几个方面：①引导学生抓住主要内容进行概括；②兼顾上下文进行概括；③教师要相机进行学法指导。

【例4-5】部编本五年级下册《草船借箭》概括第二段段意的教学设计

（1）回忆第二段讲了哪些内容，然后想一想、说一说段意该怎么概括。

预设学生两种概括——

第一种：第二段讲的是周瑜刁难诸葛亮，不给诸葛亮准备造箭的材料，还派鲁肃到诸葛亮那儿去探听，看诸葛亮怎么打算。

第二种：第二段讲的是诸葛亮请鲁肃帮忙，做好造箭的准备。

小结：第一种侧重周瑜，第二种侧重于诸葛亮。两种概括都不全面。

（2）要求：把周瑜和诸葛亮两方面都概括进去，重新概括段意。

思考、讨论、回答后明确段意：周瑜不给造箭材料，还让鲁肃到诸葛亮那里去探听，诸葛亮请鲁肃帮忙做好了造箭的准备。

（3）方法总结：在概括段意的时候，一方面要抓住本段的主要内容，另一方面要注意联系上下文。第一段写了周瑜刁难诸葛亮，那么第二段就应该写清楚周瑜怎样继续刁难诸葛亮。第三段写的是诸葛亮草船借箭，我们在概括第二段时也要交代清楚诸葛亮为草船借箭是怎么准备的。这样就把段与段之间的意思连接起来了。

（四）篇章教学

1. 篇章教学的内容与要求

《义务教育语文课程标准（2022年版）》提出在第二学段"能初步把握文章的主要内容，体会文章表达的思想感情"；第三学段"在阅读中揣摩文章的表达顺序，体会作者的思想感情，初步领悟文章基本的表达方法"。因此，篇章教学包含四个方面的内容：①把握课文的主要内容；②体会课文的思想感情；③了解课文的中心思想；④领悟文章的基本表达方法。

《义务教育语文课程标准（2022年版）》明确了不同学段篇章教学内容上的不同侧重点。①②项教学主要在低中年级进行；②③④项主要是在中高年级进行，是中高年级阅读教学的重点。

2. 篇章教学常用的方法

（1）把握课文主要内容的方法

"把握主要内容"不等同于"概括主要内容"，在中年级段，教师可采取一些方法对学生给

小学语文教学设计与实施

予适度的帮扶,帮助他们逐渐学会把握文章的主要内容。

① 归并段落大意的方法,即先给课文分段,归纳段落大意,然后在深入理解每段内容的基础上把各段的段意连起来成为连贯的一段话,这段话就是课文的主要内容。

② 问题提示法,即按照课文的思路顺次提出几个问题并根据课文的内容对问题做出回答,再把回答的要点归纳到一起。如部编本六年级上册《穷人》一课,教师可以提出以下几个问题:桑娜在等丈夫回来的时候,发生了什么事情?她是怎样做的?又是怎样想的?为什么她会这样想?丈夫回来以后,她又是怎么想的?——回答这些问题,就是课文的主要内容。

(2) 体会课文思想感情的方法

体会课文的思想感情就是感悟或体会作者对所描述对象抒发的赞美、喜悦、痛恨、厌恶等感情。教学中常用的方法有:①设身处地,身临其境;②以读悟情,加深体会;③想象画面,体会情感;④联系实际,产生共鸣。

例如《观潮》的教学,通常会综合运用方法①②③,让学生想象自己就是观潮者,带着身临其境的感觉去学课文,在对体现钱塘潮壮观奇特的相关文字品味中,读出对钱塘潮的赞叹之情。

(3) 概括课文中心思想的方法

课文的中心是由课文的内容透露出来的,有的明确说出来,有的暗含在课文之中,教师要根据课文的不同特点加以指导,使学生掌握一些概括中心思想的方法:①抓课题(如《为人民服务》);②抓重点词句或段(如《落花生》中:"人要做有用的人,不要做只讲体面,而对别人没有好处的人");③分析主要情节(如《麻雀》通过描述母雀为了护子,挺身而出准备与猎狗搏斗,体现了老麻雀的爱子精神);④分析主要人物(如《十六年前的回忆》分析李大钊的人物形象即课文的中心)。文章中心有时候也隐藏在人物语言、文章抒情、议论部分,教师要根据文本,引导学生选择恰当的方法。

概括课文中心思想的练习不能作为一个孤立的教学环节,不能让学生在对课文思想内容还不够理解时就去乱找、乱猜中心思想,而要引导学生在内容—思想的理解过程中,通过对重点词、句、段的反复阅读和思考,在课文的中心思想在头脑里逐渐明晰之时,再引导学生用自己的话概括。

(4) 领悟文章的基本表达方法

"表达方法"这个概念包括文章在语言表达上所涉及的各个方面,诸如立意、选材、谋篇布局、遣词造句、表达方式等。因此,严格来讲,词句教学和段篇教学都会涉及"领悟文章基本的表达方法"。

所谓"初步领悟文章基本的表达方法",意思是对小学生在领悟表达方法方面要求不要过高,只要能悟出文章在表达上的突出之处即可。从整个小学阶段讲,重点应放在遣词造句方面,如词语的运用、句式的选择、修辞手法等。[1]

教师在教学"表达方法"时不要讲授表达方法的知识,而是要引导学生通过充分地读并结合思考,"领悟"文章为什么这样写而不那样写,这样写好在哪里,从而逐步领悟文章的一

---

[1] 丁培忠.不要误解"领悟表达方法"[J].小学语文教学,2003(2).

些表达方法。

总之,在阅读教学内容的设计上,不管是词语、句子还是段篇教学,重在选择与安排语文知识、语文技能以及语文学习策略这些本体性的教学内容。

二、小学阅读教学目标的设计

(一)小学阅读教学目标设计的依据

1. 以课标为依据

以课程标准中各年段的阅读教学目标要求为依据,从课程目标到学段目标到单元目标,最后落实到课堂教学目标。

2. 以教材为依据

以教材的编排体系、选文的功能、课文的内容和文体等为依据。在解读文本的基础上确立核心的学习点,有针对性地解决学习的重点、难点。例如,"定篇"类课文(经典名篇)的教学不承担任何附加的任务,它的目的就在于读懂"定篇"本身;"例文"类课文(作为学习范例的课文),其教学目标不在课文本身,而在于课文所负载和包含的知识、事实、概念、原理、技能、策略等。[1] 再如,古诗适合训练吟诵,抒情性的文章适合训练朗读,说明文适合训练默读等。

3. 以学生为依据

任课教师在面对不同学情的学生时,往往需要调整教学目标,相应地增删教学内容。对起点能力较低的学生,应该把朗读、复述、概括等基本阅读技能作为主要目标;对起点能力稍高的学生,应该把掌握语言感受和理解的一般规则(如句法规则、修辞规则、逻辑规则等)作为主要教学目标;对起点能力较高的学生,应该把篇章构思和表达等高级规则作为主要教学目标。

(二)阅读教学目标的构成

1. 知识目标

阅读教学的知识目标指对学生在语文阅读活动后能"知道什么"的预期。它通常包括要求学生掌握的言语信息以及字词句段篇等文法知识,这是进一步获得良好语言运用能力的基础,对语文能力的形成起支撑作用。例如"正确认读生字,联系上下文理解词义"。

2. 能力目标

阅读教学的能力目标指对学生在语文阅读活动后能"得到什么能力"的预期。这个能力主要指阅读能力,即阅读感知力、理解力、鉴赏力、迁移力等。例如"能用比较快的速度默读课文,说出故事的结局"。

3. 过程和方法目标

阅读教学的过程和方法目标指对学生在阅读活动中达成目标的步骤、手段(方法)以及

---

[1]　李海林.关于语文教学目标的几点思考[J].中学语文教学,2003(6).

小学语文教学设计与实施

形成良好学习习惯的预期。"过程与方法目标"强调与知识和能力目标的结合,即具体到每个基础知识、基本技能的实现方法与学习过程。例如,"通过反复朗读,厘清文章层次,学习插叙手法在文中的运用"。

4. 情感态度和价值观目标

阅读教学中的"情感态度和价值观目标"是借助文本的、生活的情景激活学生已有的生活经验,使学生体验作品人物、事件所表达的情感,完成与作者、编者、教师、学生的对话,从而使学生形成态度和价值观。例如"体会诗歌表达的诗人的家国情怀"。

(三)阅读教学目标的制定

方法是习得知识的重要过程,在习得知识过程中不仅能形成能力,还会伴有情感体验。因此,知识和能力、过程和方法、情感态度和价值观三者是一个整体,阅读教学目标的设计一定要秉持三维目标融合的策略,采用"以知识和能力为主线,借助过程和方法,渗透情感态度和价值观"的三维目标整合模式,将有利于阅读教学达到高效。

【例 4-6】部编本四年级下册《白鹅》的教学目标设计

(1)认识 8 个生字,会写 12 个生字。联系上下文理解"厉声呵斥、厉声叫嚣,引吭大叫、局促不安、步调从容、大模大样、一丝不苟、倘若、从容不迫、窥伺、不胜其烦"等词语。

(2)了解白鹅"高傲"的特点,学习作者抓住特点写具体的方法。通过对重点词句的学习,体会作者用词的准确生动与表达的幽默风趣。

(3)练习朗读课文,初步感悟作者对白鹅的喜爱之情。

教学目标的设计可以先对初步建立的教学目标进行分类与筛选,再将提炼出的具体的教学目标整理成逻辑清晰、层次递进的统一整体。例如,首先要求学生"积累词语",其次"分析文章写作特点""感受作者写作风格",最后"体会作者的思想境界"。这样由浅入深的教学目标排列才能让语文阅读教学终极目标具有实际操作性与实现的可能性。

三、小学阅读教学方法的设计

(一)阅读教学方法的类型

阅读教学是语文课程教学的最重要的内容,因此阅读教学的方法有着语文教学方法的共通性,也有着独特性。

1. 从教与学的角度看

从教与学的角度看,阅读教学常用的教学方法有:教师逐段讲授、分析、品读的串讲法;读、议、练、讲结合的讲读法;用交谈或问答的方式讲授课文的问答法;将读、划、查、思、写运用于预习的预习法;就某一学习内容通过讨论获得阅读能力的讨论法;在课中或课后通过完成阅读练习从而获得能力、巩固知识的练习法等。

2. 从教师引导学生语感形成的角度看

从教师引导学生语感形成的角度看,阅读教学常用的教学方法有用于对文章的佳妙之处或精彩所在进行欣赏的品味法(如例 4-3);还有课堂内创设情境,把课文的语言还原成具体形象的情境创设法(如例 4-4)等。

3. 从学生学习阅读的角度看

从学生学习阅读的角度看,有朗读法、默读法、复述法、略读法、浏览法等方法。

(1)朗读法。朗读是一种出声的阅读方式,其基本要求是正确、流利、有感情。朗读法是阅读教学中最经常、最重要的训练阅读的方法。在教学中,可以根据文本特点,综合选择个别读、齐读、指名读、分角色朗读、个别或小组读、引读等方式,以达到读准字音、读通句子、理解课文中的语言文字、体会思想感情的作用。

(2)默读法。默读是一种不出声的阅读,它经常用于划分段落、归纳段意、总结全文、概括中心、厘清思路、准备复述等有关课文理解的环节。默读法使用时不仅要关注学生的阅读速度,例如第三学段阅读速度每分钟不少于 300 字,也要关注学生的默读习惯,例如在默读过程中圈点批注以帮助记忆、思考和理解。

(3)复述法。复述是学生用自己的话有条理地叙述课文内容的一种学习方法。它通常在中高年级叙事性作品的教学中,学生基本理解课文内容之后使用。在中年级这个复述训练的起始阶段,教师可通过示范、列提纲、文字提示、挂图提示辅助学生做好复述练习,到高年级再提出自主复述的要求。

【例 4-7】部编本三年级下册《慢性子裁缝和急性子顾客》课后练习 2 安排的复述练习[①]

默读课文。填写下面的表格,再借助表格复述这个故事。

时　间	急性子顾客的要求	慢性子裁缝的表现
第一天		
第二天		
第三天		
又过了一天		

(4)略读法。略读是指快速阅读文章以了解其内容大意的阅读方法,略读技能是现代人必备的阅读基本技能之一。略读法可用于把握文本的主要内容、思想感情和写作特点等方面。

(5)浏览法。浏览是为搜寻、捕捉、提取阅读材料重要信息做出的快速阅读,适用于小学高年级。浏览有快速扫读和跳读两种方法。

略读法和浏览法都是提高学生阅读速度的方法。区别在于略读是大略地读,浏览是搜寻关键点"概括地读"或"挑着读"。例如,部编本五年级上册第二单元专门就提高学生阅读速度进行编写。以《什么比猎豹的速度更快》为例,参照课文导语提出的学习要求,"带着课文题目中提出的问题,用较快的速度默读课文"需要用的是浏览法;"用较快的速度默读课文,了解课文的主要内容"需要用的是略读法。

① 教育部组织编写.义务教育教科书:语文(三年级下册)[Z].北京:人民教育出版社,2018:103.

（二）阅读教学方法的选择

每一种具体的教学方法都有它的长短，没有一种或几种教学方法适用于一切范围和条件。教学方法的选择要根据当前的教学任务、教学内容特点、学生特点、教师特点、教学手段、教学环境等因素来决定。[①] 例如，串讲法适用于文言文教学或者学生难以领会的难点，在一般的小学语文教学中较少使用。在文字优美的课文中，常用朗读品味法；较长的课文常用略读法、浏览法。在低年级常用朗读法，高年级除朗读法外，还常用默读、略读、浏览的方法。对于善于语言表达的教师来说，会经常选用朗读品味法。针对较复杂问题进行的讨论探究法可能会需要较多的教学时间，由于教学时间的限制，教师可能会不得不放弃其他一些方法。现代技术条件较好的条件下，可以借助多媒体运用情境创设法，如果只有黑板和粉笔，就常采取教师讲授讲解或指导读书的方法。

教学方法的选择首先要基于当前具体化的教学任务和教学时间以及教师使用的实际可能性，尽可能广泛地提供有关的教学方法；其次对各种供选择的教学方法使用的可能性、适用范围和条件进行比较；最后在既定的教学任务、教学内容、师生特点、教学时间等条件下，对各种方法进行筛选再做出最后的决定。[②]

四、小学阅读教学过程的设计

（一）精读课文的教学过程

一般来讲，一篇精读课文第一课时：①建构本课的阅读话题。②掌握本课的生字词。③正确、流利地朗读课文。④了解课文要点及主要内容。（第一学段暂不安排第④项内容。进入第二、三学段后，对②③两项要求主要通过课前预习及课堂反馈予以落实。）

第二课时：①第一学段以了解词句的意思和感受课文内容为主，第二学段重在把握课文结构以及关键词句表情达意的作用。第三学段主要从文体、表达顺序、关键词句去体悟课文的思想感情，把握它的表达方式与方法，体会其表达效果。②熟读课文，进行语言理解、积累和运用。③安排单项练习、读写结合的练习及拓展性阅读。

【例 4-8】部编本五年级下册《祖父的园子》教学过程设计[③]

第 一 课 时

一、交流预习，质疑问难明起点

（1）交流预习难点，引发阅读期待。

（2）检查认读情况，读好有地方色彩的词语"倭瓜"。

（3）教学不容易写的、易写错的生字"帽、瞎、抛、韭"。

①② 王策三.教学论稿[M].北京：人民教育出版社，2005：248-250.

③ 根据于永正.《祖父的园子》教学实录；刘春.语用意识的生本实现——评于永正《祖父的园子》教学实录[J].语文建设，2012，(12)改写.

① 学生默写。

② 以"写正确、写规范、写美观"作为评价标准,师生互评。

③ 教师示范,点拨关键笔画。

二、提取信息,层层递进学概括

1. 学习概括,把握文章内容

默读全文,当你再次走进祖父的园子,看到了什么?

预设:蜂子、蝴蝶、蜻蜓、蚂蚱、狗尾草、谷穗、韭菜、野草、倭瓜、玉米、虫子、小鸟、草帽、水瓢、祖父和"我"

用四个词语概括,当你走进祖父的园子你看到了什么?

明确:"我"走进了祖父的园子看到了动物、植物、人物和他们做的事情。

2. 学习概括后说具体

(1) 具体植物有哪些? 要求说上三四个,加上一个"等"字。

明确:"我"看到了韭菜、野草、谷子和狗尾草等。

(2) 动物有哪些?

明确:"我"看到了蜂子、蝴蝶、蜻蜓等。

第 二 课 时

一、用心读文,聚焦语段悟情感

(1) 再次默读全文,当我们用心去看的时候,又看到了什么? 文字背后作者究竟想告诉我们什么? 如果你用心读到了,就用笔写下来,可以是一个词,也可以是一句话。但是这绝不是一个词能概括了的,作者要告诉我们的有很多。(生默读后交流)

教师板书:"宽容""自由""天真""生机勃勃""慈祥""无拘无束""调皮有趣""自由自在"

(2) 细读文本,体验童趣。

① 祖父是一个慈祥、宽容的人。尽管作者做了很多错事,祖父也不怪她,因为她是孩子。如果没有祖父的宽容,哪来作者的自由自在和有趣啊! 这篇课文写得最成功、最感动人的是童真童趣,一个真,一个趣。(板书圈出"趣")

② 读了这篇课文,你觉得哪件事最有趣?

明确:"铲地"很有意思,而且写得比较具体。

③ 读一读"铲地"的段落,读出童真童趣。

生朗读,师范读后,再次练读。要求:要读出"我"和祖父说话不同的语气,读出祖父的慈祥、宽容,对"我"的疼爱;读出"我"的天真、调皮。

师生对读。

二、读写迁移,明确要点练表达

(1) 在你读"铲地"这件事的时候,你读到哪个地方觉得最有趣?

小结:最有趣的是对话。我们写童年的趣事,第一,要把事情选好,这事可以很小,你看作者写睡觉,玩累了,找个阴凉的地方就睡着了,不用枕头,不用席子,就睡着了,多有趣。第

小学语文教学设计与实施

二,在写的过程中,千万不要忘记写人物的对话,好多趣味是在对话里面体现出来的。

（2）请迅速回忆一下,从你记事那一天起,你做过哪些有趣的事情?打开作文本,第一行空出来,等事写完了再写题目。写一件你的童年趣事,你觉得好玩就行了,时间十分钟。

（3）交流分享后,教师提供"下水文",投影供学生阅读。

小结:在事的选择上要有趣,在写的过程中要把对话写得有趣。

(二) 略读课文的教学过程

第二、三学段的语文教材中,有一些题目前用 * 标注的课文,这些是略读课文。它们有时被安排在单元的中间,有时被安排在单元的末尾。略读课文是精读课文的补充与延伸,略读课文主要起迁移精读课学到的阅读方法以及人文内涵理解的作用。

略读课文的教学有较明显的独立阅读的性质,教学时间一般只安排一课时,因此在略读教学的内容上,理解课文的要求要低于精读课文,在教学中会认生字就行;词语大致理解即可,理解词句不作为训练重点;以默读为主,一般不需要进行感情朗读的指导;一般不做模仿习作的练习。

在教学策略和方法上,通常采用自读自悟、伙伴合作、集体交流等方法,学生主要靠自己把课文读懂,并在读中习得读书方法,提高阅读能力。教学步骤的安排也以粗知文章大意、提升独立阅读能力为出发点。具体来讲,可参照以下步骤:①整体阅读,粗知大意;②迁移习得,阅读、交流;③赏析精彩片段;④拓展阅读,对比提升。

【例 4-9】部编本五年级上册《"精彩极了"和"糟糕透了"》教学过程设计

本单元主题是"父母之爱",单元导语提示,本单元要"体会场景和描写中蕴含的感情,用恰当的语言表达自己的看法和感受"。因此,教学流程做如下设计。

一、感知课文内容

默读课文,了解课文写了一件什么事。到底什么"精彩极了",什么"糟糕透了"?

二、自学研讨,汇报交流

（1）母亲和父亲读过作者的第一首诗后有什么具体的表现?我对父母的评价有什么不同的反应?默读课文第 1~14 自然段,画出有关父亲、母亲、作者动作、语言、神态描写的词句,并把你的理解和感受标注在书上。

（2）完成表格:在读到巴迪写的诗时,父亲、母亲的语言、动作、神态描写有什么不同?

描　写	母　亲	父　亲
语言描写	"巴迪,真的是你写的吗?多美的诗啊!精彩极了""亲爱的,发生了一件奇妙的事,巴迪写了一首诗,精彩极了……" （赞扬、柔情、句子长）	"这是什么?""对不起,我会自己判断的。""我看这首诗糟糕透了!" （批评、严厉、句子短）
动作描写	"她搂住了我",念完诗的时候兴奋地嚷着,后来"拥抱了我",说话的时候"摸着我的脑袋" （动作详细,体现了母亲的慈爱）	"父亲把诗扔回原处" （动作简略,"扔"字体现了父亲的严厉）

续表

描 写	母 亲	父 亲
神态描写	"眼睛亮亮地""兴奋地""高兴地"（描写细腻）	无（神态可在语言、动作描写处通过想象进行补充）

三、明确主旨，说说故事

（1）这两个极端的断言，到底谁说得对？巴迪长大后，又是如何看待这件事的？

明确：两个都对，都很中肯。这首诗是巴迪七八岁的时候写的，那是第一次写诗。母亲觉得儿子很伟大，能写诗了，所以说"精彩极了"；而父亲从大人的角度看，认为"糟糕透了"。等作者12岁时再回过头来看这首诗时，的确是糟糕。

（2）"精彩极了""糟糕透了"，不同的出发点却殊途同归，都归结到哪个字上来？从课文里找出这段话来。

明确：最后一个自然段，"我从心底里知道……有一个共同的出发点，那就是爱"。

（3）想想看，在你生活中，像母亲这样的爱，有吗？举个例子。像父亲那样的爱，那种类似"糟糕透了"的爱，有吗？举个例子。

四、归纳总结，扩展阅读

（1）过渡：像同学们一样，作者深深地体会到了父母之爱。一起朗读最后一段。（集体读）

总结：爱的形式不一样，出发点是一样的，就是对你们的期望。

（2）提供体现父母之爱的阅读资料。（略）

五、小学阅读作业的设计

作业设计是阅读教学设计的重要组成部分。阅读教学的作业设计同语文作业设计的原则相一致：作业内容指向教学目标；作业形式多样；作业具有层次性和差异性。

从各年段阅读作业内容设计上看，低年级以单项作业为主，重在词语的理解、积累和运用；中高年级适当增加了综合性作业，让学生在生活实践中运用语言文字，形成语文能力。从类型上看，小学阅读作业的一般类型有书面作业、口头作业和体验作业。从作业布置的时机看，阅读作业可以布置在课内和课外。

（一）课内作业

课内作业是巩固知识和培养能力、提高单位时间学习有效性、培养良好的学习习惯、反馈教学效果的重要手段。基于课内作业的重要性，当前一些地方教育部门的有关文件甚至提出了课内书面作业时间一般不少于10分钟的建议。由于低年级原则上不留课外书面作业，因此低年级的书面作业均需要学生在课内完成。低年级课内书面作业的主要形式是写字，教师还可以根据教学目标安排读课文、背诵、讲故事等口头作业。教师也可以把低年级的预习（生字预习、读课文的预习）放在课内进行。中高年级，教师可借助课后习题以及与教材配套的练习册有选择地布置课内作业。

需要注意的是，课内作业不一定是一节课最后10分钟让学生做作业的刻板模式，它应

小学语文教学设计与实施

本着需要、贴切、实用的原则，与教学过程融为一体，该写的要当堂写、该读的要当堂读、该背的当堂课背、该理解的要理解透彻。

（二）课外作业

通常来讲，能在课堂上完成的作业不放到课外去，但仅仅依靠课内作业还不能保障学生学习效果的最大化，教师需要统筹安排教学计划，做到课内外作业有机结合。阅读教学课内外作业的统筹安排是各有侧重的，一般情况下，课内安排学法指导、交流分享等需要集体完成的作业；课外安排观察、收集、处理信息等适合个体或小组学习的作业活动。课外作业可以布置用于预习的作业，也可以布置用于复习的作业。

1. 预习作业

在预习内容的选择上，不同学段要有不同的侧重点。除低年级的预习可安排在课内之外，中高年级的预习一般布置为课外作业（例如"预学单"的完成）。中年级的预习作业侧重课文的主要内容、重点语段，能提出一些不懂的问题并尝试解决它；高年级预习作业侧重文章思路、思想情感、中心思想以及文章难于理解之处，对于预习中发现的问题，能自己着手通过各种途径进行解决。

2. 课后作业

课后作业设计要以教学目标为依据设计适当的重复作业与变式作业，以帮助学生熟悉学习要点，形成熟练应对的能力。新授课还要注意布置形式多样的整理性作业，以及时将零散的学习转化为有组织的知识建构。

对于单元性的课后作业，一要重视诊断与补偿；二要重视联系与整理。作业设计时，应注意具体作业的意图，将作业作为诊断学生学习效果的手段，并根据作业的反馈及时设置补偿性作业。单元作业不能只是练习性的习题，还必须体现对本单元学习要点的总体统摄，因此还要设计一些知识整理作业，以梳理联系，促进良好知识结构的形成。①

对于语文课来说，还要重视积累性阅读作业，例如推荐好文章自主阅读，练习阅读时做读书笔记、写阅读心得等。这样的作业有利于学生终身学习习惯和阅读能力的养成。

【例 4-10】部编本三年级下册《海底世界》作业设计

根据单元导语提示，该单元的语文要素是："了解课文是从哪几个方面把事情写清楚的；初步学习整合信息，介绍一种事物。"结合文本第 2～5 自然段基本上都由中心句、总说句领起以及运用多种说明方法使文章具体、生动的特点，制定了"学习课文的说明方法及先总后分的构段方式"的教学重点。基于学段目标、单元目标、课时目标以及教科书课后练习，可以做如下作业设计。

预习作业：

（1）生字认读：借助拼音，读准课后列出的需要认读的生字。

（2）正确、流利地朗读课文，反复认读"啾啾、打鼾、海参、伸缩、海藻、蕴藏、储量、波涛澎湃、窃窃私语、多种多样、景色奇异、物产丰富"等词语，读准多音字"差"。

---

① 张丰.作业仅仅是"练习"吗？[J].人民教育,2011(12).

（3）默读课文思考：第＿＿＿到第＿＿＿自然段具体介绍了海底世界的样子，说明了海底是个＿＿＿＿＿＿＿＿＿＿的世界。

课内作业：

（1）字形书写：官、险、退、富、铁、陆。

（2）多音字组词。

$$参\begin{cases}shēn（\quad）\\ cān（\quad）\end{cases}\qquad 差\begin{cases}chā（\quad）\\ chà（\quad）\\ chāi（\quad）\end{cases}$$

（3）课文是从哪几个方面介绍海底世界的？

＿＿＿＿＿＿＿＿＿＿＿＿＿＿＿＿＿＿＿＿＿＿＿＿＿＿＿＿＿＿＿＿＿＿＿＿＿

（4）想象海底还会发出哪些声音，仿照第 3 自然段，用"有的……有的……有的……"补充下面的句子。

你用水中听音器一听，就能听见各种声音：＿＿＿＿＿＿＿＿＿＿＿＿＿＿＿＿

（5）"海底动物各有各的活动方法。海参靠肌肉伸缩爬行，每小时只能前进四米。有一种鱼身体像梭子，每小时能游几十千米，攻击其他动物的时候，比普通的火车还快。乌贼和章鱼能突然向前方喷水，利用水的反推力迅速后退。有些贝类自己不动，却能趴在轮船底下做免费的长途旅行。"

① 这段话是围绕哪一句来写的？请用"＿＿＿＿＿＿"画出来。

② 这段话写了＿＿＿、＿＿＿、＿＿＿、＿＿＿和＿＿＿几种动物。

③ 这段话用了哪些说明方法？

＿＿＿＿＿＿＿＿＿＿＿＿＿＿＿＿＿＿＿＿＿＿＿＿＿＿＿＿＿＿＿＿＿＿＿＿＿

④ 读一读，体会加点的部分"免费的长途旅行"这样写的好处。

＿＿＿＿＿＿＿＿＿＿＿＿＿＿＿＿＿＿＿＿＿＿＿＿＿＿＿＿＿＿＿＿＿＿＿＿＿

⑤ 你还知道哪些海底动物？它们是怎么活动的？仿照文中的方法补充下面的句子。

海底动物各有各的活动方法。＿＿＿＿＿＿＿＿＿＿＿＿＿＿＿＿＿＿＿＿＿＿

（6）第 5 自然段是围绕哪句话写的？请用"＿＿＿＿＿＿"画出来。

（"海底的植物差异也很大。"）作者又是怎样把这个意思写清楚的？

＿＿＿＿＿＿＿＿＿＿＿＿＿＿＿＿＿＿＿＿＿＿＿＿＿＿＿＿＿＿＿＿＿＿＿＿＿

课后作业：

1. 看拼音写词语

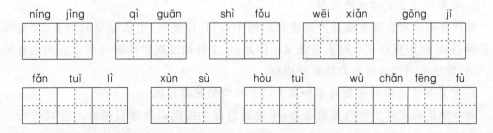

níng jìng　　　qì guān　　　shì fǒu　　　wēi xiǎn　　　gōng jī

fǎn tuī lì　　　xùn sù　　　hòu tuì　　　wù chǎn fēng fù

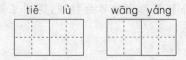

2. 查字典,完成表格

带点的字	部首	再查几笔	读音	选择正确字义
窃窃私语				①个人的　②秘密,不公开　③暗地里,偷偷地
免费				①去掉,除掉　②避免　③不可
景色各异				①不同的　②分别　③奇怪 ④另外的,别的　⑤特别的

3. 星级挑战

★选择文中你喜欢的一种动物,以它的口吻做自我介绍,写写它的活动方式。

★★选择你在课外了解的一种海底动物,以它的口吻做自我介绍,写写它的活动方式。

★★★运用总分的构段方式,介绍两到三种海洋动物的活动特点。

六、小学阅读评价的设计

《义务教育语文课程标准(2022 年版)》指出:义务教育阶段的语文教学要使学生"学会运用多种阅读方法,具有独立阅读能力"。这不仅是小学语文阅读教学的重要目标,也是阅读教学评价的主要出发点和归宿。

(一)对阅读综合理解能力的评价

1. 考查对于阅读材料中重点字词的发现

善于发现阅读材料中的重点字词,是阅读综合能力强的一个表现。给学生一篇文章,观察学生是否能够自觉将课文中的重点字词圈出来,例如考查学生是否能够发现并标注出容易写错的字以及对文章理解有重要帮助的词。对学生这一能力的考查,可以通过检查学生的预习和自读进行。

2. 考查对于阅读材料中重点字词的理解

对阅读材料中重点字词的理解的考查可以通过评价学生是否能通过工具书或上网查找相关资料帮助理解(如例 4-10 课后作业 2)、是否可以联系上下文或生活实际在具体的语境中对字词加以理解等。

3. 考查对于重点句子的理解

发现并准确理解课文或其他阅读材料的中心句、过渡句、生动形象的句子、含义深刻的句子等,对于理解整篇文章有重要意义。因此,学生准确发现和理解这些重点句的意识和能力,是评价学生阅读理解能力的重要指标。

4. 考查对于文章的主要内容和课文思想感情的把握情况

对学生把握文章主要内容的考查,主要通过课堂提问以及课后测验的方式进行。对于课文思想感情的把握情况,可以在教师引导学生多样"读"的过程中通过提问以及学生朗读文章时的情感表现情况进行考查,也可以在课后通过测验考查对课文思想感情的把握情况。

5. 考查对于文中意境、语言特点及形象的感受和理解

理解文中的意境,品味语言特点,体会情感,属于文学作品阅读的能力要求。这一要求对于小学生而言是有较大难度的。评价学生文学作品鉴赏能力时,要因学生的学段而异。第一学段侧重考查学生能通过朗读和想象等手段,大体感受作品的意境、节奏和韵味;第二学段侧重考查在阅读全文基础上对重要段落和语句的细致阅读,具体感受作品的形象和语言;第三学段侧重考查学生对形象、感情、语言的领悟程度以及自己的体验等。[①]

(二)阅读方法的评价

《义务教育语文课程标准(2022年版)》提出,阅读教学评价要关注学生的阅读方法和阅读习惯。对学生阅读方法的评价主要侧重于以下两个方面。

1. 朗读评价

能用普通话正确、流利、有感情地朗读课文,是朗读评价的总要求。具体而言,评价学生的朗读,可以从语音、语调和语气等方面进行综合考查。

除教师在课堂教学中口头评价、学生互评、学生自评的评价方式外,教师也可以使用朗读水平测试表对学生的朗读能力进行专项测验。

2. 默读评价

默读即不出声地朗读。对学生默读的评价,应综合考查学生默读的方法、速度、效果和习惯等。

由于默读是不出声的言语活动,因此对学生的心理发展水平要求比朗读高。对于第一学段的学生而言,他们刚刚学习默读,还很难做到不出声、不唇读、不指读。只要他们发出的声音小,能正确理解阅读材料即可,不必要求过高。对于第二学段的学生,则要求学会默读,做到不出声、不指读。而对于第三学段的学生,默读则要求达到一定的速度,默读一般读物每分钟不少于300字。不管评价哪个学段的学生的默读,都要将正确理解阅读材料作为一个重要指标。

对于默读速度的评价,依据部编本教材,最常用的方法是计时法。例如,五年级上册第二单元是训练阅读速度的单元,这个单元的三篇课文都有这样的课后练习:"全文共×字,我的阅读时间是____。"教师可以运用计时法,根据"全文字数(字)"除以"实际阅读时间(分)"测出学生的默读速度(字/分),从而判断学生是否达到了《义务教育语文课程标准(2022年版)》的要求。此外,数字法、悬牌法、划记法、消字法也是测验学生默读速度的方法。

对于默读习惯,可以通过观察、访谈、问卷进行评价;默读效果可以用直接观察交流后口头评价或用默读测验的方法进行评价。

除对阅读综合能力评价和阅读方法评价外,还可以评价学生的课外阅读。常用的方式有:围绕阅读任务进行小组、班级讨论,根据讨论情况进行评价;评价阅读展示成果(阅读卡

① 周立群,等.小学语文课程与教学[M].北京:教育科学出版社,2013:255-258.

片、读书笔记、读后感），以考查阅读兴趣、阅读习惯、阅读品味、阅读方法和阅读能力。

第三节　不同文体课文的教学设计

不同体裁、不同类别的文章在结构形式、构成要素和语言表达等方面各有不同的特点，用同一种方法教学不同文体的课文，不仅违反客观规律，也阻碍阅读教学向纵深发展。因此，《义务教育语文课程标准（2022 年版）》明确了小学语文课本中涉及的记叙文、说明文、诗歌、童话、寓言、非连续性文本等文体的阅读要求，语文教师在教学设计中应对照这些要求针对不同的文体采取相应的教学策略（表 4-3）。

表 4-3　《义务教育语文课程标准（2022 年版）》不同学段阅读文体、阅读要求的比较

学　段	阅 读 文 体	阅 读 要 求
第一学段	浅近的童话、寓言、故事	向往美好的情境，关心自然和生命，对感兴趣的人物和事件有自己的感受和想法，并乐于与人交流
	儿歌、儿童诗和浅近的古诗	展开想象，获得初步的情感体验，感受语言的优美
第二学段	叙事性作品	复述大意，初步感受作品中生动的形象和优美的语言，关心作品中人物的命运和喜怒哀乐，与他人交流自己的阅读感受
	优秀诗文	注意在诵读过程中体验情感，展开想象，领悟诗文大意
第三学段	叙事性作品	了解事件梗概，能简单描述自己印象最深的场景、人物、细节，说出自己的喜爱、憎恶、崇敬、向往、同情等感受
	诗歌	大体把握诗意，想象诗歌描述的情境，体会作品的情感。受到优秀作品的感染和激励，向往和追求美好的理想
	说明性文章	能抓住要点，了解文章的基本说明方法
	简单的非连续性文本	从图文等组合材料中找出有价值的信息
	优秀诗文	通过语调、韵律、节奏等体味作品的内容和情感

一、叙事性作品的教学

叙事性作品是以叙事功能为主的作品。在《义务教育语文课程标准（2022 年版）》第一学段的阅读目标中所列举的童话、寓言、故事，其实都是以叙事为主的作品，只是未出现这个概念而已；第二学段《义务教育语文课程标准（2022 年版）》明确提出了"叙事性作品"；第三学段《义务教育语文课程标准（2022 年版）》则将叙事性作品与诗歌、说明性文章并列。因此，叙事性作品是小学阶段最常见的、比较适应小学生心智水平的主要阅读文体，语文教材中的童话、语言、小说、记叙散文、故事都属于叙事性作品，阅读叙事性作品的能力是小学阶段着力培养的阅读能力。根据《义务教育语文课程标准（2022 年版）》的要求，叙事性作品的教学要从以下三个方面入手。

（一）注意不同叙事性作品的特点

叙事性作品按作者的写作目的划分，有写人、叙事、讲述道理等类型。同是叙事性作品，由于作者的写作目的不同、写作的着眼点不同，因此教学中也应有不同的侧重点。

对于写人的叙事性作品教学中要感受人物形象，关心人物命运，围绕人物的特点，抓住人物的语言、动作、外貌、心理活动等来分析人物，让学生感受到人物的优秀品质。例如《慈母情深》的教学，通过深入品读母亲的动作、神态、语言描写的重点词句，就可以感受到母亲的瘦弱、疲惫、贫穷、辛苦、善良，从而感受到母爱的伟大。

侧重记事的叙事性作品多以事件为描写对象，这类课文写作的主要目的是揭示事件的实质及其对人、对社会所具有的意义。所以，聚焦"事件"，解码课文如何反映和折射事件本质，是记事类课文教学的首要任务。虽然记事类的叙事性作品也有人物，但人物是为情节而设置的，因此，在教学这一类课文时，要牢牢抓住课文的故事情节，透过故事情节去探究语言文字背后的蕴含之意。[①] 例如部编本三年级上册《掌声》的教学，通过记述一个患小儿麻痹症的女孩英子，因为第一次上台时获得了同学们的掌声，性格逐步变得乐观开朗的故事，启发同学们学会关爱他人，养成善良温暖的品质。

讲述道理的叙事性作品主要是寓言，寓言的特点是简短的故事之中蕴含着哲理或教训，因此寓言的教学要点是通过具体的语言感悟以及对故事情节、人物形象的解读去落实对寓意的理解。例如《揠苗助长》，就可以采取这样的步骤进行教学：①通过"怎么想的—怎么做的—怎么说的—结果"这一提纲，梳理情节；②通过"巴望、焦急地转来转去、急忙跑到田里、筋疲力尽、一边喘气一边说"这些词句揣摩人物的动作、神态、语言，感受人物急性子的形象；③结合对于文中人物急性子的理解，试着练习讲故事；④体会寓意——"急"是没有用的——欲速则不达。

（二）厘清作者思路，把握主要内容

叙事性作品往往有一条贯串全文始终的线索，它揭示了材料之间的内在联系，把所有的材料联结成一个有机体。因此，在教学中抓住线索，就可以较快地厘清文章内容，掌握文章结构，理解中心思想。叙事性作品的线索主要有四类：以人为线索、以物为线索、以思想变化为线索、以中心事件为线索。例如，《我的伯父鲁迅先生》一课的教学首先要明确就以鲁迅先生这个人物为线索，通过谈《水浒传》、笑谈"碰壁"、燃放烟花、救助车夫、关心女佣五件事刻画了鲁迅先生"自己想得少、为别人想得多"的人物形象。

（三）用心品味语言，体验文章情感

品味语言，从某种角度说是体验感悟的出发点，也是最终归宿。因为文学作品的阅读必然是从触摸语言开始的，从语言出发，再回到语言。因此，教学中教师要引导学生去品味关键词语的表现力，或者引导学生理解重点语句的含义以及句式、修辞上的特点和表达效果。

这里的重点词句主要指对表现主要内容和思想感情有突出作用的词句和段落，如表现

---

① 鸦彬.写人类和叙事类课文教学策略初探[J].小学语文教学，2017(10).

小学语文教学设计与实施

人物行动和心理活动的深刻生动的词句、人物的个性化语言、作者精辟的议论和抒情的语句等。对这些重点词句,教师要注意通过朗读、体验等方式,引导学生理解它们的含义,认识它们对表情达意所起的作用。

【例 4-11】部编本六年级上册《桥》"老汉沙哑地喊话:'桥窄!排成一队,不要挤!党员排在后边!'"一句的教学设计片段

(1)这句是对老汉的什么进行描写?数数一共几个字?分了几小句?每句都是什么意思?每句的标点都是叹号,作者为什么这样写?你读出了一个怎样的老支书?

小结:老汉的喊话虽然是沙哑的,但简短有力。"桥窄"说的是当时的危急情况;"排成一队,不要挤!"是解决问题的办法;"党员排在后边!"是群众优先的思想。在洪水肆虐、人心慌乱的情况下,老汉的话体现了他是一个多么临危不乱、镇定威严、心怀群众的老支书。

(2)三个感叹号传出来的声音就像大山一样坚定,像大山一样铿锵有力!让我们铿锵有力地朗读这句话。

二、写景状物类文章的教学

在当前的小学语文教材中,写景状物类课文占有相当大的比重,在每册教材中都有分布。这类课文主要是通过诗意盎然的语言描写、个性鲜明的特定景物,展现一幅幅生动的画面,表达作者内心的独特感受。小学语文教材中写景状物类文章常具有语言之美、意境之美、结构之美,为学生提供了很好的语言学习范本,因此,在教学中要抓住以下几点。

(一)找准文眼,抓住景物特征

写景状物类文章一般写景精妙,景物特征鲜明,给读者以美的享受。因此,读写景状物散文首先要赏析景物描写,弄清文章描写了哪些画面和对象,并了解它们的主要特点。例如《黄山奇石》中的"奇"字已概括出了黄山石的特点,教师引导学生找准课文的文眼后,再进一步研究黄山石究竟"奇"在哪儿。

(二)品读语言,学习描写技巧

写景状物类的文章,多出自名家之手,遣词造句的功力深厚,是学生学习语言表达的生动材料,教师在教学中要引领学生做到"一字未宜忽,语语悟其神"。因此,在教学中要让学生反复赏读,品味语言,体会文章的意境。学生可以边读边想象画面,可以圈点批注精彩精美的语言,也可以背诵课文片段,记诵一些优美的语句,从而获得良好的语感。例如教学六年级上册老舍先生的《草原》第一自然段时,教师可以出示文中"一碧千里""绿色渲染""翠色欲流"这三个形容草原之绿的词语,让学生结合上下文理解词语的意思。在学生理解了词意之后追问:这三个表示"绿"的词语有什么不同?引领学生体会同样是描写"绿","一碧千里"写出了绿的广阔,"绿色渲染"则表现了绿的柔美,"翠色欲流"将草原绿的状态表现得淋漓尽致。这样的教学,一方面有利于学生学习作者用词的精巧,另一方面有利于学生通过积累词语,形成语感。

（三）体悟文意，感受文章意境

意境是写景文的核心内涵。"意"是作品表达的思想感情，"境"是作者经过提炼取舍而创造出来的渗透作者情感的景物或画面。教学写景文的意境即引导学生透过景物的学习，探寻文章的思想情感，体味课文情与景汇，意与象通，情景交融的境界。例如四年级下册《乡下人家》的教学，就要以描写"瓜藤攀爬图""鲜花轮绽图""雨后春笋图""院落晚餐图"等场景的重点词句为教学重心，结合朗读，感受乡下人家的乐趣。

（四）分析结构，学习写作顺序和方法

写景状物类课文一般构思缜密精巧、逻辑性强，其思维逻辑与文章结构具有重要的教学价值，把握写景状物类课文的结构以及写作顺序和方法，对于学生习作的构思、行文能力的培养有很大的帮助。例如四年级上册《爬山虎的脚》一文最大的教学价值就是课文呈现出的作者的有序观察和仔细观察。因此，该文的教学重在学习描写爬山虎的"脚"的重点词句，通过这些词句的学习，学习作者仔细观察、有序观察的方法。为深入学习作者的观察顺序和写作方法，常有教师引导学生进行仿写：像作者那样仔细观察某种植物，按顺序观察，写出其颜色、形状、叶子等，并在写实的同时适当展开想象。

三、说明性文章的教学

说明性文章又称实用文，是一种以说明为主要表达方式，旨在介绍、说明事物或事理，给读者以相应知识的文体。与文学类文本相比，它具有广泛的应用价值，更贴近生活实际。说明性文章的学习对于小学生观察能力、筛选能力、逻辑思维能力的养成以及科学素养、科学态度的形成有重要作用。

入选小学语文教材的说明性文章有两类：一类是介绍性的，用说明的表达方式，准确地介绍事理和科学知识、说明事物发展变化的过程等，例如《赵州桥》《什么比猎豹的速度更快》；另一类是文艺性的（又称科学小品文），它用小品文的笔调，即借助描写、故事、对话等文学写作手法，将科学内容生动、形象地表达出来，例如《蟋蟀的住宅》《琥珀》等。

根据《义务教育语文课程标准（2022年版）》关于说明性文章的教学"能抓住要点，了解文章的基本说明方法"的要求以及说明性文章本身具有的条理性和逻辑性强、说明生动、语言准确的文体特征，说明文的教学设计要采取以下策略。

1. 把握说明的要点

小学语文教材中出现的大都是诠释性说明文，这类课文往往围绕着一个对象或从一个角度，运用阐述、举例、推论、比较等方法对某一对象或就某一问题进行解说。教学说明文首先要让学生抓住文章的要点，找出说明的对象以及文章是从几方面说明的。一些有中心句的说明性文章，教师可提示学生抓文章或段落的中心句来把握说明要点。以《赵州桥》为例，教师要引导学生发现"赵州桥"就是文章的说明中心，历史悠久、结构坚固、形式优美是该文的说明要点。

2. 厘清文章的条理和逻辑

说明性文章讲求客观准确地说明事物特征，内在逻辑性很强，力求通过严密的逻辑和清

小学语文教学设计与实施

晰的条理将事物的特征说完整讲明白。因此,说明性文章教学,在学生把握说明要点之后,教师要着重引导学生厘清说明性文章的条理和逻辑。

【例 4-12】《蝙蝠和雷达》通过设计表格式课内作业梳理文章条理

实验顺序	第一次	第二次	第三次
实验方式	把蝙蝠眼睛蒙上,让它在拉有许多绳子系有铃铛的屋子里飞	把蝙蝠的耳朵塞上	把蝙蝠的嘴巴封住
实验结果	铃铛一个也没响,绳子一根也没碰着	蝙蝠到处乱撞,铃铛响个不停	蝙蝠到处乱撞,铃铛响个不停
实验结论	蝙蝠夜间飞行,靠的不是眼睛,而是靠嘴和耳朵配合起来探路的		

3. 掌握说明的方法

为了说清楚事物的特征,小学阶段的说明文常采用举例子、列数字、打比方、作比较、分类别、下定义、作诠释、配图表等说明方法。教学中要明确运用了哪些说明方法,用这些说明方法说明什么,使用这些说明方法好在哪里,作者是怎样把事物的特点说清楚的。对于说明方法,简单了解即可,不必要求学生系统掌握和详细掌握。例如,五年级上册《太阳》的课后练习安排了课文的几个句子,让学生说说作者是运用哪些说明方法介绍太阳的。在语文园地的"交流平台"中又用《太阳》的例子提示运用说明方法可以在说明抽象复杂的事物时使它们变得通俗易懂:把太阳比作"大火球",用数字告诉大家"温度约五千五百摄氏度",用做比较的方法告诉大家"钢铁碰到它,也会变成气体"。

4. 学习文章的语言

说明性文章科学严谨、通俗易懂地说明了事物的特征,因此其语言具有准确、严密、简洁、通俗的特点。

对于准确严密的语言,教学时要引导学生仔细推敲,特别是要关注一些限定性的词语,通过增减、对比等方法,体会其语言的严谨和准确,认识到说明性文章只有用词确切才能准确地反映事物。例如《飞向蓝天的恐龙》中"似乎""很可能""它们中的一些种类"以及"恐龙中的一支经过漫长的演化"中"一支""漫长的"等词句,教师可以通过去掉这些词与原文比较辨析,引导学生认识说明文言语准确严密的特点。

说明性文章为达到生动说明的效果,还常常使用比喻、拟人等修辞方法来增强文章的形象性。教师在教学中也要引领学生格外留意这些独特的表达方式,体会说明性文章的言说之妙。

【例 4-13】部编本六年级上册《只有一个地球》第一自然段的导学设计

本课开篇便以飞上太空的宇航员角度为我们描绘了一个美丽壮观的地球母亲。"映入眼帘的是一个晶莹的球体,上面蓝色和白色的纹痕相互交错,周围裹着一层薄薄的水蓝色'纱衣'。地球,这位人类的母亲,这个生命的摇篮,是那样美丽壮观,和蔼可亲。"

教学本段时,教师可以设置这样的导学目标促使学生关注描写内容与文章的语言特色:①遨游太空的宇航员,感叹地球太可爱了。你从哪些地方感受到了地球的可爱?②作者用什么方法，表现了地球的可爱？③你能通过朗读表现地球的可爱吗？

四、诗歌的教学

小学语文教科书中的诗歌包括儿童诗与古诗。不管是儿童诗还是古诗，都具有这样的特点：语言优美精练，内涵丰富；节奏鲜明，音韵和谐；情感蕴含深厚，想象丰富新奇。诗歌教学应从诗歌自身的特点出发，在朗读和背诵的基础上去品味和把握诗的情趣与韵味，而不应将诗歌教学简单地处理成对诗歌的字字落实和句句翻译。小学诗歌教学的过程，实际上就是帮助和引导儿童去欣赏诗歌语言的过程，也是让学生感受、把握诗歌思想感情的过程。

（一）古诗词的教学

小学阶段的古诗词包括古诗与词，其中以古诗为主体。古诗词的教学以传承中华民族优秀传统文化为目标，以感受古诗词的语言美、意象美、意境美、情感美、哲理美为教学核心。

1. 加强诵读指导

古诗词字少而意深，单音而韵味长，古人对诗词的学习主要是通过放声诵读实现的。《义务教育语文课程标准（2022 年版）》也提出"诵读优秀诗文，注意通过语调、韵律、节奏等体味作品的内容和情感"的相关要求。可见，诵读是学习古诗词的重要手段与途径。那么什么是诵读呢？诵读是我国语文学习的传统方法，它含有念、熟读、背诵、吟诵之义。诵读教学，要指导学生将古诗词中的语气、语调、节奏、韵律等书面语无法表达出来的语感因素通过声音表达出来，从而感受诗词的内容和情感。

诵读指导要分层次，要由浅入深，从单纯的语音形式读出意蕴。通常诵读有这样几个步骤：第一步，教师指导学生用正确、流利的普通话把古诗词读正确；第二步，在熟读的基础上划分音步，教学生读出诗的节奏、重音、停顿等，读出诗词的韵律美；第三步，结合对诗词的理解、写作背景以及自身生活经验读出感情。例如教学《早发白帝城》，首先正音，解决多音字"朝""还"在本诗中的读音；其次以多种方式读整首诗，要求读准字音、读通句子、读出句读；最后，结合本诗是李白被赦免时坐船途经白帝城所做的写作背景，引导学生在诵读中读出李白的喜悦之情。

2. 抓住关键词句

造成阅读障碍的词句、生动传神的词（诗眼）、诗中的主旨句等都是古诗文教学应抓住的关键词句。例如辛弃疾的《清平乐·村居》中"最喜小儿无赖"中古今意义不同的"无赖"一词；《游园不值》"应怜屐齿印苍苔"中饱含着作者对景物的情感的"怜"字；《九月九日忆山东兄弟》中的主旨句"每逢佳节倍思亲"。这些关键词句可以通过教师讲解、思考讨论、展开想象、朗读体验等方式来帮助学生理解。

3. 启发联想和想象

《义务教育语文课程标准（2022 年版）》针对中年级的古诗教学提出对于优秀诗文要"在诵读过程中体验情感，展开想象，领悟诗文大意"。《义务教育语文课程标准（2022 年版）》的要求以及中国古典诗词"诗画一体"、小学生又长于形象思维的特点决定了古诗词教学必须

小学语文教学设计与实施

充分启发学生的联想和想象,感悟古诗词的情、意、韵。例如,《绝句》(两个黄鹂鸣翠柳)呈现了黄鹂、翠柳、白鹭、西岭千年不化的积雪、水面停泊的船只构成的一幅早春生机勃勃、欢快明亮的风景画,教学中引导学生想象这幅画面就理解了诗句的内容,想象中结合诵读,就能理解诗歌的情感。如果单靠对于诗句的品读难以想象,则可利用挂图、多媒体演示(例如《望庐山瀑布》教学时的瀑布图片展示)、亲身体验(例如教学《咏柳》时的户外观察)等多种方法再现古诗所描述的景物,帮助学生直观形象地理解古诗。

除古诗外,五、六年级部编本教材还编选了一些古文,例如五年级上册梁启超的《少年中国说》、《论语》(部分)、《朱熹语录》(部分)、《曾国藩语录》(部分)构成的《古人谈读书》;六年级上册《伯牙鼓琴》《书戴嵩画牛》。这些古文的教学要点是:正确、流利地朗读;结合注释读懂文章,能用自己的话讲讲文意;根据教材要求,进行背诵。

(二)儿童诗与现代诗的教学

儿童诗与现代诗都属于语体诗,它们都是五四运动和新文化运动后打破旧诗格律,不拘字句长短、用白话写的诗。

儿童诗是儿童自己创作的,或成人专为儿童创作的诗歌,在教科书中主要安排在低年级。儿童诗富含童心童趣、充满想象、构思新颖巧妙、语言天真而精粹、意境童稚而优美,非常符合儿童的心理和审美特点。

入选部编本教科书的儿童诗从功能上看有三类:用于识字的儿童诗,例如一年级《上学歌》《对韵歌》,二年级《神州谣》《传统节日》;用于讲读的儿童诗,例如《小小的船》《植物妈妈有办法》《彩色的梦》《童年的水墨画》;用于略读的儿童诗,例如三年级《听听,秋的声音》《池子与河流》。对于用于识字的儿童诗的教学,主要以识字教学为主,发挥诗歌的识字功能;用于略读的儿童诗,以迁移讲读课文涉及的语文能力为教学目标,有的侧重朗读想象,有的侧重读懂诗歌内涵,具体课文可以根据课文导语确定具体教学内容与教学方法。对于用于讲读的儿童诗,则以朗读为本。一般教学策略是:①通过朗读,体会诗歌情感;②体验想象,感受诗歌美的意境;③感受语言,有时可以"不求甚解";④迁移仿写,率性表达。例如三年级下册《童年的水墨画》的教学,根据教材编写意图,教学重点是朗读课文,背诵"溪边"一节以及了解诗歌的主要内容,能说出"溪边""江上""林中"呈现出的画面;教学难点是能联系上下文,说说"人影给溪水染绿了""只见松林里一个个斗笠像蘑菇一样"。有的儿童诗的教学可以安排一些句式模仿的内容,例如二年级下册《祖先的摇篮》就可以让学生结合想象,仿照第2小节或第3小节的样子说一说在祖先的摇篮里还有什么。

到了四年级,部编本教材开始用现代诗代替儿童诗,例如,四年级下册的诗歌单元,选取了冰心的《繁星》(七一)(一三一)(一五九)、艾青的《绿》、苏联叶赛宁(顾蕴璞译)的《白桦》。这些现代诗多是由名家所作,形式自由,语言优美,意涵丰富,擅于意象经营。因此,现代诗的教学也重在朗读课文、体会诗歌韵味和情感。但与低年级的儿童诗不同的是:第一,现代诗要抓诗歌意象教学,例如《白桦》一课,就需要引导学生找到诗歌中描述白桦的短语,归纳出白桦高洁、挺拔的形象,从而理解白桦是高尚人格的象征;第二,一些重点词句要字字推敲,例如《繁星》(一五九)有两个"风雨",作为中年级学生,就需要能够区分两个"风雨"的不同所指。

五、非连续性文本的教学

非连续性文本是已被现代社会广泛使用的一种呈现信息的形式。相对于以句子和段落等组成连续性文本的阅读材料而言,非连续性文本多是以表单构成的文本,依据格式的不同,非连续性文本通常以表格、图文结合以及纯文本等多种方式呈现信息。主要呈现形式有清单、表格、图标、图示、说明书、证件、广告、时间表、目录、索引等。

从部编本小学语文教材看,一至四年级的非连续性文本主要零散地分布在课后练习与语文园地中,从第三学段开始以略读课文和语文综合性学习的方式出现篇幅较大的非连续性文本(表 4-4)。

表 4-4　部编本小学语文教科书非连续性文本类型与内容

学 段	文 本 类	图 表 类	图 文 类
第一学段	通知、小贴士、(字典部首查字法)"说明书"	车票、商品包装上的信息、课程表、根据表单要求查字典	游览地图、利用思维导图组词、"看图讲故事"(结合提示性文字与小贴士说一说图中的故事)
第二学段	小贴士;"交流平台"的学习策略总结	时间轴;利用表单梳理文章内容、记录节日、列出小组问题、做观察记录;表格式写作提纲;根据表单提供的信息进行口语交际(《安慰》);借助实验报告或图表提供的信息完成习作	用结构图列出写作提纲;用图文结合的方式做观察记录;名家书法图例结合文字介绍其书法特色的"书写提示"
第三学段	资料袋;小贴士;课文注释;课文补充说明;根据非连续性文本提供的信息进行口语交际(例如五年级上册第六单元口语交际《父母之爱》)	公交车站牌;利用表单提供的信息进行口语交际	说明书(《玩具小台灯制作说明书》);名家书法图例结合文字介绍其书法特色的"书写提示";用含有大括号的概括结构图列出写作提纲;利用图文提示进行习作;略读课文《故宫博物院》《金字塔》

1. 发现有价值的信息

非连续性文本提供的信息常常是非连续的、碎片化的,不是所有信息都是重要的,因此发现文本关键信息是非连续性文本阅读的核心。基于非连续性文的特点,《义务教育语文课程标准(2022 年版)》要求"阅读简单的非连续性文本,能从图文等组合材料中找出有价值的信息"。根据课标的该项要求,教师的首要任务是指导学生从"非连续性文本"中剔除与阅读目的无关的多余信息,获取关键的信息,从而快速锁定需要的信息。图文类、图表类非连续性文本还要注意在读文字的同时与图、表配合起来阅读,从而把握图表所要传达的重要信息,完成有效阅读。例如《故宫博物院》课前导读就安排了"为家人安排故宫一日游,画一张故宫参观路线图"这样的任务。要完成这个任务,教师要指导学生带着目的快速阅读材料

小学语文教学设计与实施

一、二、三、四,迅速明确与游览路线有关的是阅读材料一、三、四,再根据具体任务,指导学生将文字材料一、三与材料四结合起来阅读完成相关任务。

2.掌握信息整合、比较归纳、预测推论的阅读策略

对于多种材料组合的较为复杂的非连续性文本,要指导学生注意识别文本材料的主题,找出文本写作的目的,善于比较、分辨它们的异同,联系已有知识和经验,通过预测、推论等方式自主构建文本的意义。

例如,五年级下册《金字塔》一课由两篇短文组成,第一篇《金字塔夕照》是一篇通讯稿,短文主要描写金色夕阳下金字塔的辉煌壮丽和作者引发的思绪。第二篇《不可思议的金字塔》主要分"最大的金字塔——胡夫金字塔""建造金字塔时的古埃及"两大板块,用文字、示意图、数据、图表、批注等形式介绍了金字塔年代久远、外观雄伟、设计巧妙的特征以及古埃及灿烂的文明。多元呈现的文本形式,全面、丰富、细致地介绍了古埃及的金字塔。根据文体特点与文本分析,可以采取以下教学步骤。①对比阅读,寻找异同:快速浏览课文,比较两篇短文在表现形式上的异同,并将自己的发现与同桌交流。②信息提炼与整合:默读课文,你读出了金字塔的哪些信息?将印象深刻的信息用关键词概括出来。③根据课文内容,合理推测:结合提出的关键词,借助课文内容大胆推测。

3.跨越学科,回归生活

尽管部编本教科书的课文系统中五年级才出现非连续性文本,但在练习系统和助学系统中,一年级就出现了非连续性文本的多种形式,因此教师在教学中要引导学生关注这些形式,帮助学生从读懂到学会利用常见的非连续性文本形式以服务自己的学习和生活。

语文学科是基础学科,因此在培养学生对非连续性文本的阅读能力时,还要注重学科间的整合,甚至可以有意识地选取一些其他学科的非连续性文本内容让学生去学习感受。例如数学、科学等教材中的统计表、曲线图也是非连续性文本,不同学科教师间通力合作,将语文要素融入其他学科的课堂,也是非连续性文本教学的重要途径之一。

非连续性文本更是来源于日常生活的,因此教师引导下的非连续性文本的阅读最终也要指向日常生活,服务于学生的日常生活。生活中常见的产品说明书、旅游导览图、安装图、调查报告、研究报告、时刻表等都是训练的好材料,教师可以根据学情,有意识地推荐一些生活中常见的且学生阅读起来有困难、把握不准的非连续性文本供学生阅读,以便在阅读实践中提高学生的综合阅读能力,将学生的语文能力转化为生存能力,从而让学生真切地感受到,语文不是"应试之学",而是"应用之学"。

 思考与练习

1.根据你对阅读教学的学段目标的理解,结合自身经历或教育见习经历,结合实例说一说教师在一节语文课上是如何实施教学的。对照课标,说一说该教师的教学有没有越位或失位。

2.基于对本章的学习,为问题情境中的《将相和》重新设计教学目标。

3.结合教学实例,阐述词语教学、句子教学、段落教学、篇章教学的内容和方法。

4. 下面是四年级下册《猫》中"它屏息凝视,一连就是几个钟头,非把老鼠等出来不可"一句的两个教学设计。认真阅读两个教学设计,完成以下问题。

(1) 细读文本,说一说为什么要对这句话进行教学。

(2) 根据你对语文课程的性质以及阅读教学任务的理解,比较这两个教学设计的优劣。

设计一:

(1)"屏息凝视"是什么意思?

(2) 这句话是什么意思?

(3) 表演:一学生扮演猫,另一学生扮演鼠,猫扑倒老鼠。

设计二:

(1) 朗读此句,为每个小分句概括一个"( )心"的词语,然后说说为什么用这些词语。

> 它屏息凝视(专心)
> 听到老鼠响动 一连等几个钟头(耐心)
> 非把老鼠等出来不可(决心)

(2) 讨论并小结。

猫在捉老鼠时尽职的表现是:专心——屏息凝视;"一连……就是……"——耐心;"非……不可"——决心。

5. 叙事性作品、写景状物类文章、说明性文章、古诗与儿童诗的教学策略分别是什么?

6. 结合实例谈谈精读课文教学的一般过程是怎样的。

7. 结合实例谈谈你对于略读课文的认识。

8. 教学设计:以本章阅读教学设计的相关理论为指导,从部编本小学语文教科书中选择一篇课文进行教学设计。要求格式规范,条理清楚。

9. 根据上题的教学设计,分小组模拟教学。

10. 教育调查:小学语文作业现状调查(包括作业形式、内容、数量、评价、管理等),撰写调查报告。

第五章　小学习作教学设计①

学习目标

1. 了解习作与习作教学,理解新课标对小学习作教学的要求。
2. 理解并掌握习作教学设计的一般过程,能独立完成习作教学设计。
3. 能结合阅读、口语交际、综合性活动等内容进行习作教学设计。

问题情境

　　潘新和教授认为:"在实际应用的写作中,并没有哪一种文体叫作记叙文,只有散文、小说、通讯、传记等;没有说明文,只有解说词、说明书、导游词、调查报告、实验报告等;没有议论文,只有杂文、新闻评论、文学评论、影视评论、学术论文等。就是说,学校语文教育所学的竟然是'伪文体',是'敲门砖',走出校门后,学生得重新学习'真文体'写作,重新适应真实写作的需要。"

　　在学者眼中,我们常说的写记叙文、议论文、说明文居然是"伪文体"?! 这样的写作教学居然是"虚假写作"?! 那么写作到底是什么? 如何基于对写作的正确理解展开小学习作教学设计? 通过学习本章,你将获得解答。

理论述要

第一节　小学语文教材中的习作教学

一、习作与习作教学

(一) 习作

　　习作教学的目的是培养学生的习作能力,要进行习作教学,首先要了解写作的内涵。

---

　　① 《义务教育语文课程标准(2022 年版)》以"识字与写字、阅读与鉴赏、表达与交流、梳理与探究等语文实践活动"代替"识字与写字、阅读、习作(写话)、口语交际、综合性学习",本书根据现行部编本教材设置,仍沿用旧提法,"习作"对应"表达与交流"的书面语部分,"口语交际"对应"表达与交流"的口头语部分。

1. 写作是特定语境中的书面表达

写作是什么？从不同的角度和不同的标准看，有不同的内涵。

从语言学角度看，写作是语言的组合训练；从文章学角度看，写作就是写文章；从信息加工心理学角度看，写作是信息摄取、储存、加工、转换、输出的过程；从写作学角度看，写作是作者运用书面符号表情达意、传递信息的心智活动；从文学角度看，写作是一种创造性的精神活动；从实用主义和技能训练的角度看，写作是用各种手段记录语言的过程，并能在一定时空进行沟通和交流。

写作是运用语言文字进行表达和交流的重要方式。语文课程中的写作是学生在教师的指导下进行的特定语境中的书面表达，是认识世界、认识自我、创造性表述的过程。所谓特定语境，包括话题、作者、读者、目的和语言五个要素，学生要充分调动自己的生活经验和写作经验，阅读材料、解读题目，发挥想象和联想，在限定时间内完成限定字数，达成写作目标，达到和其他读者分享、交流的目的，因此，语文课程中的写作既是"认知能力和思维能力训练"，也是技能训练。

2. 写作活动是在特定语境中构造语篇

语文课程下的写作活动是一个完整的系统过程；是在特定语境中，运用语言文字构造语篇，进行书面表达和交流的活动；是探究和创作意义并赋予意义言语形式的过程。在写作活动中首先要形成想表达的意念，然后运用语言构造语篇，将意念付诸文字，最终形成书面表达。语篇类型不同，构造语篇的过程也不同。王荣生、宋冬生在《语文学科知识与教学能力》中将写作的语篇类型分为表达性的、信息传达性的、劝说性的和文学性的等，前三种属于实用性语篇，例如演讲稿、书信、实验报告等，这些实用类语篇的话题、读者、目的等都较为明确，甚至有些语篇的结构都是固定的，所以在构造这类语篇时往往有一定的思路和模式可以遵循；而文学性的语篇则不同，没有固定的模式和结构，自由度高，往往需要更多地发挥和独创，因此也更能体现学生的想象力和创造力。

（二）习作教学

1. 习作教学内涵

写作教学应贴近学生实际，让学生易于动笔，乐于表达，应引导学生关注现实，热爱生活，积极向上，表达真情实感。

习作教学是语文教学的主要目标和重点内容，对学生的发展有重要的意义。习作教学能提高学生的书面表达能力，培养学生良好的写作习惯，发展学生智力，培养学生正确的人生观、价值观和健康的审美情趣。

习作教学重视知识和能力的获得，注重过程和方法在教学中的作用，注意情感态度和价值观对习作的影响，是为了社会交际的需要而设置的技能训练。因此，习作教学要为学生提供条件，贴近学生实际，在训练过程中，通过制定合理的写作学习任务，进行教学指导，让学生易于动笔，乐于表达，热爱生活，积极向上，有真情实感，最终完成特定语境中的书面表达。

2. 习作教学理论

习作教学要根据学生的生理和心理特点以及具体的教学内容，在一定的教学理论的基

小学语文教学设计与实施

础上,采取适当的教学策略。

习作教学中可以采纳的教学理论,最重要的有著名心理学家维果斯基的"最近发展区"理论和表现性评价理论。"最近发展区"理论即支架教学理论,支架教学强调成员之间相互协作的重要性,学生要依靠教师的引导和支持来发展,教师要和学生建立良好的师生关系才能促进学生发展。支架教学还注意责任迁移,这是一个逐步完成的过程,在这个过程中,教师的责任逐级递减,学生的责任逐级递增,学生是最终的责任主体,要不断实现自主、自立和自治。支架教学还注重发展,相互协作和责任迁移的最终目的是实现学生的发展。教师可以根据支架教学理论的观点,建立起师生间的协作关系,设计写作的支架体系,培养学生成为写作主体,最终实现学生写作技能的发展。

表现性评价理论兴起于 20 世纪 80 年代,不仅衡量学习的最终成果,还注重评估学习过程。表现性评价中的评价即教学,需要真实的任务情境,需要评分的规则,强调自我评价,倡导合作互动,与这些特点相对应,表现性评价在教学中可以发挥诊断、认知、展示、交流、指导等多种功能。在习作教学中,可以根据表现性评价理论来制定写作的评分规则;可以发挥教师的中介功能,指导写作学习;还可以实施合作互动,建立写作学习共同体等。

3. 习作教学策略

在习作教学中,首先要注重激发学生的习作兴趣。儿童心理学家皮亚杰对兴趣的重要性有过这样的表述:儿童是有主动性的人,他的活动受兴趣和需要的支配,强迫工作是违反心理学原则的,一切有效的活动须以某种兴趣为先决条件。兴趣是行动的直接动力,是推动学习活动的内部动机。在语文课标中也特别强调情感态度方面的因素,在最早接触习作教学的写话阶段,首要的目标就是解决兴趣问题,以兴趣激发学生的习作动机。所以,教师在习作教学中要从儿童心理特点出发,通过各种方式激发学生习作兴趣和习作信心,以学生想写、愿意写为起点。

习作教学要重视习惯的培养。良好的习作习惯有利于激发学生习作的积极性和主动性,促进习作能力的提高。在习作教学中,要注意培养学生善于观察、自觉积累的习惯,这是为习作做好必要的准备;在正式习作中,要培养学生积极构思、认真表达的习惯,学会编拟提纲、注重逻辑、锤炼词句、书写工整、格式规范、正确使用标点符号等;初稿完成后,要养成认真修改、精益求精的习惯,学生要了解修改文章的步骤,熟悉修改文章的方法,不断反思自己的思想认识,提升自己的表达技能。在习作教学中要鼓励学生自主习作、自由表达,通过自由表达体现学生个体兴趣,满足学生的需要和愿望,反映学生独特的个性特征。而阅读与写作相辅相成、相互促进。阅读可以丰富学生的语言积累、开阔学生思想,为习作提供强有力的支持。此外,还要重视习作教学与阅读教学、口语交际教学之间的联系,善于将读与写、说与写有机结合,相互促进。

二、课标解读

为了降低学生写作起始阶段的难度,重在培养学生的写作兴趣和自信心,小学阶段的写作在第一学段被称为"写话",第二、三学段被称为"习作",通过由易到难的过程为以后的写作打基础。

（一）习作教学的目标

1. 写话的教学目标

写话就是把口头语言转化为书面语言,写话教学就是针对口头语言转化为书面语言进行的训练,主要针对第一学段的学生。写话练习是培养学生习作能力的基础,是写作的起步阶段,为中、高年级进行习作教学做准备。新课标规定的教学目标中,特别强调学生对写话的兴趣,明确指出要让学生对写话有兴趣,留心周围事物,写自己想说的话,写想象中的事物。同时,在写话中乐于运用阅读和生活中学到的词语。"有兴趣""想说的话""乐于运用",这些都在提醒写话时要尊重学生的想法,要通过激发学生兴趣,培养学生的主动性,让学生肯动笔、愿意写。因此,在进行写话教学时,写话的标准不能过高,要求不能太死板。在数量上、内容上和规范上不做硬性规定,多写几句、少写几句都可以,内容写学生喜欢的就可以,写出来的句子不完整或者有语病、有错别字都无妨,只要能激发学生的表达欲望和培养对写作的兴趣就行。

写话还注重强调与说话的关系,注重与生活的关系,先说后写,说写结合,能将说的话和写的话与生活实际相联系。写话不仅是写,还与听、说、读紧密地联系在一起,教师要引导学生参与语言实践,指导学生结合语文学习和课外阅读,促使小学低年级学生的思维、观察、表达、想象能力得到协调发展,为以后的写作教学打下良好的基础。

2. 习作的教学目标

习作主要针对第二、三学段的学生,是衔接写话和写作教学的中间阶段,体现作文训练由易到难、循序渐进的过程。具体而言,第二学段的习作处于口述向笔述、句段向篇章的过渡阶段,但依然强调兴趣的重要性,明确指出:乐于书面表达,增强习作的自信心,愿意与他人分享习作的快乐。还增加了文体的要求,能用简短的书信、便条进行交流。学会运用词语,尝试在习作中运用自己平时积累的语言材料,特别是有新鲜感的词句。开始让学生尝试修改习作,能修改有明显错误的词句,并能根据表达的需要,正确使用冒号、引号等标点符号。还规定了课内习作的次数在每学年 16 次左右。第三学段的要求在第二学段的基础上又有所提高,开始能运用常见的表达方法、思路日趋条理化,为真正的写作打基础。在写作理念上要懂得写作是为了自我表达和与人交流,养成留心观察的习惯,能主动、有意识地积累习作素材。在文体要求上,能写简单的记实作文和想象作文,学习写读书笔记和常见的应用文。修改习作时,能主动与他人交换修改,对习作的要求也进一步提高,不仅正确使用标点符号,还要做到语句通顺、行款正确、书写规范、整洁。在习作上要求有一定的速度。习作次数依然是课内习作每学年 16 次左右。第二、三学段的习作教学降低了学生写作初始阶段的难度,旨在培养学生的习作能力,帮助学生运用语言文字初步表达自己的想法。

在习作阶段,要将观察、思维、表达三种能力结合起来培养,加强课外阅读和平时练笔的指导。需要特别注意的是,习作的性质是练笔,不是创作,重点在于帮助学生实现由写话到比较独立地完成一篇习作。习作教学还重视变"要我写"为"我要写"。因此,教师要形成正确的作文教学理念,注意教学目标、教学内容和教学方法的衔接,坚持先说后写、说写结合,

小学语文教学设计与实施

适当安排有坡度的训练，重在激励学生，让学生不拘泥于文体形式和语言形式，敢于自由表达，鼓励学生写自己愿意写的内容，并对内容自由交流，快乐分享。

（二）习作教学的任务

《义务教育语文课程标准（2022年版）》的总目标中指出：能根据需要，用书面语言具体明确、文从字顺地表达自己的见闻、体验和想法。习作是为了自我表达和与人交流，因此习作要倾注情感，说真话，表达真情实感。而具体明确，文从字顺，既是小学习作教学的目标，也是需要完成的习作任务。

1. 具体明确

"具体明确"是小学生习作内容的整体目标，是从思想内容的角度提出的要求和需要完成的任务。

"具体"是指习作的内容要详细，不抽象，不笼统，细节很明确，能让读者感受到要说明的问题。比如某位小学生写一件难过的事："周末，妈妈带我逛超市。超市里有很多好吃的好玩的，我都看花了眼。我想买一件玩具，妈妈不给我买，我很想买那件玩具，妈妈还是没有给我买。我很难过，这次逛超市一点都不开心。"这篇习作表述基本没有问题，但只有大致的轮廓，没有具体的情节，比如，我想买的玩具是什么？妈妈为什么不给买？我难过的表现是什么？这些问题都没有表达清楚，所以显得很笼统，让人不能感觉到难过的理由和难过的心情。这样的表述在内容上就没有做到具体。

"明确"是指习作的目的要明确，要围绕一定的主题进行表达，内容和题目要紧密结合、相互呼应，不跑题；表述要明晰，思路不混乱，所写的内容都为主题思想服务。比如在作文《运动会》中，小作者先写了期盼运动会的心情，然后写运动会终于来到，描述运动会上有代表性的项目，表达了同学们兴奋的心情，最后进行总结，运动会让人爱上运动，心情快乐。所有的环节、细节、叙述和议论都在围绕运动会进行，目的明晰，内容与题目浑然一体，这就是写作目的非常明确的一篇习作。

2. 文从字顺

文从字顺是对小学生习作形式上的要求，是习作形式的总体目标。习作是为了表达和交流，文从字顺也是习作表达和交流功能的内在要求。在语言运用和写作中，常常会出现用词重复啰唆，语句不通顺，语序不当，表意不清等情况，习作教学中文从字顺的要求就是为避免出现这些情况而提出的，目的是让小学生通过表达基本功训练，获得连贯的书面语言表达能力，能把自己的意思表达清楚，适应日常生活中的社会交际需要。

小学阶段的文从字顺主要就文句通顺而言，包括用语准确，表达连贯得体，表意清楚通顺，没有错别字和语病等。用语准确是习作最基本的标准，是指用词要恰当、妥帖，不含混；语句要表述清晰，不能不得要领、不知所云或者拖沓啰唆。表达连贯得体是指语句和段落之间的连接要通顺，要注意先后顺序，表述逻辑要清楚，内容上前后承接相连，不能颠三倒四，同时要根据不同的交际目的变换表达方式，选择最合适的一种呈现出来。

在不同学段，对文从字顺的要求也不一样，第一学段的要求最简单，第二、三学段逐级递升，由易到难，先求词句准确与通顺，再求达意与得体。

三、教材解读

部编本小学语文教材在习作系统编写理念上,致力于学生语文素养的形成和发展,注重语文素养的提升,注重中华民族优秀文化的传承,贴近学生现实生活。同时,体现出写作不同阶段之间的区别和联系,对写话和习作的内容呈现和要求上都有所不同。

(一)写话

限于一、二年级学生的身心发展水平和识字量,在部编本教材中,写话在二年级上册才开始出现。

在内容上,写话考虑话题的趣味性和学生的生活经验。比如二年级上册语文园地三第一次出现的写话内容,话题是自己喜爱的玩具,要求有两点:"我会写在方格纸上""我知道标点符号也要占一格"。话题有趣,贴近学生生活,学生都有亲身体验,因此都能有话说。写话的要求暗含了写作规范,但简便易行,不会引起学生抵触。

在形式上,写话大多辅助图片,激发学生想象,减少对学生思维的束缚。比如二年级上册语文园地七的写话,是根据学生熟悉的故事看图想象后续情节,不要求把看到的内容写下来,而是让学生把想到的写下来,给学生更多的发挥空间,使表达更加个性化,让学生能够"写自己想说的话",乐于写话。

在要求上,给出明确的语境,要求十分明确,降低理解的难度,同时给出写话的支架,使学写更加容易。比如二年级上册语文园地四的写话,学写留言条。先给出明确的语境:去办公室还书,老师不在;去小芳家,通知她明天九点到学校参加书法小组的活动,但是她家里没有人。可以自由选择语境之一。之后提出要求:先写是留给谁的;再写有什么事;最后写自己的名字和时间。通过"先写""再写"和"最后写",给出学生写话的框架,有可依据的句式,降低写留言条的难度。而且没有字数规定,多写少写都可以,给学生留出一定的自由发挥的余地。

(二)习作

部编本小学语文教材的习作部分在编排设置上丰富多样,有单独的习作单元,有阅读单元后面的"习作"板块,也有课文后面设置的"小练笔""选做题",还有出现在语文园地中的"词句段运用",乃至综合性学习部分也有习作训练内容。这样的编排,既突出了习作内容的重要性和特殊性,也充分体现了习作与阅读、口语交际、综合性学习等内容的密切联系。在编排形式上也注意符合学生身心发育特点和语文学习规律,有图片、图表、泡泡、范例等多种形式,能较好地激发学生想象和联想,增加学习的趣味性。小练笔、大作文、习作单元,三路并发;有目标、有系列、有抓手,循序渐进;重实践、重过程、重方法,每练必得。

"小练笔"坚持了"读写结合"的传统习作教学理念,立足阅读文本的特色和学生习作水平的实际,适时安排,学以致用。统编本教材中安排的小练笔总体数量较人教版教材有所增加,每次小练笔结合点更小,练习的针对性更强,便于教学中落实到位。

"大作文"每个单元一次,有的与单元阅读主题有联系,但主要是依据自身的训练体系安

小学语文教学设计与实施

排。每个大作文占一个完整的页面,编排的思路是:激发兴趣、明确目标、打开思路、指导写法、修改分享。

习作单元是一个具有特殊功能的单元,它以习作能力为核心,在不同的学段提出不同的要求:三年级要学习观察和想象;四年级是把事情写清楚,按游览的顺序写景物;五年级是运用说明方法介绍一种事物,运用描写人物的基本方法把一个人的特点写具体;六年级能围绕中心意思写,表达真情实感。习作单元主要由单元导语、精读课文、交流平台、初试身手、习作例文和习作六个部分组成。我们以三年级上册习作单元为例来介绍本单元特点(表 5-1)。

表 5-1　部编本三年级上册习作单元设置及内容

单元设置	具 体 内 容
单元导语	人文主题:生活中不缺少美,只是缺少发现美的眼睛 要点提示: 1. 体会作者是怎样留心观察周围事物的 2. 仔细观察,把观察所得写下来
精读课文	1.《搭船的鸟》 2.《金色的草地》
交流平台	以两篇精读课文为例,引出写作要点 1. 留心周围的事物,我们就会有新的发现 2. 细致的观察可以让我们对事物有更多更深的了解
初试身手	你在生活中观察到了什么?用几句话写下来和同学交流吧(出示两个范例)
习作例文	1.《我家的小狗》 2.《我爱故乡的杨梅》
习作	我们眼中的缤纷世界——把最近观察时印象最深的一种事物或一处场景写下来

作文单元的导语是本单元习作核心要素的人文概括,三年级初次接触习作,主要目标是学会观察,因此导语是"生活中不缺少美,只是缺少发现美的眼睛"。导语下面的提示明确本次习作的两个训练要点,这是习作教学要实现的目标。

作文单元的精读课文与其他单元课文的功能不同,目的不在于阅读理解,而是支持本单元的习作要点,课文为习作服务。比如本单元的两篇精读课文《搭船的鸟》和《金色的草地》,重点在于结合课后习题培养学生的观察能力。

交流平台可以称为习作单元的灵魂,是实现习作教学目标的关键环节。通过交流平台,可以激发学生的观察兴趣,引导学生养成主动观察的习惯,并且结合交流平台给出的例子,提醒学生要留心观察、细致观察。

习作例文帮助学生进一步体会观察的作用和意义,它为学生习作提供了模仿的范例。一定要注意对习作例文的定位,它不是课文,因此教学时不必对例文内容做过多讲解,也不必提出过多的字词学习的要求。对例文不必一一对应,逐一仿写,不要机械照搬。要注意有效激发学生兴趣,灵活使用习作例文,可以让学生先写,针对出现的问题反过来阅读例文,还要避免对方法指导得过多、过细,超出单元学习的要求。

习作是习作单元最后一个环节,也是最后的学习成果。在进行习作前,要根据本单元的要求,先对人物、事物或景物进行观察,观察要细致全面,注意细节和平时容易忽略的地方,还要注意观察的丰富性,进行多感官观察,不仅可以用眼睛看,还可以用手摸,用鼻子闻,用耳朵听,甚至用嘴巴尝,这些都是观察。教师要加强习作的过程指导,精选习作内容,激发学生习作动机,通过提出问题唤醒学生的生活经验,避免学生产生畏难情绪。在习作完成后,要给学生互相交流的机会,还要培养学生修改的习惯,一定要留给学生修改的时间,让学生对自己的习作负责。比如本单元的习作中提出,写完后,把你认为写得好的部分读给小组同学听,展示你的观察所得,在交流习作之后,试着用一句话说说最近的观察感受,和同学分享心得。通过这样的交流、修改和总结,能提高学生的观察意识和观察效果,实现习作的交际功能,让学生在自然的状态中,感受写作的快乐。

需要注意的是,一个写作任务通常需要若干节课来完成,或者要设计几个具有类似情境的任务组成一个教学单元。只有这样,才有可能将学生存在的主要困难和问题逐一加以解决。①

第二节　小学习作教学的整体设计

习作教学设计最重要的是要解决"教什么"和"怎么教"的问题。"教什么"主要是指习作教学内容的选择与设计;"怎么教"主要是指习作支架的设计与运用。围绕这两个核心问题,小学习作教学应从下面几个方面进行设计。

贾志敏小学作文素描教学法

一、习作教学内容的设计

(一)三种写作范式下的教学内容

习作教学的有效性首先必须确定合理、合宜的习作内容。习作教学内容的开发与设计和习作教学的定位直接相关。以往的写作教学将作文教学看作是对学生"积字成词,积词成句,积句成段,积段成篇"的语言综合训练,在此理念下,写作教学以记叙文、说明文、议论文三大教学文体的文体知识(小学阶段教学记叙文知识)作为教学主要内容,教学中关注对三大文体中心、材料、结构、语言组织的教学。然而,在这样的"文章写作教学"中,不仅脱离了真实文体写作,其教学还欠对写作过程的指导,教学效果较差。

在20世纪60年代认知心理学的影响下,写作被认为是作者思维活动和文体解决的过程,写作教学由关注"外在结果"转向关注作者"思维过程","可教可学的程序"成为写作教学的主要内容。具体来讲,在这样的"过程写作教学"中,教学内容方面主要关注构思、立意、选

① 周子房.任务写作教学的基本策略[J].中学语文教学,2018(1).

小学语文教学设计与实施

材、行文、修改等。但"过程写作教学"不能解决作者对写作活动目的、功能、意义的体认与感知,仍属于脱离具体语境和现实需要的写作,因而依旧不能解决"为什么写"的问题。

为解决上述问题,"交际语境写作"应运而生。"交际语境写作"是以读者为核心、以交流为目的、为特定读者而进行的真实文体的写作。课标提出"懂得写作是为了自我表达和与人交流",其提倡的就是"交际语境写作"。当前部编小学语文教材也贯彻了"交际语境写作"这一理念,在写作课程的安排上有为和自己交流的《写日记》(三年级上册);为和他人交流的《写信》(四年级上册);为将信息传达给他人的《写作品梗概》(六年级下册);为融通感情、发布经验的散文写作《我学会了》(四年级下册)等。要进行这些话题的教学,教学中要帮助学生思考:写作的阅读对象是谁;写作要达到的目的是什么;为更好地达成写作目的,本次写作任务要以什么样的语言、文体和行文风格去呈现等。

(二)小学习作教学内容的构成

综合来讲,习作课堂教学内容主要包括:文章知识、过程指导(写作教学环节和写作思维方法、信息加工处理的推进和具体指导)、写作策略、写作支架设计、写作活动、写作中的资源利用、写作中的媒介运用、合作写作等。具体到上述三种写作范式,包括下列教学内容。

1. 文章写作方面

(1)文章的内容:与主题相关,逻辑清楚、内容丰富、独创等。

(2)文章的组织:段落、材料和中心连贯一体,具有条理;改写、续写、缩写、仿写等。

(3)段落结构:总分、承接、并列等段落结构方式等。

(4)语法句法:有意识地运用积累的词语;句段通顺、连贯,注意过渡;能根据需要选择合适的句式;能根据需要初步运用记叙、描写、抒情、议论的表达方式等。

(5)格式规范:书写规范整洁、行款正确,根据体例要求按照规范格式写作、正确使用标点等。

2. 过程写作方面

过程写作方面包括构思立意、选材、组材、剪裁、遣词造句、修改、交流发布策略性知识以及促进写作的方法等。

3. 交际写作方面

(1)读者知识:关于读者的特点、类型、爱好、需求、禁忌等社会知识。

(2)目的的知识:关于写作的传达、分享、记述、描写、劝说、审美、娱乐等。

(3)体式知识:关于各种文体及其写作策略知识。例如,经验类文本的写作教学要侧重唤醒并搜索记忆中的信息;信息类文本(科普类、说明文)要侧重帮助学生运用要点式、列提纲的方式运用逻辑思维梳理或整理相关信息材料等的知识;文学创意类文本的写作教学需要帮助学生运用虚构、想象、形象思维完成写作。

(4)发布知识:有关如何发表、呈现等达成写作交流目的的知识,如写作规范、发表常识、信息传媒知识。

4. 其他方面

(1)动力知识:关于想写、爱写、认真写的知识。

（2）工具知识：纸笔书写、屏幕键盘等。

（3）反省知识：能不断省悟、反思、调整自己的写作状态、习惯、方法、策略等知识。①

（三）小学习作教学内容的选择与确定

具体到一次习作课的教学内容设计，要以上述三种写作范式涉及的写作教学内容为参考，基于学生的学情选择和确定教学内容。比如，学生不通句读，教师就要将标点、字词、句子、修辞等方面的运用作为主要教学内容以增强学生将个人思考转写为文字的能力；学生在习作中不知道如何选取相应的写作内容，教师就要将主题内容的生成策略作为主要教学内容。

可以在教学前结合学生既往的习作表现和自己的教学经验对学生的相关写作能力，特别是写作困难或问题进行估计。这种估计需要有两个视角：一是语篇类型，即学生完成某种特定语篇可能会遇到的写作困难；二是写作过程，学生写作过程中某个或几个特定的阶段可能存在的困难点。

【例 5-1】《描写的奥秘》教学内容设计分析

要通过习作课提升学生的描写能力。小学生运用描写的写作手法时通常可以写出"有什么"，但不能进行清楚、细致、形象的描写。从语篇写作的角度看，在运用描写时，对于"有什么""怎么样"要写得与主题相关，描写清楚、细致、丰富；在描写时引导学生运用比喻的修辞手法写清楚"像什么"时，想象要符合逻辑、具有合理性等。从过程写作的角度看，本课需要教给学生学会综合运用写清楚事物"有什么""怎么样""像什么"的写作策略。从交际写作的角度看，还应帮助学生具有目的知识，让他们明白描写的目的是把自己看到的东西、人、物品或场景告诉一些没有看到的人，基于此要求，通过相应的习作练习设计，帮助他们养成基于写作目的进行描写的意识。此外，还可以引导学生将作品互相交流，通过自我反思促进对习作的修改与完善。②

二、习作教学目标的设计

（一）习作教学目标设计的出发点

学生是在母语的环境中学习和生活的，每一个学生运用母语进行写作学习的过程都不是一个从"无"到"有"的过程。由于学生的写作学习并不是零起点，无论是写作教学内容的设计还是写作目标的设计都要着眼于帮助学生从"写不好"到"写得较好"。因此，写作课程与教学的基本目标立足于"变构"与"完善"学生的写作知识结构，而不是为学生重置一套写作知识结构。

为实现上述教学目标，教师需要以写作教学的基本内容为参照，基于写作任务的分析和

---

① 荣维东.语文教学原理与策略[M].重庆：西南师范大学出版社，2014：205.

② 具体案例可参见郑桂华.描写的奥秘[A].王荣生.写作教学教什么[M].上海：华东师范大学出版社，2014：143-153.

学情分析确定习作教学内容与教学目标,即要分析写作任务涉及的核心写作知识有哪些,学生写作核心能力要素的缺失与不足是什么,部分学生还面临的一般困难有哪些。教师需要基于上述几个问题诊断出学生写作学习需求,根据学生写作学习需求确定教学目标。

(二)习作教学目标设计的内容、层级与序列

教学目标的实质是对学生学习结果的预期,从学生学习结果的角度看,教学目标设计要围绕写作内容知识、写作技能和写作策略性知识来进行。由于写作是一种技能,靠知识告知是不可能教会学生写作的,因此写作教学目标应把重点放在写作技能和写作策略上,即将目标设计重点放在如何运用写作规则进行构思、表达和修改上。

写作教学目标也是分层级的。从学习层级论讲,规则有子规则和上位规则之分,子规则的概括程度或包容水平要低于上位规则,上位规则一般由若干子规则组成。以五年级下册《"漫画"老师》为例,单元导语提示的"结合具体事例写出人物特点"属于上位规则。而教师设计出的"抓住人的长相、表情、衣着等方面的特别之处写出人物外貌特点";"抓住手势、姿势、速度等方面的特征写出人物动作特点";"抓住语音、语调、语速、措辞等言语特征写出人物的语言特点"等属于下位规则。我们将依据上位规则设计的教学目标称为上位目标;将依据下位规则设计的教学目标称为子目标。

教师在教学设计中还需要理顺目标与目标、目标与子目标、子目标与子目标之间的关系,做好小学习作教学目标网络的整理与分析,以准确定位每次习作训练的教学目标,从而避免每次训练的"各自为战",这也有利于推进习作教学的序列化。

(三)习作教学目标设计的表述

与语文教学其他领域的教学设计一样,习作教学目标设计同样需要基于三维目标。

在教学目标的表述上,"知识与能力"目标例如"标点符号、行款格式""详略得当""写作技法(以小见大、描写、说明、顺叙、倒叙)""六要素""学写记叙"等;"过程与方法"目标例如"选材、回忆、思考、再现、组材""观察、感受""语言表达""加工、修改""构建框架(列提纲)";"情感态度和价值观"目标例如"了解写作意义""真实写作""情感、习惯""记事文章的特点"。

【例5-2】部编本三年级上册《猜猜他是谁》的教学目标设计

(1)从外貌、性格、品质、爱好等方面选择一两点特别的地方,写几句话或一段话介绍自己的同学。

(2)在描写外貌时能按照一定的顺序写;在描写外貌时学习使用"(　　)的嘴巴"的短语形式,使描写较具体;写性格、品质、爱好方面最具特点的部分时可以通过一件事去反映其性格、品质与爱好。注意描写有序,语句通顺。

(3)将写好的文章读给同学听听,让同学们说说能否表现出他(她)的特点;选择佳作制作成小报,具有积极的习作与交流欲望。

该教学目标(1)侧重知识与能力目标;目标(2)侧重过程与方法目标;目标(3)除了过程与方法目标外,"具有积极的习作与交流欲望"属于情感态度与价值观目标。

三、写作教学方法的设计

写作教学的方法种类繁多,常用的教学方法有以下几种。

1. 范文法

范文法是写作教学最常用的方法之一。范文法是从名家名篇、教师"下水文"、作文选、学生优秀作品中挑选可模仿借鉴的文章供学生借鉴学习、拓宽写作思路的教学方法。范文法的运用,可以促使学生从范文中的人物形象想到现实生活中的人;从范文的事与理想到自己生活中的情和趣;根据范文的精妙构思,启发设计自己文章的框架。

例如四年级下册第五单元习作《游_____》要求:按游览顺序写,写出重点景物特点。教师要引导学生发现教材所列"例文"《颐和园》按"走完长廊—登上万寿山—从万寿山下来"顺序写,《七月天山》按"进入天山—再往里走—走进天山深处"顺序写,由此归纳出"按游览顺序写就是观察位置在不断变化";结合本单元精读课文《海上日出》和《记金华的双龙洞》中学到的"所见(从多方面多角度把看到的东西叙述清楚)+所感(联想到相似的美好的东西),比喻拟人来帮忙,景物特点生动又形象""重点景物写具体"的技巧。有了这些方法和技巧,学生在写游记类作文时表达就会清楚。

在运用范文法时,应提示学生:①注意文本的表达特征;②讨论这些特征,并从理论的角度探究作者如此表达的写作艺术;③给表达方式一个名称;④考虑一篇自己了解的文章,是否可以从中看到同样的表现手法;⑤尝试在自己的文章中使用这种表达方式。①

2. 例文法

在部编教材中出现的"例文"(sample text)这一概念其实是可以模仿借鉴的优秀"范文"(model essay)。实际上,"例文"与"范文"不同,例文指的是传达具体写作知识、方法的例子,这个例子除了优秀示例外还可以是学生在行文、用语、技巧和内容等方面存在不妥之处的作文②或作文片段。

例文法就是教师通过例文,帮助学生或借鉴优秀写作示例,或诊断写作普遍症结,以实现行文、用语、技巧、内容指导的教学方法。例如,为教学"精选动词,传神表达"的写作知识,某教师就以莫言《童年读书》、朱自清《背影》的部分动作描写片段为例证,帮助学生体会动词准确使用的策略。再如,教师教给学生写通知,可以出示不符合通知写作规范的例文,让学生修改后归纳总结通知的写作规范,以深化学生对通知写作知识的认识。

3. 游戏活动法

游戏活动法是通过可记叙的生动、活泼、有趣的演示活动或游戏激发学生情绪,诱导学生在轻松愉快的氛围中完成思维到文字转化的教学方法。例如部编教材三年级上册习作《那次玩得真高兴》,可以让学生在课堂上做掰手腕的游戏,在游戏中教师指导学生注意观察双方的实际情况,包括衣着、表情;教师组织活动,在口令"一、二、三——"发出后,实时指导学生观察"交战双方"的动作,包括左右手怎么放、左右脚怎么站、腰是否弯曲、头是否低下;

---

① 厄克特,麦基沃.教会学生写作[M].北京:教育科学出版社,2008:61.
② 荣维东,等.写作课堂教学问题与改进建议[J].中学语文教学参考(高中),2019(1-2).

要求写清楚双方的手感和心理活动等，写出或紧张、或不甘失败、或期待胜利的心情，以及掰手腕后喜悦的心情。

游戏活动教学法有利于营造积极的写作氛围，激发学生写作兴趣。但也有学者指出，游戏活动教学法试图通过赛跑、跳绳、春游等活动"复制"社会生活中的内容，试图通过学生阅读活动来促进学生习作能力的习得，然而学生从写作开始到作文完成，几乎没有写作指导，因此单一运用这种教学方法可能会使习作教学只有"写作活动"，而没有"写作教学"。

4. 点评法

点评法是从立意、结构、内容、语言、标点等方面对学生习作加以评价，以促进学生习作水平提高的教学方法。运用点评法有两种途径：第一，课下的书面点评。教师可以在优秀句子、在每段内容旁边写旁批，或写出自己阅读的感受和见解，或对全文做总批，或对文章的不足之处提出个人的修改意见。第二，课上通过教师的口头示范点评或即兴点评，总结学生习作长处、找出不足，以帮助学生从中借鉴他人的写作成功之处，为下一步批改作文和写出优秀作文做铺垫。此外，学生也可以作为点评主体，点评同学的习作或自己的作文。

5. 评量表法

为更有效地进行点评，还可以使用评量表法。评量表法是精心设计用以支持学生学习写作和发展写作能力的量表以进行写作指导与写作评价的方法。写前指导阶段，评量表法用以帮助学生了解此次写作主要评价标准，以评价标准为参照，完成习作；在写作评价阶段，教师通过引领学生对照作文评量表中的标准，细读待评的作品，提示值得注意、赞赏或必须修改的地方，从而引导学生更准确地评价与修改。

6. 合作探究法

合作探究法就是通过师生、生生、家长与学生的互动、互补、互助性活动对感情共鸣的模糊点、学生思维普遍的空白点、形式构建与语言表达的困顿点进行探索研究，以帮助学生积累写作素材、布局谋篇、组织语言以及写作修改与评价的方法。

除上述教学方法外，常用的还有讲授法（讲授写作基础知识）、情境创设法、头脑风暴法、支架法等，其中支架法是非常重要的教学方法，在下文将会详细介绍。

四、写作支架设计

"支架"原是建筑术语，指为方便运输建筑材料而搭建的脚手架，心理学家维果斯基将其移植到教育学领域，指学生在学习过程中得到的教师或他人的帮助。写作教学的核心任务，可以说就是创设各种写作支架，帮助学生从写作的低水平状态走向高一级水平状态。因此，写作支架的设计是写作教学设计最重要的部分，在习作构思课、习作起草课、习作修改课这三大习作课程类型中都需要根据学生缺失的核心写作能力设计有效的写作支架。按照表现形式，写作支架可以分为下列几种。

1. 情境支架

运用情境创设法进行教学需要教师创设情境支架，帮助学生发现和利用现实生活中现成的写作课程资源，使写作回归其运用的实际情境，解决真实复杂的写作任务。情境支架分为两种,一种是情景支架,指的是教师用语言营造或者创设一种生活场景、情感氛围,学生在教师的引导下看看、做做、玩玩、尝尝、演演;另一种是交际语境支架,指的是分析或模拟想要写的文章的读者、话题、目的等。例如四年级习作《我的"自画像"》,教材提供的拟真交际情境:假如你们班来了一位新班主任,他想尽快熟悉班里的同学。请你以"我的'自画像'"为题,向班主任介绍自己,让他更好地了解你。

2. 知识支架

知识是指学生写作所必需的概念、原理、程序、策略等广义知识,包括陈述性知识、程序性知识、策略性知识。这里的知识支架主要是指某一次写作任务所需要的核心写作知识。例如创编一个童话故事的核心写作知识可能包括:①虚构适合儿童心理的故事传达的生活经验;②要有环境、人物、情节;③掌握"情境、愿望、障碍、发展、解决、结束"等故事语法要素;④要有具体感性的细节(动作、语言、神态、场景)等。

3. 范例支架

写作教学中的范例可以是课文、范文、例文,也可以是写作操作程序、方法、技法等。以范例作为例证,引导学生学习写作内容、写作技法、写作策略等写作知识的支架就是范例支架。

运用范例支架时要注意发掘范例的目的和功能、范例的写作学习元素以及范例使用的对象与时机,尽可能将范例分解成为可以照着做的程序性知识,帮助学生领悟、内化程序性知识,迁移为自身的写作能力。范例在使用时可以放于学生写作之前,也可以放于写作之后,教师可以按教学需求自主安排。

运用好范例支架,对写作新手以及写得不好的学生具有积极作用。但也有研究显示,范例支架对于写作优秀者作用有限。

4. 问题支架

问题是学习过程中最为常见的支架。问题支架,即以问题的形式引导学生进行思维,以帮助构建写作内容、起草文本或修改文章。例如《我的"自画像"》的教学就可以通过问题清单的形式帮助学生明确写作内容:①你的外貌有什么特点? ②你的主要性格特点是什么?③你最大的爱好和特长是什么? ④你还想介绍自己的哪些方面? 可以用什么事例来说明?

5. 建议支架

当设问句变成陈述句的时候,问题支架就变成了建议支架。建议支架就是教师用写作忠告、提醒、要求等写作建议的形式帮助学生解决写作困难和问题的支架。这些写作建议是教师根据写作任务和学生学情预先开发,作为教学内容而呈现出来的。写作建议是基于优秀写作经验总结或分享出来的,可以是话语式的、流程式的,也可以是口诀式的。例如一名教师教给学生写动作细节的方法归纳为口诀:"放慢动作、分解动作、选准动词、全身联动。"

6. 图表支架

图表支架是一种用表格、工作纸等直观化、可视化的方式帮助学生构思与组材的支架类型。图表支架中,可利用的图表形式多种多样,常用到的有表格、流程图、比较图、概念图、维恩图、时间线、鱼骨图、簇型图、逻辑结构图等。例如,四年级下册《我的乐园》教材中就用了簇型图引发学生从亲身经历的生活发散开去进行选材;用表格引导学生从多方面写清楚"我的乐园"给自己带来的快乐。

此外,还有由教学行为、游戏行为构成的活动支架,展示平台、微信群等构成的工具支架,师生共同营造的对话合作支架等。要注意的是,上述支架很多时候不是单一的,而是可以联动、呼应,成为一个整体的写作支架群的。

五、习作批改与习作讲评设计

写作活动是一个系统性的教学活动,它是由写前指导、构思写作、写后评价与修改等环节构成的完整过程。习作的评价、修改、讲评看似是习作教学的终点,但它们又是学生今后进一步深化习作能力的学情起点,因此同样不可忽视。

(一)习作批改

1.习作批改的内容

习作批改的内容一般包括四个方面:①思想内容。主要看文章的观点是不是正确、切题,内容是不是充实,材料是不是恰当。②篇章结构。主要看文章的条理是不是清楚,详略是不是得当。③语言文字。主要看语句是不是通顺,用词是不是恰当、正确,标点符号的运用是不是正确。④书写质量。主要看字是不是写得端正整洁,书写格式是不是正确。

2.习作批改的方式

习作批改包括两个部分:一是批;二是改。批是指教师或学生对作文给出批语,即读后感,表扬精妙之处、指出存在的问题。改是指对文章进行修改,即基于对已写出文字的评价重新写作或重新建构文章。

批分为眉批和总批。眉批一般指写在文稿两边空白处的批语,它关注的是文章的局部,旨在以有针对性的语言具体明确地对文章的字、词、句进行评价,让学生一目了然。总批写在文末,一般根据作文的要求简明扼要地概括文章的优缺点,它关注的是文章的整体,包括思想内容、选材的恰当性与表达的条理性等。

当对文章评价为负面结果时,作文就需要修改。修改大致可以包括:①增,即增补缺少或遗漏的地方,特别是针对因句子残缺而导致语句不通的地方;②删,即删去不必要的、多余的部分;③调,即调换字、词、句、段的顺序,改词不达意的句子为通顺流畅的句子;④换,即将不适当的词句换为更生动、更准确、更形象的词句。

3.习作批改的流程

习作批改不能仅由教师进行批改,要注意培养学生互批互评、自批自改的能力。在流程上可参照以下环节来进行。首先,明确批改要求及重点。根据本次习作的任务要求、作文完成情况,明确批改要点。其次,在读的基础上,根据习作能力水平对学生进行分层,对于不同层次的学生按照不同层次的要求进行批改。再次,教师或学生对习作做好眉批、总批和删、增、调、换。注意批语要对优点进行客观、恰当的褒奖,对习作中的缺点,要委婉批改;修改要全面,避免仅针对语言文字的批改。最后,当堂交流,自我完善。通过讨论交流批改示例,激发学生的写作兴趣,启发学生积极思维、关心自己的作文成果,培养认真作文的责任心。

（二）习作讲评

习作教学必须重视"作后讲评"。"讲评"不只是将学生的作文讲一讲,评一评,更在于发现学生作文表达的精彩之处以及表达上存在的普遍缺陷,由此引出训练点,通过"先学后教""以学定教",提升学生的写作能力。

习作讲评可以用品读法品一品、读一读学生文章的精彩段落;用比较法将同一题目的不同文章通过比较提升学生的作文能力;可以通过会诊法指导学生对典型习作进行品评鉴赏。

习作讲评课的实施通常有下列几个步骤。

1. 回顾要求,细化目标

讲评前教师应全面估计或分析学生的习作能力和习作状态以明确讲评的目标,应引导学生回顾此次作文要求,将作前指导与作后讲评有机联系起来。在明确讲评目标时,教师应在目标中找出重点,以便突出重点问题,兼顾其他一般问题。

2. 典型讲评,指点方法

习作讲评要坚持积极、正面的教育。选择优秀习作或考场佳作,引导学生对其进行鉴赏、分析,使学生明优劣、知方法,发挥典型的引路作用。在上习作讲评课时,避免使用"思路清楚""语言优美""细节描写突出"等笼统的概念性词语,要结合习作做出具象评价。在讲评时,教师也可以让作者说说对选材、构思、语言组织的想法,使其他学生受到启发。

3. 案例剖析,引导修改

为提高讲评的实效,教师引导学生对问题案例进行剖析,让学生明白怎样才算是好文章,什么该写、什么不该写,什么应当详写、什么应当略写,为下一步的修改文章打好基础。

4. 自改互改,实现提升

在案例剖析后,教师要组织学生修改作文。教师可根据本次习作要求、学生实际写作情况以及案例剖析情况组织学生通过自改、互改的方式对文章重新写作或重新建构。这种真正意义上的作文修改才能使学生的作文水平得到提升。

【例 5-3】部编本教材四年级上册习作《我和_____过一天》案例

《我和_____过一天》教学设计①

教材分析与写作任务分析:四年级上册第四单元是神话单元,单元导语中指出"神话有神奇的想象和鲜明的人物形象",要求能"展开想象,写一个故事"。因此,本单元习作任务"和一个神话或童话故事中的人物过一天"的故事要符合人物的性格特征;在写故事时要充分想象,使故事具有创意;展开故事事件时要写出"我"和人物之间的互动。

学情分析:四年级学生创编童话故事的主要困难点在构思和起草阶段,因此教学重点应放在"构思好故事"和"写出好故事"上。

---

① 李晓艳.我和_____过一天[J].语文教学通讯,2019(Z3).(有改动)

小学语文教学设计与实施

学习要点：

（1）根据人物的特点合理想象，构思发生在一天之中的有新意的故事。

（2）从"他的表现"和"我的感受"两个方面写好故事中人物的互动。

（3）能根据同学意见修改习作。

教学方法：头脑风暴法、支架法、讨论法、评量表法。

教学过程：

环节一：选出好材料

（一）聊出好人物

结合自己读过的或学过的神话，说说故事中的哪个人物给你留下的印象最深，这个人物最令你难忘的特点是什么。

1. 填一填，搜索印象人物

在纸上至少写四个人物，并用简洁的语言写出人物特点，如下表。

人　物	特　　点
孙悟空	性情急躁、调皮好动、机智勇敢、爱打抱不平
丑小鸭	有理想、有追求、身处逆境、不放弃
夸父	坚持不懈、勇往直前、不怕牺牲
嫦娥	美丽纯洁、温柔善良、孤单寂寞

2. 聊一聊，走进更多人物

完成表格后，与小组同学一一分享，轮流介绍自己填写的四个人物，重点介绍人物的鲜明特点。

3. 选一选，确定目标人物

听完小组内同学的交流，想一想：如果故事中的人物来到你的世界，与你一起过一天，你会选择谁呢？ 说说选择的理由。

4. 评一评，强化人物特点

你最喜欢谁选择的人物？ 哪个给你留下的印象最深？

设计意图：运用头脑风暴法，组内互换素材，唤起学生与学生之间的共同记忆，这样既可以丰富故事人物，让学生写作的选材更加多样；也可以让学生了解人物特点，感知人物形象的鲜明性，为后面的故事创作作好铺垫。

（二）选出好事件

来到你的世界，你和他在一起度过了怎样的一天？ 发生了什么事情？

（1）根据人物特点，师生讨论共同完成素材收集图表。

以《我和孙悟空过一天》为例，根据人物特点，想一想：

① 你们会度过怎样的一天？ 将中心词填在图表中间的横线上。（开心的、神奇的、惊险的、美妙的、刺激的、搞笑的、深情的……）

② 这一天会发生哪些事情？ 注意根据人物的特点合理想象故事内容。

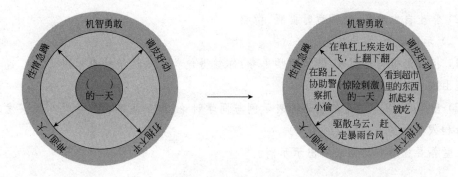

（2）根据自己选择的人物及人物特点,完成下面的素材收集图表。

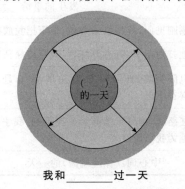

我和_____过一天

（3）小组内交换素材收集图表。说说你对谁的故事充满期待,他的故事有趣吗? 为什么? 你对小组同学还有哪些建议?

设计意图:通过讨论,让学生体会收集素材时先紧扣主题,再根据人物特点合理想象故事内容,最后独立完成自己所选择人物的素材收集。通过上述环节保证学生紧扣主题、合理想象,不发生偏差。收集之后的小组交流评议环节是为了同学间互相印证、发现和修改。

环节二:构思好故事

你和故事中人物的这一天是怎么过的? 什么时间? 你们去了哪里? 做了些什么?

（一）激活旧知,尝试构思

（1）根据自己选择的材料,按照表中提示,尝试填写自己的构思图表。

我和_____过一天

时间顺序	活动地点	发生的事情	人物特点

中心词:(　　　　)的一天

小学语文教学设计与实施

（2）学生自主填写，教师适时提醒、指导。

（二）示证新知，指导构思

（1）指名汇报构思图表，其他同学思考：你觉得他构思的这个故事吸引你吗？说说吸引你的理由或修改的建议。

（2）出示1～2个学生的构思图表示例与同学讨论：这个故事有新意吗？大家发现情节的波折和人物的变化了吗？

当堂指导完善构思图表后出示示例。

我和孙悟空过一天

时间顺序	活动地点	发生的事情	人物特点
早晨	运动场	刚刚见面，我特别崇拜他，他不把我放在眼里，我很伤心	调皮好动 高傲自大 性情急躁 打抱不平 神通广大
中午	路上	他打抱不平，好心办坏事，我吓得疯狂奔跑	
晚上	野外露营	电闪雷鸣，狂风暴雨，他施展法力，赶走恶劣天气，我们兴奋不已	
晚上	回家	迷路时，他腾云驾雾半天找不到，我手机导航轻松到家，他为我点赞	

中心词：(惊险刺激)的一天

（3）师生提炼以下评改注意事项。

① 我是不是围绕中心词选择前面列出的2～3个事件？

② 我是不是按照一定的时间顺序安排了事件？

③ 我是不是尝试做到情节有波折，人物有变化，让故事有新意？

（三）运用新知，调整修改

（1）学生根据上述评改注意事项的提示，完善自己的构思图表。

注意：可调整材料顺序，增删内容，让故事有新意，更加吸引人。

（2）教师巡视，根据学生修改构思图表的具体情况提供必要的辅导和反馈。

（四）融会贯通，交流反思

（1）同桌分享：与同桌交换构思图表，互相分享，互提建议。

（2）小组交流：对比最初稿与修改稿，谈谈构思的优化及自己的收获。

设计意图：在构思这一环节，设计了四个层层递进的环节。第一个环节，利用图表支架帮助学生唤起生活经验，尝试构思；第二个环节，结合教材提供的孙悟空这个示例向学生展示如何在具体的情境中利用图表支架进行构思；第三个环节，根据评改清单运用新知以修改、完善构思；第四个环节，通过分享、讨论、反思巩固自己在故事构思方面的收获。

环节三：起草好文章

（一）写好故事的开头

开头交代清楚故事的人物是怎样来到你的世界的。可以参考下面的两种开头方式，也可以按照自己喜欢的方式开头。

1. 开头示例

（1）直接进入

一天早上，我走在上学的路上，突然一个踩着风火轮的小男孩出现在我眼前，把我吓了一跳，但是很快我就想起来了，这不是我一直念叨的小哪吒吗？

——《我和哪吒过一天》

（2）环境渲染

这是一个云雾迷蒙的早晨，我打着哈欠伸着懒腰，从床上懒洋洋地爬起来，刚刚把脚放到地上，就看见天空中的乌云一股脑地往两侧靠，在空中形成了一个巨大的洞，煞是壮观。而且，这大洞中竟然还有金光隐隐冒出来。

——《我和孙悟空过一天》

（3）倒叙回忆

今天，阳光明媚，我心情非常好，决定去逛街，顺便看一下快餐店的新产品，来到柜台，开始点餐，"香柠味烤鸡翅"这几个字一下映入了我的眼帘，让我不由得想起他来……

——《我和猪八戒过一天》

2. 写写你的开头

我的开头：_____。

（二）写好故事中的人物互动

（1）片段练写。

选择构思在同一个时间段、同一个地点发生的故事，尝试写一段具体、生动的故事，在故事中尽量交代清楚"他的表现"和"我的感受"，把人物特点鲜明地表现出来。

（2）提炼归纳。

汇报片段：引导其他同学评价，是否写清楚了"他的表现"和"我的感受"。

（3）补充例段，对照示范再修改。

猪八戒一闻到香味，就"哼哼哼"地叫个不停，显然已经急不可耐。他可能想着要每个都尝一遍，然而我想的却是：这个月的零花钱恐怕不保喽！所以一到店铺，我就告诉猪八戒："每次只能选一样东西！"猪八戒听后，毫不犹豫地选了香脆烤鸡——最贵也是最好吃的食物。我默默地付完钱以后，惊讶地发现猪八戒早已解决了烤鸡。我在心中感叹道：猪八戒真的太有"食力"了。

——《我和猪八戒过一天》

（4）练习写好其他几个时间、地点的故事，围绕中心词，按照构思的安排，写好人物的表现和你的感受。

（三）写好故事的结尾

结尾要交代清楚你喜欢的故事人物怎样离开你的世界，你们是怎样分别的。可以参考下面的两种结尾方式，也可以按照自己喜欢的方式结尾。

1.出示结尾示例

(1)早晨,我蒙蒙地醒了,盯着衣服上"红孩儿"那三个字回忆昨天发生的事情,但竟然都像没发生一样记不清了。我在去上学的路上,突然听到了一个男孩的声音,我充满着期待,回头一看竟然是……

——《我和哪吒过一天》

(2)晚上,我跟猪八戒告别,猪八戒说他一定还会再来的,便乘着一朵云飞向了天际,最后消失了。

——《我和猪八戒过一天》

2.写写你的结尾

我的结尾:_____。

(四)评价与修改

(1)根据以下标准进行全文评价,先自己评一评,再让同桌帮忙评一评。

评价标准	自 评	互 评
是否围绕中心词选择材料展开故事	☆☆☆☆☆	☆☆☆☆☆
故事中人物表现与人物原型的特点是否比较一致	☆☆☆☆☆	☆☆☆☆☆
故事中人物的互动是否写清楚了他的表现和我的感受	☆☆☆☆☆	☆☆☆☆☆
情节是否有波折、人物是否有变化、故事是否有新意	☆☆☆☆☆	☆☆☆☆☆

(2)根据评价与修改建议,再次调整修改自己的文章。

(3)交流、欣赏部分修改习作。

(五)延伸拓展

如果有一天,你去了故事中人物的世界,那一天里又会发生什么呢?继续创编一个有趣的故事吧!在写之前,要做好一些准备,比如了解他的世界里的人、事、物都是怎样的。写的时候注意让故事"情节有波折,人物有变化",写好故事中人物的表现和你的感受。

设计意图:拓展环节是为了补充另一个情境,为了指导更聚焦,只设计了故事中的人物来到我的世界后发生的事情。运用本节课的学习要点,展开想象写写你到故事中人物的世界会发生什么,也是一个很好的习作点。

第三节 习作活动的设计

《义务教育语文课程标准(2022年版)》指出,语文课程是一门学习国家通用语言文字运用的综合性、实践性课程。语文课程注重课程内容与生活、与其他学科的联系,注重听说读写的整合,从而促进知识与能力、过程与方法、情感态度与价值观的整体发展。因此,语文教学中要努力体现这一学科特点,加强教学内容的整合,统筹安排教学活动,促进学生语文素养的整体提高。习作也不是单纯的、孤立的语文活动,在教学实践中,要重视习作教学与阅读教学、口语交际教学、综合性学习之间的联系,善于将读与写、说与写有机结合,相互促进;善于通过专题学习等方式,沟通课堂内外,沟通听说读写,增加学生语文实践的机会。

一、阅读教学中的习作活动

阅读与习作关系密切,相辅相成。阅读是习作的基础,通过阅读,可以积累字、词、句、段等语言素材,可以掌握习作方法、谋篇布局等写作知识和技能,还可以丰富学生的情感体验,丰富学生的阅历与思想。习作是阅读成果的转化,通过习作可以检验阅读效果,将阅读中感受和学习到的内容、方法和情感运用到实践中,可以发现自己习作中的不足,进而促进学生更加重视阅读。所以,在教学中,要注意读写结合,以写促读,以读带写。

(一)仿写

仿写是把阅读和习作相结合的最常见、最传统的方式,是在阅读的基础上根据范文进行的练笔。仿写的内容包括词句、句式、修辞、表达方式、篇章布局,乃至主题的模仿、情感的借鉴等。仿写是对阅读成果的直接运用,能让学生快速进入习作状态并获得习作成果,所以可以在一定程度上避免学生对习作的畏难情绪,容易使学生获得满足感。

进行仿写设计之前,要做好铺垫工作。首先要熟悉仿写的对象,认真阅读原文。阅读原文可以通过多种方式来进行,比如大声朗读原文,演一演原文的故事,通过图片、视频等看一看原文中描述的景色,说一说对原文的理解和感受、最喜欢哪些词句等。在做好充分的阅读准备之后再进入仿写。

在进行仿写时,做好仿写指导。仿写有一些基本要求,如内容要协调一致,字数大致相等,句式要统一,修辞要相同,在设计仿写活动时,要注意渗透仿写的要点。还要根据不同学段确定仿写要完成的任务和重点,比如仿写句式、仿写段落还是仿写篇章。在仿写指导中,要做好仿写示范。教材本身在编排中已经注意到了仿写形式的丰富性,比如课后习题中的"读一读、写一写",语文园地中的词句段运用等。教师在教学中也要运用各种方法引导学生进行仿写,比如:可以用句式接力的方式,先让学生一人说一句,之后连接起来成为一段话;也可以用内容替换的方式,比如四年级下册《白鹅》,作者先作总结——"鹅的高傲,更表现在它的叫声、步态和吃相中。"之后逐一进行介绍和解释。学完这篇课文之后可以仿照作者的写法,将白鹅替换成别的小动物,按照原文的表述方式和总分的结构进行仿写。

仿写之后,还要及时交流总结。课标中也要求在习作中要注意分享,懂得写作是为了自我表达和与人交流。在教材中的写话和习作练习中都有相关要求,比如一年级下册第2课《多想去看看》课后题就有相关表述:以"我多想……"开头,写下自己的愿望,再和同学交流。总结是为了帮助学生掌握这一类型习作的写作要点,比如语言、立意、构思、表现手法,可以使学生更好更快地增加习作经验,提高语言能力。

(二)改写

改写是根据原文进行改编的,是在原文基础上的再创作,能提高学生的想象力和创造

小学语文教学设计与实施

力,加深学生的阅读体验。

在教学中发掘文本的深层内容时,可以放手让学生改写,以写促读,提升学生阅读思维的品质。改写时要注意激发学生兴趣,在学生生活积累的基础上让学生以自己喜欢的形式进行改写,突出学生的个性化思考,要鼓励学生充分想象和联想,可以改写主题、改写人物形象、改写主要内容等。改写的方法有很多,比如改变人称、改变叙述顺序、改变表达方式、改变结局等。例如学完童话《海的女儿》,可以尝试改写结局。

此外,还可以尝试改换体裁进行写作。新课标从第三学段开始,就针对说明文、叙述作品、诗歌等不同文体提出不同的阅读要求。教师可以在课堂中鼓励学生对不同文体进行互换改写,如把古诗词改写成叙事、写景的散文,使古诗词中精练的情境、意蕴铺展开来,高度概括的情感用散文的语言文字淋漓尽致地表露出来;把说明文改写成童话,由平实简练的语言变为生动活泼的文字,字里行间渗透儿童情趣。这样的改写不仅能让学生深入把握各类文体的特点,而且可以激发学生找到对不同文体的阅读乐趣。

（三）扩写

扩写是在原文基础上合理增添有效成分,对原文表述简略的地方进行合理的联想和想象,把细节和情节写具体、写详细。扩写后,内容会更加具体丰富,思想更加充实,语言更加鲜明生动,文章更有说服力和感染力。扩写是一个加工创造的过程,能极大地提高学生的想象力和表达能力。

扩写的想象要大胆,但要注意不能偏离原文,不能随意发挥,不能改变原文的主题、体裁、情节等要素。扩写的部分是对原文的丰富和补充,因此扩写时的内容要与原文内容一致,上下文的衔接要流畅自然。扩写时还要注意详略得当,突出重点,语言风格与原文保持一致,还要有真情实感。比如四年级下册《巨人的花园》课后小练笔:发挥想象,把孩子们在巨人的花园里尽情玩耍的情景写下来。扩写时要承接原文,可以增加细节描写、环境描写、人物描写,具体写花园的美丽、个别孩子玩耍的细节,也可以写孩子们集体玩耍的场景,但要突出玩耍的快乐,而不能改变巨人的花园成了孩子们的乐园这个主题,也不能调换顺序,将这一情节挪到别处。

（四）续写

有些文章结尾处意犹未尽,留下了充裕的想象空间,十分适合让学生进行续写。续写十分考验学生对原文的理解,以及在原文基础上符合逻辑的推理与想象能力。

续写前,要做到熟悉原文,对原文内容、情节、人物形象烂熟于心,对原文的主题要有透彻的理解,这样在续写时才能遵循原文思路,开展合理的想象。与扩写一样,续写时注意与原文的主题统一、思路统一、人物统一、语言风格统一,不能违背主题和人物性格发展规律。部编本教材中有不少适合进行续写的课文,教学时可以结合课后练习题对学生进行续写训练,比如三年级上册课文《总也倒不了的老屋》《胡萝卜先生的长胡子》,六年级上册的《穷人》《在柏林》等。尤其是《穷人》的结尾,"你瞧,他们在这里啦。"桑娜拉开了帐子。年轻的渔夫看到桑娜已经抱回来的邻居的孩子,心中会怎么想?嘴里会怎么说?会有什么样的行为?

两人今后的日子要怎么过？这些都有极大的想象空间，能留给学生充分的写作发挥余地，十分适合进行续写训练。

二、口语交际教学中的习作活动

口语交际本身以"说"为主，但在"说"的同时，有一些需要"写"的内容，比如发言提纲、讨论纪要、汇报稿、演讲稿等。如四年级下册口语交际《朋友相处的秘诀》中，要记录同学的想法，同时还要汇总小组意见进行汇报。五年级上册《制定班级公约》，每位同学要写出两三条自己认为比较重要的公约内容，逐条讨论，全班表决，形成最后的班级公约。六年级上册《聊聊书法》要求课前收集资料做准备，除了准备相关图片、视频等资料外，还可以让学生准备一个简短的发言稿，让讲述更加流畅。由此可见，口语交际中的写作偏向实用性，因此在教学时，教师要注意把握这个重要特点，结合口语交际的需要指导学生进行写作。具体来讲，有以下几点。

1. 把握实用性语体的特征

口语交际中的写作以实用为主，有一些还属于实用性文体，因此在进行写作指导时，首先要让学生了解实用语体的特点，之后根据相关语体的语言特点、内容特点和结构特点来写作。比如班级公约，属于规章制度，语言表述要准确、平实、简练，而发言稿的语言则可以相对自由灵活，可以运用修辞增加文采。在内容上，如演讲稿，需要观点鲜明，具有说服力，可以适当举例进行说明；在结构上，如讨论纪要，需要条分缕析，层次鲜明，逻辑结构清楚。

2. 结合口语交际的要求

每一次口语交际活动本身都有明确的要求，写作也要为这个要求服务。比如《朋友相处的秘诀》交际活动中的要求是：根据讨论的目的，记录重要信息；分类整理小组意见，有条理地汇报。在进行写作指导时就需要引导学生重点关注如何记录重要信息和如何进行分类整理。《聊聊书法》中的要求也是两点：有条理地表达，如可以分点说明；对感兴趣的话题深入交谈。教师指导写作的重点首先应该进行有条理地表达，除了分点说明外，还应举出更多范例，如按照时间顺序、列数字等；接下来也应指导学生如何对感兴趣的话题深入交谈，如可以选择书法的线条之美、书法不同的字体、著名书法家等不同角度。

3. 不要喧宾夺主

口语交际中写作的目的是口头交流，是让口语交际进行得更加顺利。因此，在口语交际中虽然有"写"的成分，但依然要以"说"为主，而不能喧宾夺主，以免使写作比交际占的比重还大；也不能两者平衡，写作与交际各占一半。教师在进行教学时一定要注意把握这两者之间的分寸。

三、综合性学习中的专题习作活动

综合性学习是部编教材关于语文课程改革和创新的一大亮点，是发展和提高学生语文综合性素养的一种学习方式，以学生自主活动为主，教师引导为辅，是在小学生生活经验的基础上，综合开发利用学生日常生活、校园生活、社会生活和其他学科的课程资源，运用合作

小学语文教学设计与实施

探究等方式开展的实践活动。

部编语文教材中,三年级下册第三单元第一次出现综合性学习,之后在四至六年级的下册分别出现一次,共四次。三、四年级的综合性活动结合阅读单元主题,安排在阅读单元之后,五、六年级独立设置单元(表 5-2)。

表 5-2　统编小学语文教材综合性学习内容安排表

年级	单元	活动主题	学段	类　型
三下	三	中华传统节日	二	小综合
四下	三	轻叩诗歌大门	二	小综合
五下	三	遨游汉字王国	三	大综合
六下	六	难忘小学生活	三	大综合

通过对综合性学习编排的研究我们可以发现,综合性学习有丰富的人文主题,在学习过程中要充分发挥学生的主体作用,让学生自主开展语文学习实践,培养提高学生收集整理资料、策划组织、沟通交流、写作表达等各项能力,让学生通过综合性学习认识自我、发展自我,感受自己的价值和成就。在参与活动的过程中,使学生逐步养成良好的学习习惯,掌握学习的方法,提升语文素养,为终身学习和发展奠定基础。

综合性学习对学生的要求是随着年级和学段的提高相应地增加难度的,其中对习作能力的要求也是如此(表 5-3)。

表 5-3　部编小学语文教材综合性学习中写作能力要求一览表

年级	主　题	写作能力要求
三下	中华传统节日	写一写过节的过程
四下	轻叩诗歌大门	合作编小诗集(可以是收集的诗和自己写的诗)
五下	遨游汉字王国	学写简单的研究性报告
六下	难忘小学生活	1. 策划简单的校园活动,学写策划书 2. 写毕业赠言和书信,纪念小学生活

鉴于综合性学习的特点,在对综合性学习中的习作部分进行设计时,教师要注意以下几点。

1. 调动学生的参与兴趣

综合性实践活动最大的特点就是活动性和实践性,写作是学生在参与活动的基础上成文的,所以教师首先要调动学生参与活动的积极性。这就需要教师在安排学生活动时加强课内课外的联系,贴近现实生活,激发和调动学生的学习兴趣,善于创造生活化的语文教学情境,把家庭生活、社会生活与学习生活联系起来,突出学生的自主性,让学生真正做到细心观察,用心感受。教师还要积极开发课程资源,拓展学习空间,如对地方特色资源加以整合利用、合理运用信息技术等,提高学生的参与度,为写作打下良好基础。

2. 从整体上进行把握

综合性学习内容编排不是某一活动、某一板块的设计与教学，而是一个整体的单元设计，习作是其中的一个部分，教师要从整体设计的高度去把握对习作的指导。比如四年级下册的综合性活动中，习作部分是合作编小诗集，可以是收集的诗和自己写的诗；自己尝试创作诗歌的活动出现在本单元《白桦》一诗的课后"活动提示"中。这就要求教师在备课时有整体思维，要考虑如何在阅读课中渗透综合性学习的要求，在综合性活动中，能将平时课堂中收集到的资料、完成的活动项目等整合到要求中，顺利完成活动目标。

3. 渗透方法指导

教师要注意对综合性学习活动进行过程性指导，对综合性学习活动中的习作注意结合单元要求和写作提示渗透方法指导。如五年级下册的综合性学习活动"遨游汉字王国"中习作的要求是学写简单的研究报告。研究报告怎么写，单元中有范文《关于"李"姓的历史和现状的研究报告》，范文旁还有提示，如研究报告的标题要体现研究的主要内容、写出研究目的、写清楚研究方法等。教师要在范文的基础上就一些未尽事宜进行必要的指导，如怎样选择研究报告的内容，整理资料的方法有哪些等。

4. 评价和展示

综合性学习活动是多个活动串联起来的，所以教师要注意每一个活动过程完成后进行及时评价，让学生有继续参与的信心和兴趣。同时，评价要多样化。综合性学习更注重过程，教师要关注学生自主学习的态度、与他人沟通的表现、主动解决问题的能力等，因此在评价时，也不应只注重结果。同时，评价的方式和评价主体也要多样化，除了分数外，还可以评定等级、口头表扬、实物奖励等。评价主体可以是教师，可以是学生自己，可以是学生家长，也可以是同伴。综合性学习中习作的评价同样如此，也需要及时和多样化。

在习作完成后，还要进行及时的展示和交流，这也是综合性学习成果的呈现方式。如六年级的学生在综合性学习"难忘小学生活"中要展示成长纪念册，完成书信、毕业赠言。通过展示和交流，分享经验，积累知识，感受活动的快乐和成就。

四、其他习作活动

除了上述板块中的习作活动外，在语文园地的"词句段"应用中，有大量的习作内容。阅读单元的课文后一些板块如"初试身手"，也有不少习作的要求，或者与写作相关的训练。这些习作活动一般都是配合本单元或本课的训练要点进行的。

语文园地中的词句段运用，是将本单元的训练要点进行迁移运用，综合、集中进行训练，为完整的习作打基础。有的是学习实用文体写作，如通知、寻物启事；有的是学习修辞的运用，如学写排比句；有的是体会标点符号的运用，如体会冒号的用法；有的注重内容的表达，如围绕中心一个意思来写；有的是写作手法的训练，如通过情境写出人物内心等。在训练时还要注意引导学生进行个性化表达。

初试身手往往安排在专门的习作单元之前，和交流平台一起出现。交流平台分享本单元训练要点的写作方法，如四下第五单元的训练要点是了解课文按一定顺序写景物的方法，

小学语文教学设计与实施

学习按游览的顺序写景物。在交流平台中就以《记金华的双龙洞》和《海上日出》为例说明如何按照顺序来写。初试身手紧随其后,把交流平台中的讨论和分享落实到写作实践中,既可以验证方法的可行性,又可以为后面的习作打下良好的基础。

 思考与练习

1. 人们对写作的认识发生过怎样的变化?谈一谈三种范式下写作内容侧重点的变化。

2. 写作教学目标设计的出发点是什么?

3. 简要介绍常用的几种写作教学方法。

4. 通过学术期刊、网络等途径寻找一例优秀习作教学设计,试分析其支架类型及其设计优缺点。如有不同想法,尝试对其支架设计进行优化。

5. 自选部编本小学语文三至六年级习作教材,选取一篇习作进行教学设计。

6. 请自选一篇课后小练笔,为之设计教学指导。

7. 观摩一堂优秀习作教学公开课,做好听课记录,分析习作教学的特点。

8. 结合实例说说口语交际中的习作活动如何开展。

9. 对小学综合性学习中习作活动的开展进行调查,并对调查结果进行整理分析,看看有什么发现。

第六章　小学口语交际教学设计

 学习目标

1. 理解口语交际的内涵。
2. 了解口语交际的发展历史。
3. 掌握口语交际在不同学段的具体要求。
4. 掌握口语交际在部编本教材中的编排。
5. 能运用口语交际教学设计知识设计一堂口语交际课。

 **问题情境**

口语交际之课堂反思

部编本一年级上册第八单元口语交际主题为"小兔运南瓜"，教师预设了两个条件，"小兔有一辆自行车""小兔遇到了大黑熊"，学生在教师预设的条件下展开交流讨论，一半学生说小兔用自行车运南瓜，一半说小兔请大黑熊帮忙运南瓜，学生没有开阔思路。

部编本二年级上册第三单元口语交际主题为"做手工"，教师提前布置任务要求学生制作玩具，并把玩具带到课堂上与同学分享交流，也可以带材料在课上制作玩具。课堂上有的学生拿不出玩具，有的学生拿着玩具无话可说，有的学生攀比争论自己的玩具好、吵得不可开交，有的学生在制作过程中遇到很多困难。

六年级下学期临近毕业，教师自主创设情境展开口语交际，学生针对"如何度过小学阶段的最后一个儿童节"展开讨论。学生七嘴八舌、天马行空，场面一度陷入混乱，整堂课一直处在学生不断提点子的氛围中，教师无法控制，没有及时引导。

何为口语交际？教师应如何开展口语交际课？应如何评价一堂口语交际课？怎样的口语交际课既符合课标和教材要求，又能引起学生兴趣？本章将对这些问题进行讨论。

 理论述要

第一节　小学语文教材中的口语交际

由于社会交往的日益频繁,口语交际能力已经成为必不可少的能力。口语交际能力是现代公民必备的能力,应培养学生倾听、表达和应对的能力,使学生具有文明和谐地进行人际交流的素养。口语交际教学就是在语文教学中培养学生运用规范、简明、连贯而得体的口头语言,再辅以适当的非言语的形式与人交流,实现某种交际能力的教学活动。

教师交际
口语的要求

一、概念

《现代汉语词典(2002年增补本)》中,口语是"谈话时使用的语言(区别于'书面语')",交际是"人与人之间的往来接触"。

广义的口语交际是以口语为载体,实现人与人之间交往的活动。狭义的口语交际是交际双方为了特定的目的,在特定的环境里,运用口头语言和适当的表达方式传递信息、交流思想、表达情感的双向互动的言语活动。口语交际是最基本的语言信息交流手段,是现代人生存、发展的基本素质。

口语交际是听话、说话能力在特定情境交往中的应用,交际情境、交际话题、交际语言和交际对象共同构成一个系统的口语交际活动。听话、说话是口语交际的重要组成部分,但我们不能把口语交际简单地等同于听话、说话,口语交际包括交际过程中的分析、综合、判断、推理、概括、归纳等思维能力,以及分析问题和解决问题的能力、实际操作能力、创造能力等,在口语交际训练中只有让学生多种感观都参与到活动中来,才能切实地提高口语交际能力。

二、课标解读

(一)口语交际在课标中的历史演变

我国小学语文口语交际教学始于1904年。1904年语文单独设立学科,标志着我国现代语文教育史的开端。将官话教学作为教学内容,标志着口语课程开始进入我国的语文教学中。1929年国民政府教育部颁布《小学课程暂行标准小学国语》的目标中提到"运用平易的口语和语体文,以传达思想,表现感情,而使别人了解",将听说与读写并列,第一次确立了听说教学在语文教学中的地位。1986年国家教育部颁布的《全日制小学语文教学大纲》第一次

将听说与识字、阅读、作文并列为小学语文教学目的,这是听说教学的重大发展。相继颁布的1987 年和 1992 年的教学大纲对听说教材做了进一步的规划和叙述。教育部在 2000 年 3 月颁布实施的《九年义务教育全日制小学语文教学大纲(试用修订版)》中将原来大纲中的"听话、说话"改为"口语交际",第一次提出了口语交际教学这一概念。2001 年颁布的《全日制义务教育语文课程标准(实验稿)》中对口语交际的总目标、各个阶段目标及教学建议和评价建议都进行了明确的规定。教育部 2011 年颁布的《义务教育语文课程标准(2011 年版)》对口语交际部分进行了相应的修改和补充,并结合社会发展和时代特点,将口语交际放在十分重要的位置。人们从理念上开始逐渐接受口语交际在语文教学中的渗透,口语交际也作为一门培养学生言语表达和交际能力的课程,全面进入我国小学语文的教学领域。口语交际在不同阶段课程标准(教学大纲)中的变化见表 6-1。

表 6-1　口语交际在不同阶段课程标准(教学大纲)中的变化

课程标准(教学大纲)	目　　标
1986 年全日制小学语文教学大纲	能听懂普通话。听人讲话时要注意力集中,能理解内容,抓住要点,要有礼貌。 能说普通话。要口齿清楚,声音适度,态度自然;能当众说出要说的意思,做到清楚明白,有中心,有条理。说话要有礼貌
1992 年九年义务教育全日制小学语文教学大纲(试用)	听人说话,能理解内容;学会说普通话,能清楚明白地表达意思。 小学阶段听话、说话的要求是:听别人讲话要专心,能理解内容。能用普通话清楚明白地表达自己的意思。养成边听边想和先想后说的习惯。听话、说话要注意文明礼貌。 听说训练要在学生已有的基础上逐步提高要求。低年级能听明白别人说的一段话和一件简单的事,养成认真听话的习惯;能说一段完整、连贯的话,口述一件简单的事。中年级能听懂程度适合的讲话和少年儿童广播,理解内容;能清楚明白地口述一件事,讨论问题能说清楚自己的意思。高年级能听懂别人的讲话,理解主要内容;能口述见闻,能当众作简短的发言
2000 年九年义务教育全日制小学语文教学大纲(试用修订版)	口语交际要讲究文明礼貌。听人说话能领会主要内容。坚持说普通话,能用普通话清楚明白地表达自己的意思
全日制义务教育语文课程标准(实验稿)	具有日常口语交际的基本能力,在各种交际活动中,学会倾听、表达与交流,初步学会文明地进行人际沟通和社会交往,发展合作精神
义务教育语文课程标准(2011 年版)	具有日常口语交际的基本能力,学会倾听、表达与交流,初步学会运用口头语言文明地进行人际沟通和社会交往
义务教育语文课程标准(2022 年版)	学会倾听与表达,初步学会用口头语言文明地进行人际沟通和社会交往

(二) 课标中的口语交际解读

关于口语交际,我们的认识有一个变化过程。过去的大纲,是把听和说分开的,所以才有"听说读写"的提法,即认为语文能力中包括听的能力和说的能力,听是输入、接收,说是输

小学语文教学设计与实施

出、表达。在2000年公布的修订大纲中,虽然根据现代社会口语交际能力日益显得重要的认识,已将听和说合成"口语交际",但在表述时仍是将听和说分开的。在制订《义务教育语文课程标准(2011年版)》时,我们关于口语交际的理念更为明确了,这就是:"口语交际能力是现代公民的必备能力。应培养学生倾听、表达和应对的能力,使学生具有文明和谐地进行人际交流的素养。"《义务教育语文课程标准(2022年版)》中,将口语交际与习作(写话)合称为表达与交流,口语交际对应表达与交流的口头语部分,习作(写话)对应表达与交流的书面语部分。这里仍着重说明口语交际的概念。

第一要义是重在交际,即必须重视口语交际的人际交往功能,这是口语交际的核心要义。口语交际是人与人之间的交流和沟通,它是一个听方与说方双向互动的过程,不是听和说的简单相加。所以双方在应对中的情感态度十分重要,表现为人际交往的文明态度和语言修养,如自信心、勇气、诚恳、尊重对方、有主见、谈吐文雅等。课标的口语交际阶段目标,第一学段要求"有表达的自信心""与别人交谈,态度自然大方,有礼貌";第二学段要求"在交谈中能认真倾听,并能就不理解的地方向人请教,就不同的意见与人商讨";第三学段要求"与人交流能尊重、理解对方""在交际中注意语言美,抵制不文明的语言"。

第二要义是重在实践,在交际中学会交际。课标中强调以贴近生活的话题或情境来展开口语交际活动,重视日常生活中口语交际能力的培养,而不是传授口语交际知识。标准在小学阶段关于听人讲话、复述、讲述、转述等要求,初中阶段关于即席讲话和主题演讲、课堂讨论、应对能力等要求,都是重在交际过程中的实践能力培养。

第三要义是重在参与。第一学段目标"积极参加讨论,对感兴趣的话题发表自己的意见",第三学段目标"乐于参加讨论,敢于发表自己的意见",第四学段目标"课堂内外讨论问题,能积极发表自己的看法",就分别体现了这样的要求。

只有在以上这些前提之下,课标关于口语交际的技能要求,如"听人说话能把握主要内容""能清楚明白地讲述见闻""能具体生动地讲述故事,努力用语言打动他人"(第二学段),"听他人说话能抓住要点""表达要有条理,语气、语调适当"(第三学段),"能根据对方的话语、表情、手势等,理解对方的观点和意图",说话"清楚、连贯、不偏离话题""注意表情和语气,使说话有感染力和说服力",讨论发言"有中心、有条理、有根据"(第四学段)等,才有意义。①

(三)口语交际在新课标中不同学段的具体要求

新课标在总体目标的指导下,根据学生身心发展特点和不同阶段对口语交际的要求,分学段制定了具体目标,各学段具体目标如表6-2所示。

---

① 方智范. 关于语文课程目标的对话(三)[J]. 语文建设,2002(3):9-11.

表 6-2 各学段口语交际目标说明

项　目	第一学段 (一、二年级)	第二学段 (三、四年级)	第三学段 (五、六年级)
学段目标 与内容	1. 学说普通话,逐步养成讲普通话的习惯。 2. 能认真听别人讲话,努力了解讲话的主要内容。听故事、看音像作品,能复述大意和自己感兴趣的情节。能较完整地讲述小故事,能简要讲述自己感兴趣的见闻。与他人交谈,态度自然大方,有礼貌。积极参加讨论,敢于发表自己的意见	1. 能用普通话交谈,学会认真倾听,听人说话时能把握主要内容,并能简要转述,能就不理解的地方向人请教,就不同的意见与人商讨。 2. 能清楚明白地讲述见闻,说出自己的感受和想法。讲述故事力求具体生动	1. 听人说话认真、耐心,能抓住要点,并能简要转述。乐于表达,与人交流能尊重和理解对方,注意语言美,抵制不文明的语言。 2. 表达有条理,语气、语调适当。参与讨论,敢于发表自己的意见,说清自己的观点。能根据对象和场合,稍作准备,作简单的发言

从横向上看,口语交际教学目标是从"知识与能力""过程与方法""情感态度与价值观"三个维度进行整体设计的,互相渗透、融为一体。通过口语交际教学,使学生获得知识、形成能力,是语文课程的基本任务和基本要求;过程与方法是学生获取知识、形成能力的重要保障,是学生进行有效学习的重要前提;情感态度与价值观不仅是学生学习的强大动力,而且是语文课程的重要目标。一次口语交际活动离不开交际双方的互动,互动的过程实际就是交际者之间进行的双向或多向的倾听、表达与交流等言语交际活动,而提高交际活动的效率,必须把情感态度与价值观的培养贯穿交际活动的全过程,由此口语交际教学目标的三维融合是由口语交际活动本身的特点所决定的。

从纵向上看,三个学段的口语交际教学目标彼此联系、循序渐进,体现了学习目标的阶段性和发展性的统一。在语言表达方面,第一学段要求"完整";第二学段要求"清楚明白",并以他人讲话的主要内容和自己的见闻为依据,突出自己的想法和感受;第三学段要求"有条理",加入了逻辑的理性思维。在倾听方面,第一学段要求"能认真听别人讲话,努力了解讲话的主要内容";第二学段则要求"学会认真倾听,能就不理解的地方向人请教,就不同的意见与人商讨","听人说话能把握主要内容,并能简要转述";第三学段则要求"听人说话认真、耐心,能抓住要点,并能简要转述"。在口语交际领域上,第三学段比第一、二学段更为广阔,如"能根据对象和场合,稍做准备,作简单的发言",显然比第一学段"听故事、看音像作品""讲述小故事"以及第二学段"听人说话""讲述见闻""讲述故事"等视野更为宽泛,范围也由小变大,层次由表及里。从交流对象上看,第一、二学段听说对象一般限于客观实际,第三学段则延伸到了主观看法。[①]

三、教材解读

教材在口语交际教学内容和形式的选择上都努力挖掘现实生活中的语文资源,服务于

---

① 刘本武,李金国. 小学语文课程与教学[M]. 北京:北京师范大学出版社,2013:123.

小学语文教学设计与实施

实际生活需要,力图充分体现口语交际源于生活,为生活之所需这一原则。同时,注重把与学生年龄特征、心理特征相符,与学生生活联系紧密的口语交际话题情境化,以此增强学生口语交际内容的生动性、趣味性,使其产生身临其境的感受,激发起学生口语交际的主动性、积极性,使学生带着情感、兴趣走进口语交际。随着学生年龄的不断增长,视野的不断开阔,教材在内容和形式上也渐次丰富。下面主要讲述教材中的口语交际设计。

(一)小学语文教材中的口语交际总体设计

过去使用的人教版教材中将口语交际板块放在语文园地中,作为语文园地中的一个训练项目,与"习作""我的发现""日积月累"等板块并列,其重要性不够突出,教师有时因为教学时间不够用而略过了口语交际活动的展开,口语交际教学的质量得不到保障,学生的口语交际能力得不到有效的培养。而部编本教材充分尊重口语交际的自身规律,将口语交际教学从语文园地中单独拿出来,独立编排,并放在习作和语文园地之前,自成教学体系。编者通过显性的位置安排告诉我们,口语交际与语文园地并重,被边缘化的口语交际以崭新的姿态进入教学者的视野。

每册教材均安排四次口语交际活动,每次围绕一个话题,突出一两个训练重点,每次的训练重点都以"小贴士"的形式醒目地呈现在教材中,让教师及学生都能清楚地知道本次口语交际训练的目标和要求是什么,教师的教、学生的学指向性比较明确,教与学的效果都会大大提高,真正实现"一课一收获"。口语交际活动中的话题也不是编者为了安排口语交际教学而生硬地杜撰出来的,都是从小学生身边所熟悉的生活里精心挑选出来的,有较强的针对性,对小学生的日常生活和学习都有很强的指导意义。同时,这些话题符合学生的身心特点,让学生有话可说,容易使学生快速地参与到交际的实践活动中,积极地去体验、交流。

其中所列的口语交际主题依据不同学段学生的发展特点,在内容编排和组织形式上都有所不同,教师开展口语交际教学需要把握不同学段学生的特点,从课标学段目标和内容出发,以达到培养学生口语交际能力的目标。小学语文教材依据课标中口语交际这一总体目标,根据学生身心发展特点和规律,划分了第一学段(一、二年级)、第二学段(三、四年级)、第三学段(五、六年级)三个学段,内容上密切联系小学生的生活和实际,从身边的家庭生活,走向学校生活,最终走入社会生活,使口语交际从生活中来,到生活中去。

(二)不同学段小学语文教材中的口语交际

1. 第一学段小学语文教材中的口语交际

在口语交际过程中,学生是交际的主体,他们的交际愿望是促成交际活动产生的基础,激发学生口语交际的兴趣显然是第一学段十分重要的任务,目的是做好启蒙起步训练。一、二年级小学生以形象思维为主,依赖事物间的具体形象、表象以及彼此间的关系进行想象思维。一年级教材中的口语交际活动设置了不同的生活场景,而且交际所采用的方式也都不同,有以游戏的方式、聊天的方式、模拟真实的生活场景、创设故事情境等,这些场景和交际方式是小学生所熟悉的,容易调动学生参与的热情,同时又便于学生学以致用,用课堂上学到的方法去解决生活中遇到的实际问题;语言表达上主要强调简要、完整地讲述,用几句话把事情或画面内容说完整、说明白。二年级教材中的口语交际活动在一年级的故事性和情境性的基础上,增加了情理性和逻辑性的内容,让学生围绕既定主题展开口语交际活动,如"动物""推荐动画片""图书馆借阅公约"等;同时还根据课标要求,注意培养学生的礼貌意识,以达到情感态度和价值观目标,如"商量""注意说话的语气"等。部编本小学语文第一学段教材中的口语交际主题见表6-3。

表 6-3 部编本小学语文第一学段教材中的口语交际主题

序号	一年级上册	一年级下册	二年级上册	二年级下册
1	我说你做	听故事,讲故事	有趣的动物	注意说话的语气
2	我们做朋友	请你帮个忙	做手工	长大以后做什么
3	用多大的声音	打电话	商量	图书借阅公约
4	小兔运南瓜	一起做游戏	看图讲故事	推荐一部动画片

2. 第二学段小学语文教材中的口语交际

三、四年级小学生具体形象和抽象思维趋向平衡,一方面思维活动具有形象性,另一方面概念、判断、推理的抽象思维能力得到一定的发展。第二学段教材在口语交际活动的设置上,注重交际的心理品质和行为习惯,突出尊重对方的交际情感、交际的主动性和交往能力与合作精神的培养;同时关注的话题范围较第一学段有了一定深度,涉及自然环境、历史人文、健康等。这样的定位既巩固了低年级的口语交际教学成果,又为高年级的教学提供了坚实的基础,发挥了中年级的过渡和衔接作用。部编本小学语文第二学段教材中的口语交际主题见表6-4。

表 6-4 部编本小学语文第二学段教材中的口语交际主题

序号	三年级上册	三年级下册	四年级上册	四年级下册
1	我的暑假生活	春游去哪儿玩	我们与环境	转述
2	名字里的故事	该不该实行班干部轮流制	爱护眼睛,保护视力	说新闻
3	身边的"小事"	劝告	安慰	朋友相处的秘诀
4	请教	趣味故事会	讲历史故事	自我介绍

3. 第三学段小学语文教材中的口语交际

五、六年级随着学段的升高,学生的抽象思维能力开始逐步发展,生活空间进一步扩大,听说读写能力进一步提高,因此与中年级相比,高年级口语交际活动更强调表达学生自己的感受和体会;在编排形式上亦比较灵活,也更生活化,有演讲、辩论等;在交际的心理品质与行为习惯方面,更突出自我调控与应对技巧。部编本小学语文第三学段教材中的口语交际主题见表6-5。

表6-5　部编本小学语文第三学段教材中的口语交际主题

序号	五年级上册	五年级下册	六年级上册	六年级下册
1	制定班级公约	走进他们的童年岁月	演讲	同读一本书
2	讲民间故事	怎么表演课本剧	请你支持我	即兴发言
3	父母之爱	我是小小讲解员	意见不同怎么办	辩论
4	我最喜欢的人物形象	我们都来讲笑话	聊聊书法	—

第二节　小学口语交际课的教学设计

一、教学内容的设计

教学内容是实施教学目标和教学要求的教学凭借及活动对象,是为达到教学目标和要求确定学什么的问题,即学校给学生传授的知识和技能、灌输的思想和观点、培养的习惯和行为等的总和。对于口语交际来说,其教学内容主要包括以下两个方面。

1. 口语交际的语言能力

口语交际的语言能力由倾听能力、表达能力和应对能力三个方面构成。倾听能力包括语音辨识力、话语记忆力、话语理解力、话语评判力,这四个方面大致反映了听话活动中"听进—记住—听懂—会听"的过程。表达能力包括内部组码能力、快速编码能力、准确发码能力、定向传码能力,这四个方面大致反映了说话活动中的"思考—造句—发声—表述"的过程。应对能力是指在口语交际过程中,说话人往往需要随机应变,根据对方的谈话内容或已经变化的场景(如场内气氛、秩序、听众情绪、注意力是否集中等),机敏地改变思维路线,调整说话内容与方式。

2. 口语交际的非语言能力

口语交际的非语言能力由口语交际的态度、心理和态势三个方面构成。口语交际的态度主要应包括:能文明得体地进行交流;耐心专注地倾听;自信、负责地表达自己的观点;在讨论时积极发言;与人交流时要尊重、理解对方。口语交际的心理主要表现在交流中的技能和策略的运用上,要考查学生能否注意对象和场合,根据不同场合的需要,恰当灵活地进行调整,适应变化的情境;能否注意根据需要调整自己的表达内容和方式,不断提高应对能力;表达是否有自信心。口语交际的态势是指态势语,即说话时的表情和动作。态势语言是重要的非语言因素,在口语交际过程中能对有声语言的交际效果产生影响。良好的态势语言在口语表达上有补充、强化的作用,在感情上有沟通交流的作用。如何在口语交际中做到态势风度与话题主旨吻合、同步,如何用态势风度弥补语言的不足,如何促进话语意图的显现,而不是干扰或破坏交际话题的主旨,这是在培养学生口语交际能力时必须正确对待的重要因素。①

【例 6-1】《打电话》教学设计一②

《打电话》是部编本小学语文一年级下册中的第三次口语交际活动。教材中展示了一组图片,李中给同学张阳的妈妈打电话,询问张阳是否在家。此外,还创设了三个不同的情境:打电话约同学踢球;打电话向老师请假;有一个叔叔打电话找爸爸,但是爸爸不在家。另附小贴士:给别人打电话时,要先说自己是谁;没听清时,可以请对方重复。

一、导入情境,激发兴趣

(1) 昨天早晨,我们班有位同学不知为什么没来上学。老师很着急,可又不知道他家住哪儿。不过老师只用几分钟就知道他生病了,在家休息呢! 你们猜猜老师用了什么办法。(打电话)

(2) 板书课题:打电话。

(3) 和身边的同学谈谈你知道哪种类型的电话,你会不会打电话。

二、声像示范,学习方法

(1) 课件出示图(一),学生观察:图上画着什么人,他们在干什么。

(2) 课件播放李中和张阳妈妈的通话过程,请学生仔细听,认真记。

(3) 学生在小组内模仿表演,各小组推荐学生上台表演。

(4) 师生在评价中总结打电话的方法。

① 知道对方电话号码。(问他人、查通信录、拨 114 询问等)

② 会区分拨号音、忙音、通话音。(利用电话及录音演示)

③ 通话时要说清楚,听明白,有礼貌。(板书)

三、熟悉方法,分组练习

(1) 按照教材中给出的三个情境,全班学生分组练习。

(2) 小组内自由组合,练习打电话,强调人人都要参与。

(3) 引导学生根据要求及时评价,指出优点和不足。

四、创设情境,自由交际

(1) 课件出示图(二),认真观察。

(2) 学生自由组合,分组练习。

(3) 自愿上台表演,学生互相评价。

五、发挥想象,角色体验

请学生动脑想象:你现在想给谁打电话? 想说些什么?

(1) 自由选择同学作为接电话的人,分角色练习。(可以是亲人、朋友、医生、售货员等)

(2) 逐对(两名同学)上台表演,师生评议。评价中注意引导学生与不同人通话时要用不同的语气。

---

① 王玉辉.语文课程与教学论[M].北京:北京师范大学出版社,2012:215.

② 案例改编自王志凯,王荣生.口语交际教例剖析与教案研制[M].南宁:广西教育出版社,2004:135-137.

六、总结要点，拓展交流

（1）电话在我们生活中有什么样的作用呢？

（2）打电话和平时说话时有哪些不一样呢？

【案例点评】 本次口语交际练习最大的特点是创设情境，教师引导学生步步深入，在多个情境下练习口语交际。但是，整堂课的打电话操作程序设计过多，忽视了实际会话的主体内容，一堂课下来，学生并没有多少口语表达的机会，且多个情境相互之间不连贯。如果该教师能结合学生在实际生活中打电话表达时存在的具体问题来指导，效果就会好很多。

【例 6-2】《打电话》教学设计二[①]

教学实录：

（1）师生讨论明天爬山比赛的事宜。

（2）教师引导学生，外出要关注天气情况。

（3）播放提前录制的天气预报录音，引导学生复述。

（4）根据天气情况，明天爬山活动改期，需要通知另一位老师。

（5）引导学生给这位老师打电话，先练习，再现场模拟。

（6）打电话过程中，学生学会正确的打电话程序，不知道对方号码可通过 114 查询。

（7）学生自愿或推荐上台表演，现场评价。

（8）引导学生通知其他两个班活动改期的事宜，练习写通知。

【案例点评】 本堂课的教学内容也是"打电话"，但避免了例 6-1 中的问题。教师没有专门让学生学习如何"打"电话，而是重视如何进行电话交谈；而且在整个教学过程中，学生在教师的指导下始终持续地说话练习，学生能及时发现问题，及时改正；且整节课是一个完整的过程。

从整体效果看，这节课最大的成功在于突出了口语交际教学的主要目标，教师精心创设了一个逼真的教学情境，该情境与其他许多课题情境不一样，它融进学生真实的学习生活中，师生在仿真的情境中自然、流畅地交谈。像这样还学生以生活的真实，就能够最大限度地调动学生参与口语交际活动的积极性，并能有效地提高他们的表达、交际能力。

二、教学目标的设计

《义务教育语文课程标准（2022 年版）》中指出，语文课程围绕核心素养确立课程目标，同时提出促进知识与能力、过程与方法、情感态度与价值观的整体发展。因此，这里也可参照三维目标来设计口语交际教学目标，即知识与技能、过程与方法、情感态度与价值观。

（一）知识与技能目标

口语交际知识是学生在实际交际过程中能够了解与掌握的一些相关知识。在知识方面

---

① 案例改编自王志凯，王荣生.口语交际教例剖析与教案研制[M].南宁：广西教育出版社，2004：138-141.

主要包括口语知识与交际知识两个方面。所谓口语知识,包括口语词汇、口语句式、口语修辞、口语情境、口语语体等方面。所谓交际知识,即人际交往方面,包括交际情境、交际主体、交际对象、交际手段等内容。在能力方面主要包括口语技能和交际技能两个方面。前者包括听知技能和表达技能两个方面。后者是通过口头语言实现人与人之间互相影响、互相制约的意识和方式方法。

(二)过程与方法目标

人们在长期口语交际活动中总结出大量行之有效的交际方法,如人际交往与沟通的方法、捕捉口语交际信息的方法、提高口头表达效果的方法等。教师指导学生掌握必要的交际方法,对于提高交际活动的质量大有裨益。

(三)情感态度与价值观目标

情感态度与价值观目标也是口语交际教学的重要目标,对口语交际教学质量的影响不可低估。具体内容主要包括:①培养表达的自信心;②乐于参加讨论,敢于发表自己的意见;③认真倾听的态度;④尊重和理解对方的态度;⑤注意语言美,抵制不文明的语言,养成文明得体的交流习惯;⑥正确认知口语交际在学习、生活中的作用、价值;⑦态度自然大方,有礼貌;等等。

【例 6-3】《采访》教学目标设计

采访是一种通过提问获取特定信息的双向交际活动,它有鲜明的交际意图,最终的沟通效果取决于采访者的提问能力和被采访者的答话能力。从形式上看,采访类似于一般的聊天,是人和人之间的沟通,但又不同于一般的聊天。高明的采访者应该熟练掌握采访用语,确保在愉快、轻松或者幽默有趣的交谈中实现采访意图。下面这则教学目标是一位教师为一次采访口语交际活动设置的教学目标。

教学目标:

(1)在具体的情境中,激发学生口语交际的兴趣,能用普通话文明礼貌地进行口语交际。

(2)能清楚、明白地表达自己的意思,有一定的提问技巧;认真、耐心地听别人讲话,能理解主要意思。

(3)培养得体、大方、自然的交际风度。

【案例点评】 这节课创设了采访的交际情境,既能吸引学生的注意力和兴趣,又能很好地锻炼学生在特定情境下的表达、交流和应对能力。对于采访这种特定的口语交际活动,教师在教学目标设定中关注到了一定的要点,对采访中最为关键的环节提问也给出了一定的要求,在此教学目标的指导下,能较好地保证此次口语交际教学的展开。这也就对教师在活动中的地位和作用提出了要求,教师在口语交际教学中绝不仅是活动的串联者,更应该发挥积极的引导作用。

小学语文教学设计与实施

三、教学方法的设计

口语交际教学大致可分为三种类型：技巧性教学、反思性教学、生成性教学（表 6-6）。

表 6-6　口语交际教学的类型[①]

类　型	场　合	主要内容	备　注
技巧性教学	书面语的有声表达	技巧	重口语；重技能
反思性教学	个人生活中的口语交际	反思与监控	重交际；重知识
生成性教学	组织中的口语交际	基本知识与技能	重交际；知、能并重

不同类型的口语交际教学采取的方式方法也有所区别。比如，技巧性口语交际教学大多采取实战法、表演法、模仿法等方法，如部编本四年级上册第四次口语交际活动"讲历史故事"、部编本五年级上册第四次口语交际活动"我最喜欢的人物形象"、部编本六年级上册第一次口语交际活动"演讲"等就属于此类；反思性口语交际教学通常采取观看录像、讲故事、游戏、实地观察等方法，如部编本一年级下册第三次口语交际活动"打电话"、部编本二年级上册第三次口语交际活动"商量"、部编本三年级上册第四次口语交际活动"请教"等就属于此类；生成性口语交际教学最常用的方式，就是即席表演，如部编本一年级上册第一次口语交际活动"我说你做"、部编本二年级上册第二次口语交际活动"做手工"等就属于此类。

【例 6-4】《采访》教学设计[②]
课前准备：
（1）收看电视片《杨澜访谈》等访谈节目。
（2）准备小记者卡及小艺术家卡。
（3）把教室布置成小作品展示会场。
教学过程：
一、活动前激发兴趣
（1）教师：今天，老师和大家一起来到了艺术品展示会场，一件件精美的艺术品呈现在了我们面前，这些制作包含了同学们辛勤的汗水。大家一定都愿意把自己的收获说出来和大家分享。老师邀请一部分小记者去采访这些艺术家。谁想担任小记者呢？
（2）分两大组：小记者组和艺术家组，分别佩戴胸卡。
二、活动准备
分组简单培训。
（虽是针对两个角色讲，但要面向全体，使全体受益。）
（1）学习采访的要点和技巧。
（2）小艺术家谈自己发言时应注意些什么。

①　卢金明.语文课程教学设计论[M].北京：光明日报出版社，2013：241.
②　王志凯，王荣生.口语交际教例剖析与教案研制[M].南宁：广西教育出版社，2004：189-191.

（板书：言之有物、言之有序、言之有情）

选1～2名同学示范练说（选平时口语表达能力强的学生说），注意尽量使用口头语。

（3）小记者谈自己采访时应注意什么。

（板书：认真听、及时问、激兴趣）

结合课前看过的电视片，学习记者的采访特点进行采访。

三、开始活动

（1）在口语交际活动中，老师进行巡视，并适当进行个别指导。

（2）对采访比较成功的学生及时提出表扬，并选1～2个小组向全体学生演示。

（3）小结：老师想请小艺术家、小记者们谈谈你们采访、被采访的感受。

要点：小艺术家叙述时要有顺序，并表达出自己的感情；小记者们的采访提问一定要激发小艺术家的交谈兴趣，并在倾听时认真、专心。

（4）可以根据第一次采访与被采访的经历交换角色，进行第二次采访活动。

四、活动总结

今天，我们成功地采访了艺术家，了解了他们制作艺术品的过程及心得体会，相信每位同学都能从艺术品展示会上找到自己最喜欢的艺术品和自己最喜欢的艺术家及小记者，现在就请你们中的一位小记者和一位小艺术家来谈谈自己的收获。

（1）小记者、小艺术家们谈谈自己的感受。

（2）布置作业：把本次艺术品展示会上最喜欢的艺术品制作过程讲给爸爸妈妈听。

【案例点评】　这堂课中教师发挥了积极的引导作用，用有关采访的知识点贯穿教学，学生在学习活动中有具体的指导，并能学到实际的采访本领。而且，活动设计较新颖，课堂注重了互动性，每位学生都有一次做采访者与被采访者的机会，换位思考可以使学生真切感受到采访应该避免的问题、采访可能面临的障碍、采访成功与失败的因素等，充分体现主体性原则。课后的延伸自然、合理，能进一步巩固、提高学生的口语交际水平。

此次活动激发了学生的参与意识，教师设计独特的情境让他们敢说、爱说、会说，并要求他们说得有理、有序、有趣，学生感情容易投入，有利于真正提高学生的口语交际水平，符合语文课程标准。

四、教学过程的设计

（一）创设交际情境

创设交际情境既能充分调动学生的言语合力（包括有声言语、表情言语和肢体言语），又能激发交际者思维与表达（含反馈）的同步进行。因此，我们要精心创设具有真实性、现实性、趣味性和可操作性的交际情境，以任务驱动学生的交际行为，激发学生跃跃欲试、一吐为快的欲望。口语交际课中的情境有两种：一种是课堂的情境；另一种是呈现于课堂却类似于现实的生活情境。教师要在课堂上努力营造一种真实的交际情境，让学生有身临其境的感受，这样才能激发学生的说话欲望，让学生在课堂上有话说，积极参与课堂的教学活动。其

小学语文教学设计与实施

中,环境营造、语言描述、角色表演、音乐渲染、图片展示、录像或多媒体呈现、道具或实物陈设等都是创设交际环境的有效方式。例如,部编本四年级上册第一个口语交际活动主题为"我们与环境",可通过展示图片、播放视频等方式展现当下环境污染问题,让学生对身边的环境产生直观的感受,从而有话说,以便顺利开展口语交际活动。

(二)明确交际要求

口语交际活动不是杂乱无章的吵吵闹闹,而是在一定交际规则的约束下,师生客观地分析交际任务,理性自由地表达自己的想法,达到有效沟通的目的。因此,在开展口语交际活动之前,有必要明确口语交际的要求,包括口语交际活动本身的要求,如用语文明、条理清晰、抓住要点、耐心聆听等;也包括口语交际活动内容要求,即针对什么内容开展口语交际活动。比如,部编本三年级上册第三次口语交际活动"名字里的故事",小贴士"把了解到的信息讲清楚""听别人讲话的时候,要礼貌地回应",这就要求本次口语交际活动的交际要求为:①围绕自己的名字展开;②条理清楚;③对别人礼貌回应。

(三)开展交际活动

在预设情境和明确要求的基础上,学生围绕中心话题开展口语交际活动。在口语交际过程中,教师要适时加以引导、点拨、总结,避免偏离话题、秩序失控。

1. 感受拟说

学生在感受情境的过程中,调动一切感官,用心看、用心听、用心感受,这也是学生主动学习、自主探索的过程。

2. 自由表达

教师在口语交际活动中要充分认识并尊重学生的权利、尊严、个性特长、思维与说话方式等,在学生进行口语交际时,教师要当好学生真诚的听众,让学生自由表达,同时给予适当的指导。另外,尤其要关注那些不善于表达的学生,做到人人参与,对于这类学生要多给予鼓励和表扬,让其逐渐树立表达的自信心,也能积极地参与到口语交际活动中。

3. 合作交流

口语交际是人与人之间的交流和沟通,只有交际双方双向互动,才是真正意义上的口语交际。教师在口语交际教学中要引导学生互动,可安排同桌说、小组交流等方式;另外对于互动性不强的话题,可以变换角度,合理转化,防止将"交际课"变成"听话、说话课",注重合作交流,真正提高学生的口语交际能力。

(四)总结拓展延伸

对口语交际活动进行有针对性的评议,总结学生在口语交际活动中表现出的优势与不足,充分肯定学生口语交际能力的进步,总结口语交际方法,掌握口语交际规律,形成口语交际策略,对口语交际活动的薄弱环节提出中肯的改进意见,为以后开展相关活动提供参考。同时正确认识生活与语文、生活与交际的关系。生活就是口语交际的内容,口语交际就是生活的工具。只有将在课堂上学到的不断在日常生活中实践,才能真正具备文明和谐地进行口语交际的素养。

【例 6-5】《演讲》教学设计①

《演讲》是部编本六年级上册第一个口语交际活动。在现代社会,演讲已成为一种相当普遍的言语交际形式,人与人之间、国与国之间交往日益繁多,各种政治、经济、科学、文化活动数不胜数,这些活动都需要演讲来发表见解、提出主张、解疑释惑,从而达到说服人、感染人、教育人、鼓励人的目的。但同时,演讲要获得成功,需要较高的包括表达、思维、勇气、风度等方面的综合素质,因此不少人对演讲望而却步,尤其是大部分中小学生。口语交际教学必须正视这一现象,教师在演讲上对学生多加指导,多为学生提供练习演讲的机会,不断的实践可以锻炼学生在大庭广众讲话的胆量,培养学生在公共场合发表意见的能力,进而提高学生的综合素质。

一、活动准备

(1)布置学生课外阅读、浏览关于人和自然关系的文章、材料,并形成自己的观点,写好发言稿,熟记其纲要和主要观点及事实。

(2)情境导入:以大家熟悉的一个公园为引子,强调人与环境和谐的重要性,并结合众所周知的工业污染、植被破坏、天气反常等现象,启发大家深思。

(3)交代活动:定好 5 人,每人上台演讲 3～5 分钟;学生评委 5 人,按事先制定的标准评出最优秀者。演讲精彩时下面的学生要鼓掌,学生边听边记;演讲结束后小组讨论每一位演讲者的表现,既要看到亮点,又要指出不足。

二、学生演讲

(1)第一位学生演讲的主题是"爱护自然,就是爱护自己"。

(2)第二位学生的观点是"人类,不要再征服自然了"。

(3)第三位学生发言的中心是"未来,我们与自然和谐相处"。

(4)第四位学生提出的观点是"行动起来,保卫自然"。

(5)第五位学生感言"他们的生命被谁掠夺了"。

三、小组讨论

分成 3 组讨论,提示学生注意以下问题。

(1)演讲的目的是否鲜明、观点是否合理。

(2)演讲能否说服自己、感动自己。

(3)演讲者是否注意身体语言。

(4)演讲的开头和结尾能否吸引人。

四、公布评委的评分结果

(1)第一名为某某同学。

(2)对照小组讨论的结果,找出产生分歧的原因。

(3)教师解释:评价演讲要看整体效果,因为演讲是一门综合性艺术,不能只看某一方面。

---

① 王志凯,王荣生.口语交际教例剖析与教案研制[M].南宁:广西教育出版社,2004:202-204.

小学语文教学设计与实施

五、课外延伸

学校即将开展演讲比赛活动,有兴趣者可早做准备。报名参加的学生要善于吸收今天演讲的 5 位同学的优点,借鉴经验,只要有信心、抓紧练习,就可能成功。

【案例点评】 这节口语课为学生提供了一个练习演讲的平台,在选题上,该教师重视引导学生注意和人类生活息息相关的环境问题,显得自然、科学、合理。教学活动安排紧凑,5 个主题演讲练习既是口语实践活动,又可以让学生直接认识演讲这一表达形式,评价和讨论既锻炼了学生的表达能力,又使大家在思想碰撞中学到成功演讲的技能。

但这堂课也显示了演讲训练的取向失误,教师应该认识到并向学生说明:演讲的真正目的并不是参加演讲比赛,而是为了提出自己的主张、宣传积极的思想和价值观。学生演讲不应是为了拿奖,而是锻炼自己的演说能力,提高自己在公众面前说话的水平。此外,在学生演讲前,教师应该做明确指导,引导学生在已形成演讲稿的基础上,学会如何更好地即兴发挥,如何影响听众情绪以达到演讲目的。

五、作业的设计

口语交际活动不应仅仅局限于课堂上,口语交际是服务于生活的,因此应该充分利用课后的时间和情境培养学生的口语交际能力,让学生在家庭中、社会中、学校课堂外等环境中广泛地开展口语交际活动,真正锻炼提高其人际交往能力。

1. 口头作业

口头作业是最基本也是最常用的口语交际作业形式,可布置学生与同学、小伙伴、家长等就某一主题说一说、谈一谈。比如,放学后与小伙伴说一说自己在学校的拔河比赛;假期过后,与同学说一说自己在假期的趣闻;母亲节,给妈妈表示一下祝贺;等等。

2. 表演作业

遇到一些情节完整、人物鲜明的适合表演的课文,可以让学生演一演课本剧。学生在创编过程中去体悟不同角色,揣摩不同人物的性格特征,再通过肢体语言表现出来,学生在这个过程中需要不断地与搭档沟通交流,能够很好地锻炼学生的口语交际能力。

3. 实践作业

教师可根据该学段的教学要求和训练重点、学生的身心特点、可操作性等布置形式多样的实践作业,如给妈妈洗脚、采访一位老人、收集整理历史故事给同桌讲一讲等。

六、教学评价的设计

这里从口语交际教学的三维教学目标,即知识与能力、过程与方法、情感态度与价值观三个维度进行评价。

(一)知识与能力的评价

1. 口语交际知识评价

口语交际知识的评价包括以下内容:普通话的语音、词汇、语法知识;提炼话语的主要观点和大意的知识；语速、停顿、声调、语气的把握知识；言语表达风格知识；等等。对口语交际知识掌握情况的评价，可以结合口语交际能力的评价同步进行，因为某种能力的形成离不开相关知识的积累，知识的储备情况能够通过相关能力的测试得到一定的证实。

2. 口语交际能力评价

口语交际能力的构成要素，不应按听与说的二分法进行分析，也不应该包含听或说的心理因素，而只能由使用口语的交际因素构成。对其进行评价应注意以下方面。

（1）普通话的标准流畅程度，是指交际语言规范、用语简洁而流畅。语言规范是指吐字准确清晰，用词确切，语法无语病；同时讲标准流利的普通话，能纠正并克服方言发音，不读错字。

（2）对话语的理解能力，是指对接收来的语言信息的筛选和梳理能力。评价时，应着重考查学生能否掌握对方言语的主要观点和大意，搞清句子间的内在逻辑关系，把握住发话人的领起与总结句、关键词语，以及语气、停顿、声调等方面的暗示，对凌乱的话语做再加工，揣摩出潜台词或尚未谈到的下文。

（3）语言组织能力，评价时要考查学生能否灵活、恰当、有针对性地确定话题，在尽可能短的时间内了解对象和具体要求，确定说话的重点。再考查其能否把与话题密切相关的信息逐渐释放出来，组成连续的语义体系，即看能否把握住想说的内容要领。还要考查学生是否有一定的口语词汇储备量，做到言语准确生动。此外，还要看学生是否注意到了语调、语速、停顿等，这样会使自己的语言有说服力，大大增强表达效果。

（4）态势语言运用能力。态势语言也称形体语言、无声语言，是指人际交往中用以表情达意的面部表情、手势和其他形体动作。态势语言作为有声语言的补充，对有声语言起着辅助和加强作用。自然适当地运用态势语言，如目光交流、表情变换、手势辅助等，能起到良好的效果。评价时，应考查学生能否自然恰当地将态势语言与有声语言相结合，以充分地表达自己的意图。

（二）过程与方法的评价

对学生口语交际过程与方法的评价，可以通过考查学生口语交际活动全过程的表现来进行。一般来说，学生参与口语交际活动，要完成活动的设计、实施、反馈等环节的任务。在活动评价过程中，教师应侧重考查学生能否独立自主地完成设计、能否积极主动地实施、能否有所反馈，可以采用观察法、询问法和抽查法等方式。

（三）情感态度与价值观的评价

评价情感态度与价值观目标对照教学目标中情感态度与价值观的具体内容，看学生是否达到。评价的一般程序如下。

（1）评价学生是否敢说。重在考查学生能否克服羞涩与胆怯心理，自己主动从座位上站起来或主动走上台来说话。

（2）评价学生是否愿意说。着重考查学生是否形成口语交际的兴趣及自主交际的意识，能否从"要我讲"变为"我要讲"，改变自己以往不愿意发言的状况，做到有疑必问、有问必答，具有主动参与口语交际教学的浓厚兴趣。

（3）评价学生是否会说。主要是考查学生是否有提高自己在口语交际中言语表达的敏锐性、流畅性和表达的技巧性的愿望和追求。学生有了追求完美的愿望，就有了不断进取的动力，才能想方设法不断提高自己的口语交际水平。

对于口语交际课堂上的表现的评价，可以采用学生小组评议打分、本人自我评议、教师评议等多种评价方式综合给出评价意见和建议。对于口语交际训练效果的评价，可以按照专题进行终结性评价；也可以从时间角度，一个月或半学期进行一次评价总结；还可以期末结束课程时，做一学期训练效果的综合性评价。①

第三节　口语交际教学资源的开发与利用

教材中的口语交际资源除了在单元练习中设置的口语交际活动外，在其他各个板块中也有涉及。比如，三至六年级的语文园地中设置了交流平台的板块，多针对该单元学习内容展开讨论交流；在课后练习题中也多有"说一说""谈谈""和同学交流""和同学讨论"等练习。教师在教学过程中要善于利用教材适时开展恰当的口语交际活动，培养学生的口语表达能力。

口语交际教学的话题选择不应仅仅局限于教材中的口语交际内容，教材中所包含的口语交际训练也是远远不够的，课标中对课程资源开发与利用提出了建议，提出语文课程资源包括课堂教学资源和课外学习资源，同时提倡语文教师高度重视课程资源的开发与利用。由此，一线教师要有教学资源开发的意识，有意识地将口语交际训练从课内延伸到课外，从书本延伸到学生的日常生活，无时不在、无所不在地利用身边的资源对学生进行口语交际的训练，而不能仅仅依据手中的教科书，把视野框定在课堂上，从而限制和束缚学生能动性的发挥，影响语文教学的有效性。在平时的课堂教学和语文活动中，在回答问题、讨论交流的过程中，教师要随时关注学生的口语表达情况，引导学生有意识地运用口语交际课中学到的交际原则。在开发教学资源时，也要根据教学目标和具体的教学内容开发和利用教学资源，充分挖掘各种教学资源的潜力。

一、学校资源的开发与利用

科学地开发利用学校资源，提高学生的口语交际能力。学校是学生学习生活的主要场所，蕴藏着丰富的口语交际学习资源。

1. 开发校园口语交际资源

校园作为学生学习生活的主要场所，可以开发并利用的口语交际教学资源是比较丰富的，如教室作为学生直接接触的学习环境，可以为学生口语交际的学习营造自由空间；再如

---

① 王玉辉.语文课程与教学论[M].北京:北京师范大学出版社,2012:216-230.

学校图书馆、实验室等可以根据学生的年龄及心理特征,为学生提供口语交际的环境,让学生潜移默化地受到熏陶。

2. 拓展语文教材的使用空间

课文中有许多文质兼美的作品,这些作品自身颇具魅力,教师可以根据课文的不同类型和不同特点,在品读、感悟中,借助书本,引导学生学会阅读,学会欣赏,学会表达。首先要善于借助课文插图画面。低、中年级的教材中每篇课文都配有一两幅色彩鲜明、形象生动的图画,这些图画直观性非常强,能唤起学生观察、联想和说话的兴趣。教师可巧妙地运用清晰、生动、形象化的言语把学生带入一个特殊的情境,锻炼学生的口语交际能力。其次要善于利用教材的"空白处"。在很多文章中,作者为了表现的需要,常常运用"留白"的艺术,把一些内容留给读者自己去想象和填补。在教学时,如果教师能充分利用好这些"空白",让学生展开想象的翅膀自由驰骋,对感悟文章主题会有极大的促进作用,进而在想象中、听说中提高学生的口语交际能力。同时还可由某一篇作品发散开去,生成很多新的"教材",这也正是当下课改提倡的"语文主题学习"的思路。

3. 把握课堂上生成的资源

善于对课堂上的一些"小插曲""突发状况""精彩片段"加以利用,以起到意料之外的效果。比如在语文课堂上,敲门进来寻找自己孙子的老奶奶吸引了大家的注意,教师可以以此为契机,开展一次随堂口语交际活动,让学生练习如何寻求他人的帮助。

4. 积极构建校本课程

努力挖掘身边的隐性课程资源。在课程改革中,不少学校在分析学校办学优势和资源配置的基础上,结合实际情况开发构建各具特色的校本课程,教师要积极利用校本课程,开展口语交际教学。比如在翠屏山脚下的一所小学,以翠屏山文化为主题开发校本课程,教师可以以此开展相关系列活动,如诗歌朗诵、演讲比赛、话剧表演等。

二、家庭资源的开发与利用

家庭生活是学生生活的重要组成部分,家庭生活的方方面面会成为口语交际教学的重要内容。家长要积极配合老师,督促学生在家庭中进行口语交际,并采取一定措施保证口语交际的落实。家庭中的藏书、报刊、工艺品、集邮册、音像资料等也是重要的口语交际教学资源。另外,家长自身的文化素养对学生的影响也是不可小觑的,家长中有各种各样的人才,可以倡导家庭阅读,开展实践活动,如请家长到学校讲述自己的工作、体验,作交通安全、消防等方面的讲座,通过多种途径让家长参与学生的学习实践活动,提高学生语文学习的兴趣和效果。同时可以开展以向同学介绍父母、向父母介绍自己的小伙伴等口语交际活动,学校和教师应重视家庭资源的开发和利用,充分发挥家庭对孩子的影响作用,在生活中提高学生口语交际的能力。

三、社会资源的开发与利用

学生不仅仅生活在家庭和学校中,更是社会的一员,我们应该鼓励学生主动去认识社

小学语文教学设计与实施

会、观察社会,充分利用社会上各种有利于提高学生语文能力的设施和学习场所,开展丰富多彩的语文实践活动,充分利用网络资源、当地的自然资源、人文景观,如风景名胜、博物馆、纪念馆、青少年活动中心、工厂、部队、政府机关、企事业单位等,引导学生在自然、社会的大课堂中观察、调查、获取信息学习语文。可在高年级就一些社会热点问题组织学生收集信息资料,展开深层次的讨论,这也有利于增强学生对社会的使命感。假期父母和孩子去逛街游玩时,可以与孩子交流所见所闻,听听孩子内心对社会的真实感受;还可以指导和鼓励学生学着家长购物,在购物的同时增强与人交往的能力。学生的口语交际能力是在平时实践中磨砺出来的,要想真正提高学生的口语交际能力,必须让学生走出课堂、走出校园、走出课本,到更广阔的天空里飞翔。

 思考与练习

1. 请谈谈"口语交际"相比于"听说"这一提法,有何发展。

2. 你觉得例 6-1 和例 6-2 中的教学设计哪个更好?说说为什么?如果你是教师,你会怎样设计《打电话》这节口语交际课?

3. 请根据本章口语交际教学设计的理论,为部编本二年级下册口语交际训练《图书借阅公约》撰写一份教学设计。

4. 请实地走访当地小学,了解当下小学语文口语交际教学现状,说说存在哪些问题,并谈谈该如何改进。

第七章 小学语文课外活动指导

学习目标

1. 了解小学语文课外活动的主要内容和形式。
2. 能够设计并开展小学语文课外活动。
3. 掌握课外阅读指导的方法。
4. 能够设计并开展课外阅读指导课。

问题情境

一堂精彩的语文课

"好,精彩!……"一阵喝彩声从五(2)班教室传来。这么兴奋,他们在上什么课?作为刚分配的新老师,李婷觉得一切都那么新奇。她快步来到五(2)班门外,驻足倾听。

"我认为妞儿和秀贞在小英子的帮助下母女相认,找回了自己一直渴望的亲情,她们是幸福的。即使后来惨死,也没有遗憾。"一个同学说。

"可是,与其相认后惨死,还不如留着遗憾好好活着呢。"另一个同学紧接着反驳。

"……"

孩子们各执已见,激烈地争论着。

孩子们讨论的不是课文内容呀?可是他们的争论那么有理有据,思路那么清晰,表达连贯又有个性,水平真高啊! 李婷一边听一边想。

一节课很快过去了。李婷在门口等执教的王老师出来,迫不及待地问:"王老师,刚才您上的课是什么课? 太精彩了!"

"我们进行的是《城南旧事》的读书交流会,是一次语文课外活动课。"王老师笑着说道。

一堂精彩的语文课外活动课不仅可以使语文教学取得较好效果,也能使学生综合能力和语文素养得到很大提升。那么,小学语文课外活动课有哪些形式?如何实施?有哪些注意事项?如何设计课外阅读指导课?这些问题将在本章讨论。

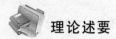 **理论述要**

第一节　小学语文课外活动概述

一、语文课外活动的含义

语文课外活动有广义和狭义之分。张鸿苓在其著作《语文教育学》中指出,"狭义的是特指那些由语文教师组织指导下进行的语文课外活动;广义的课外语文活动其范围要广泛得多,学生在语文课堂之外以语文作为工具的任何活动,都可以称作课外语文活动。人们在语文课堂以外运用语言文字所进行的心理活动(内部语言)和生活、学习、工作等交流活动(外部语言),都是课外语文活动。"[①]本书所阐述的语文课外活动主要指,学生在语文课堂教学以外进行的各种听说读写的具体实践活动。它是语文教学的有机组成部分,也是学生全面发展、实施素质教育的途径之一。

二、语文课外活动的意义

《义务教育语文课程标准(2022年版)》总目标中提出:关心社会文化生活,积极参与和组织校园、社区等文化活动,发展交流、合作、探究等实践能力。这就要求小学语文课程不能只局限于课堂教学,要通过丰富的语文课外活动来发展学生的语文素养。小学语文课不能只局限于课堂教学,拘泥于课本知识,要让语文活动课延伸到小学生生活,让学生在熟悉的日常生活中汲取语文知识。

课外活动的自主性、趣味性、实践性、广泛性和综合性等特点决定了它能促使学生积极参与到活动中去,在生动、多样、有趣的活动中去思考、去探究、去发现、去内化、去应用、去创造,巩固课堂教学的成果,同时培养学生的个性及独立观察、思考、合作、交流、创新等能力,开阔视野、增长见识、陶冶情操,形成明辨是非的能力和正确的人生观、世界观、价值观,不断增强社会责任感。

三、语文课外活动的主要内容及形式

1. 课外阅读活动

在教师指导下,将学习的空间从教室延伸至图书馆、家庭;将学习的时间从上课延伸至放学后、节假日,组织收看名著名片,开展师生共读、读书交流会等活动。

【例7-1】主题学习活动:诗仙与其诗歌

---

① 张鸿苓.语文教育学[M].北京:北京师范大学出版社,1993:356.

李白是我国唐代伟大的浪漫主义诗人,被后人誉为"诗仙"。小学语文教材中收录了多首李白的诗歌。在小学高年级语文课外活动中,可以开展李白诗歌阅读活动。

首先让学生在课外利用多种途径收集、整理与李白诗歌相关的学习资料,让学生更广泛地感受、了解李白和其诗歌的特点,并根据所收集的材料自制有关李白的诗签、书法作品、美术作品或计算机网页等。

其次组织学生集中进行交流、展示、朗读、品味李白的代表诗作,巩固和丰富学生的积累,引导学生感悟、欣赏李白诗歌的神韵,激发学生进一步阅读以李白诗歌为代表的优秀诗词。在此过程中,教师通过设置问题、开展游戏和比赛等方式引导学生进一步发挥主观能动性并不断进行新的思考,达到陶冶情操、开阔视野的教学目的。

通过此次阅读活动,学生深入了解这位中国诗歌史上伟大的浪漫主义诗人以及其正直、豪放、重情义的性格,并被李白诗中奇特的夸张和丰富的想象力所吸引,发展了学生收集资料、自主探索的能力,激发了学生学习古典诗歌的学习兴趣。

2. 课外写作活动

课外写作活动主要是活动作文课、写读书笔记、做剪报、举办书法展评,办墙报、手抄报、文学社刊等,给学生提供施展写作才能的空间。

【例 7-2】"春天的发现"习作练习

让学生在课堂上自主发现春天会限于空间的局限,要求学生在课外细心观察,发现春天。通过查阅资料找到描写春天的词、短语和句子等,并把所画内容和所查找的资料通过手抄报的形式表现出来。以学习小组的形式组织学生对手抄报进行评价、修改后选出有代表性的进行展示,引导学生按由远及近、由动及静、由现实到想象等顺序进行逐步介绍,使学生掌握观察和描写事物的方法。教师针对春天进行恰当的总结,让学生自己进行习作练习。

通过让学生到大自然中寻找春天、发现大自然的美而愿意进行写作,通过讨论、展示等方式进行先说后写,淡化了单纯写作的训练,让学生既锻炼了口语表达能力,也锻炼倾听、交流、合作的能力,让他们觉得有话可说,有内容可写,激发和培养了学生的习作兴趣,体现习作训练的开放性和目标的多样性。

3. 课外听说活动

课外听说活动主要形式有课前三分钟演讲,举办班级新闻联播,举行朗读、演讲或讲故事比赛、辩论赛,表演课本剧等。

【例 7-3】《小马过河》课文表演

部编本二年级下册《小马过河》一文内容趣味性强,人物形象鲜明,于叙述中融入了儿童自然而纯真的体验,符合二年级学生单纯、热情的特点,容易激起他们的兴趣。但该阶段的学生思维深度、言语能力较弱,这就需要在言语方面强化练习。可以为学生布置课外任务,对学生进行分组,充分发挥学生的主观能动性,根据课文内容表演,教师在语言、动作符合人物形象方面给予适当指导。

4. 与其他科目相融合的综合实践活动

与其他科目相融合的综合实践活动主要形式有制订研学计划、进行调查访问、收集民间故事及传说、对联、谚语、名人名言，参观文化古迹等。

【例 7-4】"重温革命岁月"红色教育

部编本六年级上册第二单元人文主题是"重温革命岁月，把历史的声音留在心里"，包括《长征·七律》《狼牙山五壮士》《开国大典》等几篇课文，该单元的情感态度与价值观目标即让学生重温革命岁月，感悟革命先烈的英勇事迹，珍惜当下。在学习课文知识的基础上，教师可以举办红色故事比赛，让学生收集革命岁月里的红色故事。还可以组织参观当地纪念馆，实地进行红色教育。

第二节　小学语文课外活动的实施

一、小学语文课外活动的实施原则

（一）活动性

小学语文课外活动以具有教育性、创造性、实践性的学生主体活动为主要形式，其主要特点是学生主动参与、主动探究、主动实践，这就决定了在小学语文课外活动实施过程中必须注重其活动性。

（二）开放性

小学语文课外活动的开放性主要体现在活动场所的开放、活动内容的开放和活动参加对象的开放。小学语文课外活动场所不拘泥于课堂，根据不同的内容，可以在室内，可以在户外，可以是现实生活，也可以是虚拟网络；活动内容不拘泥于课本内容，如在学习某篇寓言故事时，教师为了让学生进一步感受寓言故事所蕴含的道理、体会寓言故事的写作特点，可以让学生在课外收集更多相关主题的故事。另外，在语文课外活动中，学生是活动的主体，但是在活动开展过程中，也需要其他群体的参与。例如，教师在教学过程中开展的亲子阅读或写作活动，父母就会参与其中；教师针对某一授课内容让学生开展的社会调研活动，调研对象就会参与其中。

（三）自主性

活动课的过程，往往是学生自主设计安排、以学生自我活动为主的过程。在这个过程中，着重于让学生在各项具体的实践和运用中获取直接的感性知识和生活体验，着重于让学生在活动中去感受、体会、理解。这样学生不仅得到的印象是深刻的，而且自学能力也得到切实的培养和提高。比如故事会、演讲会、辩论会等活动课，由学生自主查找资料、形成文字、参与活动等。

（四）探究性

所谓探究性，就是指在课外活动过程中学生充分发挥主体作用，利用所学知识对问题进行探究，从而巩固所学知识，实现知识的内化。例如，学习部编本六年级上册《宇宙生命之谜》这篇课文时，可以让学生和家长一起查阅资料寻找答案，并用自己的话进行表述。这一过程就是探究的过程，通过表述也锻炼了学生的语言表达能力。

（五）灵活性

语言学家吕叔湘先生曾说："语文课和别的课有点不同，学生随时随地都有学语文的机会。逛马路，马路旁的广告牌；买东西，附带的说明书。到处可以学语文。"换句话说，也就是生活处处有语文。信息化时代的到来，给语文学习带来更多的便利。这也决定了语文课外活动开展形式的灵活多样。例如，《中国诗词大会》《朗读者》《见字如面》等优秀文化类节目，不仅是文化的载体，同时集趣味性、审美性于一体，将传统文化融入节目的主题选择、情景设置、规则制定等各环节。教师可以在平时教学中结合学生的学情，挑选适合的主题引导学生观看，也可以进行适当讨论，从而激发学生的语文兴趣。

（六）趣味性

小学生的心理和认知特点决定了语文课外活动要坚持趣味性原则，否则难以达到预期的活动效果。所谓趣味性就是指课外活动的开展要使学生感兴趣，有主动完成的愿望。例如，在学习部编本六年级上册《我的伯父鲁迅先生》这篇课文时，一位教师组织开展鲁迅先生作品交流会，但面对晦涩深奥的作品，学生难以提起兴趣，活动收效甚微。如果把作品交流会改为故事会，让学生以小组为单位，收集关于鲁迅先生的故事，通过故事了解鲁迅，效果会更好。

二、小学语文课外活动的实施策略

（一）确定合理的语文课外活动目标

所谓合理，是指活动目标符合学生的心理、认知特点，既不能定得过高，也不能过低。例如，在学习完部编本六年级下册《鲁滨逊漂流记（节选）》后，一位教师为学生推荐了《格列佛游记》并设置了一些问题，让学生带着问题去阅读。这时所设置的问题就要在教师对学生阅读理解及书籍内容充分了解的基础上进行设置，如果问题过于容易，学生会觉得索然无味，如果过难，学生则会产生畏难情绪，两者都不利于激发学生的阅读积极性，甚至会给学习带来负面影响。

（二）增强语文课外活动内容的知识性和趣味性

语文课外活动是学生在语文课堂教学以外进行的各种实践活动，是语文教学的有机组成部分，因此我们要基于学生的兴趣爱好和理解能力，联系语文课堂教学内容，加强课外活

小学语文教学设计与实施

动内容的知识性和趣味性,激发学生参与活动的兴趣,让学生在实践中愉快地学习知识、训练能力、发展智力。例如,部编本三年级上册《大自然的声音》,教学目标之一即激发热爱生活、热爱大自然的思想感情。有教师让学生去公园、田野、河边或者森林中发现大自然,并且把发现的美拍成照片到班级进行分享。学生兴致盎然,不仅实地体验了大自然的美,也锻炼了观察发现能力,通过分享还能锻炼学生的语言组织和表达能力。

（三）突出语文课外活动形式的实践性

作为语文课堂教学的补充,语文课外活动自始至终都强调学生的自主实践。在活动中,学生参与察看、动脑、动口、动手,拓展知识,发展能力。例如六年级上册第一单元以"祖国的壮丽河山"为主题,在结束单元学习后,一位教师为了让学生进一步感受祖国山河之壮丽,激发学生热爱祖国大好河山的感情,培养审美情趣,利用周末的时间举办了一场活动。他将全班学生进行分组,分别以山、河流、湖泊、名胜古迹为主题进行图片收集（图片可以自己进行创作,也可以是打印的图片,也可以是自己外出旅行时的照片）并进行展览,学生以组为单位轮流进行参观,所属同学进行讲解。参观完后,学生对所展的名山大河、名胜古迹等都有了大致的了解,通过讲解也锻炼了语言表达能力,学生既感慨于祖国风景的壮丽,也激发了对祖国的热爱之情。

（四）提高语文课外活动过程的参与性

在语文课外活动中,应让每个学生都参与进来,使其在亲历亲为的认知行动中体验学习的乐趣、感受知识的奇妙、增加克服困难的自觉性和能力;为学生认识、修正自我的认知水平、能力结构提供机会和平台,避免"尖子生表演"的场面。例如,教师开展一次语文情境表演活动,有的学生不擅长表演,也不愿意表演,教师可以根据学生不同的特点和特长安排任务,如做评委、制作道具、编写剧本等工作,这样不仅让学生找到自身的存在感,也体现了语文课外活动的参与性特点。

（五）建立科学的语文课外活动评价体系

评价的根本目的在于为学生的终身学习和发展服务,语文课外活动侧重于对学生综合能力的培养,这就要求评价方式不能唯一,而要在对多重因素考虑的基础上进行科学和综合的评价。语文课外活动体现学生的自主性学习,在评价时要尊重学生的个性差异,采用成功性评价和肯定性评价,促进学生的健康发展;语文课外活动重视学生的实践和体验过程,因此在结果性评价的同时重视对学生的过程性评价,即对学生参与活动的态度、情感、价值观,学习过程中形成的知识技能和语文素养进行全方面评价;语文课外活动中还应重视学生的自评和互评,在自评和互评的过程中,学生处于主动地位,有利于培养学生参与活动的积极性,反省自身的自觉性,从而促进学生个性发展。

三、小学语文课外活动实施的注意事项

（一）提前设计活动方案,统筹安排全局

每学期开学前,教师制定教学计划,同时制定语文课外活动计划,使之成为语文教学计

划的有机组成部分。较大规模的活动，还应列入学校活动计划。活动方案一般由活动主题、活动目的、活动方式（或形式）和活动步骤四个部分组成，涉及比赛活动，还应附上评分要求和细则。设计时可遵循以下思路或方法。

1. 活动主题

活动主题是对活动目的、内容的高度概括，必须结合语文课堂教学内容和学生实际进行设计。

2. 活动目的

活动目的要从落实行动、激发情感、提高认识等方面入手。语言应简练、概括性强。

3. 活动方式

活动方式可以多种多样，可以借助广播电视、网络或在公共场所开展。

4. 活动步骤

活动步骤是活动方案的主体，设计时须考虑到活动的具体内容，使活动张弛有序。

【例 7-5】六年级第四周语文课外活动设计方案

活动主题：《黄河——母亲河》诗歌朗诵比赛

活动目的：

(1) 结合本班实际和本单元学习内容，有针对性地开展语文课外实践活动。

(2) 增强对黄河的认识。

(3) 激发热爱祖国大好山河的感情。

活动方式：

个人朗诵、小组朗诵。

活动步骤：

(1) 布置任务，以小组为单位让学生收集关于黄河的诗。

(2) 确定此次比赛参与人员，并进行分工。

(3) 各组选择参赛形式，上报参赛诗歌和参赛人员。

(4) 确定参赛诗目和人员。

(5) 进行比赛。

(6) 评选优秀朗诵诗篇并给予奖励。

(7) 让学生自由讨论本次诗朗诵的感受，主要让未参加比赛的学生发言。

(8) 教师进行总结、点评。

附：诗歌朗诵比赛评分要求及评分细则

一、评分要求

(1) 评委打分保留小数点后一位，最后得分保留小数点后一位。

(2) 比赛打分满分 100 分，评委打分以 80 分为基础分。

二、评分细则

(1) 参赛者精神饱满，姿态得体大方，服装统一、整洁、得体（10 分）。

(2) 诗歌内容积极向上，紧扣主题，且适合小学生表演（10 分）。

小学语文教学设计与实施

（3）诗歌朗诵脱稿并吐字清晰，声音洪亮，正确把握诗歌节奏，整齐、连贯、正确、富有感情（40分）。

（4）诗歌朗诵编排合理，富有新意，表达自然，有较强的感染力和艺术性，不超时间（30分）。

（5）入、退场及朗诵队形整齐有序，精神饱满（10分）。

（二）激发学生参加语文课外活动的兴趣

活动性和自主性是小学语文课外活动主要的特征。要以学生为主体，以学生的自主活动为主，教师或辅导员要在活动中充分调动学生的自觉能动性，培养学生的良好风气。要及时发现有特长的优秀生，发挥他们的作用，带动其他学生参与活动。让学生体会到成功的喜悦，也是保持兴趣的一种好方法，如采用不同的方式展示学生的作品，可以进行定期展览和表彰，在黑板报上登载，在广播站广播，印成油印小报等。

（三）加强对语文课外活动的指导

教师应加强指导小学生参加语文课外活动，总的指导原则是激发兴趣，提示方法。比如，课外阅读指导要与课内阅读教学有机地结合起来。部编本三年级上册第三单元是童话单元，教师可以以此向学生推荐《格林童话》《安徒生童话》《伊索寓言》等，要求以小组为单位选择其中一本进行阅读讨论，最后进行汇报交流。在此过程中，教师应加强对学生阅读的指导，可以通过问题的设置检验学生的阅读效果并在阅读方法和技巧上给予及时指导。

此外，要加强语文课外活动的管理，以保证取得预期的效果。一般来说，要充分考虑不能给学生造成负担，做到活动组织有落实，活动时间有保证，辅导老师有特长，还要有健全的检查评比制度。学生要填写语文课外活动自我评定表，教师对语文课外活动成绩要有评估的记载。

（四）优化语文课外活动的环境

语文课外活动不受空间的限制，课堂内外、校园内外都可以成为良好的活动环境。但无论选择什么样的场合，活动环境应力求做到三个"有利"，即有利于语文能力的提高、有利于学生主动性的发挥、有利于全体学生的参与。

（五）总结语文课外活动的经验

每次大型的或效果较好的中小型语文课外活动，都应有书面记录，及时总结经验教训。可建立语文课外活动资料档案，将活动日期、活动内容、活动形式、参加者（或参加人数）、效果等，一一记入资料卡片。对活动内容（如作文、讲演稿、朗诵诗、书法作品等）还应汇集成册，作为资料卡片的附件保存。对效果好的语文课外活动，有条件的学校还可录音、录像加以保存；优秀作文或书法作品可编印《学生作文选》《学生书法作品选》等。对学生自己自主开展的语文课外活动项目，优秀的也可编印成册。这可以为之后开展语文课外活动提供经验和有利条件。如储存的录音随时可以用来开录音欣赏会，书法作品可以再次展出。同时，这些资料本身就是语文教学研究或语文教学法研究的可贵资料。

第三节　小学语文课外阅读指导课教学设计

当代认知心理学的研究表明:要提高阅读水平,就必须大量阅读。课标的篇幅是十分有限的,它只是给学生提供一个阅读范本,更多的文章是在课外大量阅读。课外阅读作为课堂教学的有效延伸,对于小学生阅读视野、阅读素养的提升有积极作用。良好的课外阅读习惯能够促进学生智力水平、促进终身学习,教师应通过有效的课外阅读指导,帮助学生学习和掌握各方面知识,提升其阅读能力。

一、课外阅读指导课阅读内容的选择

小学生阅读
指导目录

在课外阅读篇目的选择上经历了这样几个阶段:由教师自主推荐到参照课标推荐,再到学校基于课标及本校学生情况推荐。到2020年,为提高广大中小学生阅读能力和综合素质,受教育部委托,教育部基础教育课程教材发展中心组织研制并发布了《教育部基础教育课程教材发展中心　中小学生阅读指导目录(2020年版)》,为小学生课外阅读篇目的选择提供了重要参考。

在教学方面,每个学期初,教师可以在了解学生阅读兴趣的基础上,根据学生实际水平确定由浅入深的阅读节奏,制订阅读计划。阅读过程中学生能力呈螺旋式上升,所以要特别注意推荐的书目适合本班学生的阅读能力。另外,课外阅读内容还应体现崇尚美的特点。根据斯坦纳对儿童成长阶段的划分,小学阶段的儿童正处于美的阶段,因此,他们更需要美的熏陶,通过语言作品带来美的体验从而激发美的想象,进而感悟生命、生活和世界的美。教师在选择课外阅读内容时应充分考虑这一因素,使学生能切实通过阅读感受到语言文本的美,从而提升语文学习积极性,更加主动地参与课外阅读活动。

二、课外阅读指导课教学目标的设计

和其他语文课程一样,教师在开展课外阅读指导课时也应从知识与能力、过程与方法、情感态度与价值观三个维度进行教学目标的设计,并把目标是否实现作为活动评价和教学反思的重要依据。其中,知识与能力主要涉及了解所读作品的主要内容和思想,领悟作品构思、写作风格及语言特色等方面的内容;过程与方法主要涉及阅读方法的掌握、阅读习惯的形成、阅读体会的交流与分享及从读写说结合的角度进行表达等;情感态度与价值观主要涉及通过作品的语言、写作背景、故事和人物等探索作者的内心感受,思考社会人生,从而在思想上受到启迪,身心上得到美的熏陶。教学目标应建立在教师对所确定的阅读内容和学生情况的全面准确掌握的基础之上,既要符合课程标准的要求,又要符合学生的认知规律。目标设定要注意做到表述准确简练,操作性强,可观察和测量。

小学语文教学设计与实施

【例 7-6】制定《小王子》课外阅读教学目标

以安东尼·德·圣埃克苏佩里的《小王子》课外阅读指导课为例。这本书是一部短篇儿童小说，适合小学高年级学生阅读。鉴于书中所蕴含的道理过于丰富深刻，可以将本次指导课定位于课前学生提前阅读，课上师生同读，以学生为主，教师为辅。为此，可以确定以下三项教学目标。

(1) 了解《小王子》的作品内容及小王子、狐狸和玫瑰的形象。

(2) 运用浏览、精读、略读、写批注等恰当的读书方法深刻理解其中较难章节。

(3) 感受小王子的天真与纯洁，塑造追求真善美的人生观。

三、课外阅读指导课教学过程的设计

一般来说，教学过程主要由导入、内容讲解、组织课堂活动、小结等环节组成。课外阅读指导课也应从以上几个环节入手，但应以活动为主，着重体现以学生为主体的活动原则，同时针对学生的阅读能力的差异设置不同的活动，活动应主要围绕指导阅读、自主阅读、心得交流、成果展示等环节开展。

【例 7-7】《小王子》课外阅读指导课教学过程设计思路

一、导入

向学生展示《小王子》人物简介卡(此处为教师布置的课前阅读任务：设计人物名片)，引入本课的阅读对象《小王子》，通过提问的形式了解本书的作者和影响力，进一步激发学生的阅读兴趣。

二、初步交流

主要围绕两个话题。

(1) 小王子是个什么样的人？

(2) 小王子的游历过程是什么样的？根据学生情况可以进一步设置以下问题。

① 生活地(B612 小行星)是哪里？什么样的？

② 游历了几个星球？都是哪里？印象最深的是哪个？

③ 最后来到哪里？发生了什么事情？

三、品读主要人物：狐狸和玫瑰

(1) 细读第 9 章，主要解决以下问题。

小王子喜欢玫瑰吗？玫瑰是个怎样的形象？小王子为什么会离开玫瑰？(此过程中教师可以通过以上问题的解决引导学生思考人与人之间如何相处的问题。)

(2) 细读第 21 章，深刻理解狐狸的形象并用词语进行概括。要求学生找出本章中让人感动的句子并在全班朗读自己感受最深的句子。(根据学生情况，鼓励学生通过写批注的方式在书中空白处写出自己的感受。)

(3) 深刻理解"驯化"，主要围绕以下三个问题进行。

① 狐狸所说的"驯化"是什么意思？(创造关系)

② 驯化容易吗？它需要什么？(耐心、规律、责任、仪式、时间)

③ 如果将驯化的过程概括成一个字,是什么?（爱）

根据学生情况,主要采取教师提问、学生回答的方式,鼓励学生通过写批注的形式抒发自己对"驯化"一词的感受。

四、探究深刻意蕴

以"在小王子和狐狸的交往过程中你收获的人生哲理"为题进行讨论交流。（此话题为开放式话题,教师评价应以正面评价为主,同时引导学生树立正确向上的人生观。）

五、总结

对本课内容、采取的阅读方法及阅读过程中出现的问题进行总结,对未提及的猴面包树、蛇的形象进行简要概括。

四、课外阅读指导课阅读方法的指导

课外阅读是语文教学的内容,是学生学好语文的重要手段,也是学生汲取文化知识的重要途径。重视在课堂教学中对学生进行课外阅读指导,正确引导学生有效实施课外阅读,是教师教学工作的重要组成部分。

（一）引导学生掌握正确的阅读方法

教师可以利用阅读指导课的时间,引导学生学会泛读与精读相结合的阅读方法。泛读,即大致地、泛泛地读,通过广泛地读扩大学生的视野,丰富他们的知识;精读,就是对作品中精彩段落进行圈画,反复阅读,做到读熟、读透,甚至背诵。"熟读唐诗三百首,不会作诗也会吟。"

另外,教师还要引导学生掌握以下几种读书本领。

（1）题读法。文章的题目往往是对文章内容的高度概括,阅读时抓住文章题目,了解题目与文章内容间的关系。

（2）摘录法。在阅读时摘录自己认为有价值的词、句或片段,这种方法有利于语言素材的积累,对提高学生的语言运用能力和写作水平有很大裨益。教师在布置摘抄任务的同时,还可以适当增加仿写的任务,定期在班内进行分享、展示,不断增加学生的学习积极性。

（3）批注法。在阅读时用自己习惯的符号在书上作批注,勾画相关内容,还可以简洁地写上自己的感受。教师应该鼓励学生在阅读时,通过批注的方式将自己的理解或感受表达出来,这不仅是对阅读内容内化的过程,也是提升学生语言组织表达能力的过程。

（4）议读法。在阅读时提出自己的见解,并找出依据,然后与同学、教师进行探讨。教师需提醒学生在进行课外阅读时,根据自身需要灵活选择阅读方法,以使阅读更有效。

（二）引导学生养成良好的读书习惯

在阅读的过程中,还应注重引导学生养成良好的读书习惯。

（1）读书与良好的卫生习惯相结合。教育学生在阅读的过程中要爱护图书,保持书的整洁,还要保持正确的读书姿势,注意用眼卫生。

（2）读书与思考相结合。朱熹有云:读书有三到,谓心到、眼到、口到。心不在此,则眼不看仔细,心眼既不专一,却只漫浪诵读,决不能记,记亦不能久也。三到之中,心到最急。心既到矣,眼口岂不到乎?只有边读边想,读思结合才能收到良好的阅读效果。

(3)读写结合。阅读能为写作提供广泛而丰富的语言素材和写作范例,写作也能给学生提供一个阅读之后将所积聚起来的丰沛情感释放的出口,所以读写结合,进行从读到写,从模仿到独立的创作,进行有感而发的写作,是提高写作水平最有效、最简捷的途径。

(三)引导学生注重阅读的积累

仅仅阅读能拓宽学生的知识面,丰富学生的视野,但对提高学生的语文素养是不够的。我们在阅读指导的过程中,也适时地教给学生阅读积累的方法,培养学生"不动笔墨不读书"的意识,使他们的阅读更为有效。

(1)引导学生学会记读书笔记。主要对学生进行读书笔记写作指导,但是切不可硬性规定学生完成多少篇或多少字数的读书笔记,以免引起学生对课外阅读的反感,应该注重读书笔记的质量,让学生真正感受到写读书笔记是自己喜欢的一种读书方式。

(2)引导学生撰写读书记录卡。在阅读一本好书之后,让学生通过读书记录卡的形式将阅读收获记录下来并推荐这本好书给自己的同学。撰写的过程会让学生对所阅读的书籍有更深刻的领会和印象,也在动笔的过程中,提高写作能力和归纳概括能力。

(3)引导学生尝试写作读后感。指导学生在读了文章以后抒发自己独特的感受,发表自己对书中人物、事件的看法,表达自己的见解,以提高学生的认知能力、表达独特见解的能力及欣赏、分析、判断的能力,同时也使学生的情感受到熏陶,达到有效的思想教育,使学生形成正确的情感意志、审美情趣及价值观。

五、课外阅读指导课相关活动的开展

学生的阅读兴趣是需要保持的。通过形式多样的阅读活动,让学生展示阅读的成果,促使学生的兴趣维持在一个良好的水平,是促成阅读长效性的一个有效手段。可开展形式多样的读书活动。例如,以"让好书成为一生的朋友"为口号,开展"优秀读物推荐会""师生同读一本书""寒假读书活动""童话故事创作与表演活动""读书小报评比与展览""读书状元的评比活动"等一系列读书竞赛活动。通过活动的开展,学生能看到自己的成长,获得更多的收获。特别是在活动的过程中,学生会感受到读书的乐趣,开始乐于读书,勤于读书,把读书当作生活中不可缺少的一个部分。通过活动,真正达到丰富语言积累的目的,激发学生的课外阅读热情,培养他们良好的阅读习惯。

例如,一位教师在寒假开展了一次阅读积累活动。他结合学生的特点,选择以《玩转成语》这本书为抓手,让学生边读故事,边学成语。该书编排了十个故事,每个故事中包含八至九个成语及相关注释、近义词、反义词,故事后面还附有成语相关运用的检测题。教师根据学生实际情况布置每个故事中的成语用两天(即每天四个或五个)。自学完两个故事中的成语之后由教师出题,也可以在群内以组织小竞赛等方式进行自测,从而利用寒假读完这本书,学完里面的成语,开学到校后又针对所学内容进行一次成语知识交流活动。

从上述寒假阅读活动设计中,教师扮演了任务布置者、阅读指导者、阅读检查者等角色。

布置阅读问题时教师对学生、阅读时间、阅读内容都做了考虑,为调动积极性,确保活动效果,教师还在阅读过程中采取了测试和竞赛等激励措施,并在活动结束后开展了交流活动,进一步巩固了学生的阅读成果,提高了活动效率。

思考与练习

1. 如何提升小学语文课外活动的有效性?

2. 语文课文阅读活动有哪些形式? 试着设计一次语文课外阅读活动。

3. 在课外阅读指导课上,教师可以采取哪些策略?

第八章　小学语文教师专业技能

 学习目标

1. 掌握独立备课技能,能根据课程标准、教材、学情等进行备课。
2. 掌握课堂组织技能,并能运用到实际教学组织中。
3. 掌握语言表达技能,并能运用到实际教学组织中。
4. 掌握现代教育技术技能,丰富教学内容和方式。

 问题情境

一位青年小学语文教师的困惑

语文新课程理念要求教师的教学行为必须根本转变,这样才能主动适应并投入新课程改革,才能真正落实国家基础教育课程改革的总目标,全面推进素质教育。然而,以学生为中心,意味着教师转为合作者、参与者、指导者,那么一堂课,教师如何去备课,如何去引导学生根据教材去主动寻找问题,如何通过课堂的组织,引导学生发现并解决问题。教师语言表达能力的强弱直接关系到教育教学工作的成败,语言表达能力的提升并非一日之功,如何才能使自己的教学语言生动形象、幽默风趣,激发学生学习语文的兴趣?

"教师是人类灵魂的工程师,必须努力提高自己的思想政治素质和业务水平;热爱教育事业,教书育人,为人师表;精心组织教学,积极参加教育改革,不断提高教学质量。"这是《中国教育改革和发展纲要》对教师素质和技能提出的要求。那么小学语文教师应具备哪些专业技能? 如何利用这些专业技能更好地开展教学? 这些问题将在本章讨论。

教师的素养

理论述要

第一节　独立备课技能

"凡事预则立,不预则废",作为课堂教学的第一环节,教学准备的质量高低直接影响到教师的教学效果和学生的学习效果。教师要上好课,备课是前提条件和基本保障,在整个教学过程中,占有十分重要的地位和作用,是上好课的重要前提和基本保证。备课就是在小学语文课授课前,研究课程标准、研究教材、了解和研究学生、编写教案等一切准备工作的总和。

一、研究课程标准技能

语文课程标准是规定语文课程的性质、目标、内容框架,指导语文课程建设、教材编写、教学原则和评价建议的纲领性文件。课程标准规定了不同阶段学生在知识与能力、过程与方法、情感态度与价值观等方面所应达到的基本要求。语文课程标准是语文教师从事教学工作的基本依据,认真研究语文课程标准,才能全面、准确地掌握新课程理念,明确语文课程目标和内容,指导语文教学观念和学习方式、评价目的和方法等。

(一)整体研究

整体研究就是对语文课程标准的全部内容进行总体和全面的研究。主要包括"课程性质""课程理念""课程目标"(包括核心素养内涵以及总体目标、学段目标)"课程内容""学业质量""课程实施"(包括教学建议、评价建议、教材编写建议、课程资源开发与利用、教学研究与教师培训)"附录"等内容。通过整体研究能全面、深入领会国家对语文课程与教学的基本指导思想,了解语文课程的地位和作用,明确语文课程的教学目的、任务、内容及要求,进而做好语文教学工作。

(二)局部研究

局部研究就是对语文课程标准某一部分的研究,寻求课程标准对某一具体教学任务的指导。例如,对语文课程标准总目标的研究,既要明晓总目标围绕语文学科核心素养之文化自信、语言运用、思维能力、审美创造列出的 9 条目标,还要了解识字与写字、阅读与鉴赏、表达与交流、梳理与探究方面有哪些目标。只有对语文课程标准中规定的具体目标心中有数,才能在备课时加以落实。

(三)分类研究

分类研究就是按照语文课程标准内容的类别进行研究。例如,或专门研究课程目标,或专门研究课程理念,或专门研究教学建议等。就研究课程学段目标来说,或者研究某一学段

小学语文教学设计与实施

识字与写字、阅读与鉴赏、表达与交流、梳理与探究四个领域的课程目标,或者研究四个领域在不同学段的课程目标。这主要是针对语文备课中某一方面的问题进行的研究。

二、研究教材技能

教材是依据语文课程标准编写的教学用书,是教师从事教学工作的主要凭借。研究教材是教师的第一基本功,是备好课、上好课的基础。小学语文教学存在着整体性、阶段性和连续性,教师只有把握教材的总体特点,理解阶段教学内容,才能为科学合理制订教学方案,成功组织教学活动提供保证。

研究教材一方面要通读教材,整体把握,重在理解教材编写的意图与思路;另一方面要找准分析教材的重点,着眼于对教学内容的具体研究。

(一)读通教材,整体把握

在备课的过程中,教师应通读全册或全套教材,以整体把握教材的内容、特点和编排体系。部编本语文教材采用"双线组织单元结构",按照"内容主题"组织单元,课文大致都体现相关主题,形成一条贯穿全套教材的、显性的线索;同时又有另一条线索,将"语文素养"的各种基本"因素",包括基本的语文知识、语文能力、适当的学习策略和学习习惯,以及写作、口语训练等,分成若干个知识或能力训练的"点",由浅入深,由易及难,分布并体现在各个单元的课文导引或习题设计之中。例如,部编义务教育语文教科书三年级下册共八个单元,每个单元有一个人文主题,主题联系学生的实际,引导学生有良好的兴趣和习惯;每个单元落实一至三个语文要素的学习。双线组织单元结构参见表 8-1。

表 8-1 部编本语文教材三年级下册双线组织单元结构

单 元	人文主题	语 文 要 素
第一单元	大自然	1. 试着一边读一边想象画面 2. 体会优美生动的语句 3. 试着把观察到的事物写清楚
第二单元	寓言	1. 读寓言故事,明白其中的道理 2. 把图画的内容写清楚
第三单元	传统文化	1. 了解课文是怎么围绕一个意思把一段话写清楚的 2. 收集关于传统节日的资料,交流节日的风俗习惯,写一写过节的过程
第四单元	自然界	1. 借助关键语句概括一段话的大意 2. 观察事物的变化,把实验过程写清楚
第五单元	想象	1. 走进想象的世界,感受想象的神奇 2. 发挥想象写故事,创造自己的想象世界
第六单元	童年	1. 运用多种方法理解难懂的句子 2. 写一个身边的人,尝试写出他的特点
第七单元	探索奥秘	1. 了解课文是从哪几个方面把事物写清楚的 2. 初步学习整合信息,介绍一种事物

续表

单　元	人文主题	语 文 要 素
第八单元	故事	1. 了解故事的主要内容，复述故事 2. 根据提示，展开想象，尝试重编童话故事

（二）找准重点，具体研究

教师在授课之前须认真分析和研究教材，领会教材的编写意图，准确抓住教材重点，在此基础上科学地组织教学内容，确立教学思路，选用教法，精心编写教案，实施教学，以圆满实现教学目标。

1. 课文题目

课文题目往往具有概括主要内容、贯穿全文线索、表明写作对象、揭示主旨、具有象征意义、表明人物性格或品质、表明作者情感或态度等作用，是分析教材的着眼点。因此，分析教材从课文题目入手，对课文的把握会事半功倍。例如，部编本五年级上册《四季之美》一课，抓住题眼"美"，体会作者笔下四季的独特韵味。

2. 课文语言

课堂教学的重点，在探究分析语篇情感和思想内容外，还要关注语言文字的分析。例如部编本六年级上册《桥》，文章语言简洁生动，极富韵味。作者运用短语来渲染情势的危急，如"像泼。像倒。"两句话，四个字，就生动有力地描写出当时雨势的急。文中人物的语言也同样简短，如"桥窄！排成一队，不要挤！党员排在后边！"简短有力的话语体现了老汉坚毅果敢的性格特征。

3. 课文体式

就阅读教学来说，合适的教学内容，取决于教师的文本解读能力。文本的教学解读，首先要依据体式，这是文本解读的基本通则。具体来说，要读懂并讲清楚这篇文章，关键在要弄清其文体：这是一篇说理的散文，而不是描写、纪实的散文，更不是抒情的散文。小学语文教材中选编的课文从文体上看，主要有童话、寓言、故事、小说等叙事性作品以及诗歌、说明性文章、简单的非连续性文本，不同的文体有不同的表达风格和教学重点，教学要基于不同体式选择相应的解读方式、阅读方法。

例如，孙绍振教授（《直谏中学语文教学》第 14 页，南方日报出版社 2003 年版）曾批评某高考卷中的一道"诗歌鉴赏"题：该题要求学生指出对一首诗解释不恰当的一项，"标准答案"是："'金黄的稻束站在割过的秋天的田里'，涉及的时间，从全诗看，除了'秋天'外，还隐指暮色降临以前。"孙教授指出，显然，这是超越了时间和场景的具体性的，确定时间根本没有意义，暴露出命题者对诗歌理念上的外行：抒情诗与散文不同之处，就是它是高度概括的，超越具体时间的确定性，有利于它的深邃概括。①

---

① 王荣生.教什么：文本的教学解读——在中学语文"文本解读"研讨会上的讲话. http://blog.sina.com.cn/s/blog_4d588e7d0102v3pp.html[2021-07-23].

4. 课文创作背景

分析教材时，必须将文本放在特定的历史文化语境中进行"情景还原"。例如朱自清的《匆匆》，写于 1922 年 3 月，恰逢五四运动落潮期，作者感受着时代脉搏，内心充溢找不到出路的迷茫和苦闷。但是坚强的他并不甘心沉沦，而是执着地追求人生理想。文章紧扣"匆匆"二字，细腻地刻画了时间流逝的踪迹，表达了作者对时光流逝的无奈和惋惜，在淡淡哀愁中透出诗人心中不平的低诉，反映了当时大部分知识青年的普遍情绪。

三、研究学情技能

研究学情，以学定教。文本的教学解读，要关注学生的学习经验。只有这样，语文教学内容和教学方法，才能实现从"教"的基点——"我就教这些""我就这样教"，转向"学"的基点——"学生需要学什么""学生需要怎样学"。学情是指学生的学习情况，一般包括学生的文化背景、学习最近发展区、学习层次状况、学习心理及对本学科学习方法的掌握情况等方面的学习特征。教学工作中常用的学情研究方法有以下 3 种。

1. 观察法

观察法是教育活动中许多领域常用的方式方法，教师可以随时随地对学生的动作、神态、学习状况等进行有目的的观察。观察的方式可分为课堂观察和课外观察。课堂观察主要是教师对学生学习过程的观察，通过观察可以了解学生在学习中对教学内容的掌握情况、学习的兴趣点、学习方式的有效性等，便于教师根据学生的反应及时调整自己的教学策略。如讲课时学生抓耳挠腮、眉头紧皱说明他听不懂或者理解困难，教师就要把节奏放慢，仔细拆讲这部分内容。总之，教师在教学中要善于捕捉学生的行动语言及每种行动语言反馈的信息，以便确保课堂教学效率。

课外观察主要观察学生在课外的言行及活动，从中了解学生的脾气性格、兴趣爱好等。例如，有的学习困难学生，在课外活动中表现出很好的组织协调能力，那可以尝试让该生管理班级事务，培养他的自信心，激发他对学习的兴趣。

2. 交谈法

交谈法多用于对学生已有的认知基础和经验进行分析。教学目标是备课首要明确的问题，深入了解学生，是教学目标确定的必要依据。要了解学生是否具备了学习新知识必需的条件，哪些知识学生可以通过自学掌握，哪些知识需要教师帮助，只有对学生有准确、深入的了解，才能真正实现因材施教。了解学生学习情况最直接的方法就是交谈法，即选取班上不同学习层次的部分同学进行针对性谈话，了解学生已有的知识水平和生活经验，思考相应的教学策略。

3. 分析法

分析法是指通过对学生学业材料的综合分析，达到了解目的的方法。能反映学生学习情况的材料有很多，如作业、试卷、作文、日记、学习档案、班主任操行评语等。这些材料能比较全面地反映学生的思想、品德、学习、纪律、性格、爱好等，有助于教师较全面地掌握学生的情况，为教师合理安排教学内容、因材施教提供依据。

四、教学设计技能

在研读课程标准和研究教材的基础上,结合学生实际情况,制订教学方案,形成教学设计。一般来说,一个完整规范的教学设计除教材分析和学情分析外,还有以下要素。

(1)教学目标。教学目标是教师课堂教学实施的具体计划,是对教学意图进行的概括和说明,应从知识与能力、过程与方法、情感态度与价值观三个维度设定,既要符合课程标准和教材要求,又要符合学生的认知规律。目标设定要注意做到表述准确简练,操作性强,可观察和测量。

(2)课时安排。课时分配要依据教学内容的长度和难度,课时安排还要对课时内每项教学环节计划一定的教学时间。正确划分课时有利于学生循序渐进地掌握知识点。

(3)教学内容。教学内容的选择要有利于教学目标的实现,还要确定教学内容的重点,不仅要有知识内容的重点,还要有学生能力发展的重点,并根据学情,分析预测教学内容的难点。教师可以对教材进行重新排序、取舍或增删,做到详略得当、科学合理。

(4)教学方法。教无定法,应该根据学科特点、学生特点、教师特点、教学目标、教学内容、教学技术条件等诸多因素选择教学方法。要注重启发学生思维,注重合作探究,注重联系实际,教师应打破常规,灵活运用教学方法,以适应新时期教学改革和发展的需要。

(5)教学过程。教学过程是围绕落实教学目标、落实教学重点、突破教学难点来设计各种师生活动的。这是教学设计中最重要的一部分,教学过程的安排要科学合理。

(6)作业设计。作业内容要突出教学的重点、难点,作业设计要遵循有目的、适量、多样、有层次等原则。

(7)板书设计。条理清晰的板书设计可以突出教学的重难点,提高教学质量。板书设计应根据教学内容、教师设计技巧和学生适应程度而定,做到简练、好懂、易记、科学。

在课堂教学实施后,教师还可以补充教学评价和教学反思。教学评价是对学生学习情况的评价。教师在教学评价中要关注学生对语言知识和语言技能的掌握,重视学生综合语言运用能力的发展,同时重视其在学习过程中的情感态度和参与表现。教学反思是教师对教学实践的再认识、再思考,以此来总结教学中的成功、不足、教学机智、学生创新等经验教训,进一步提高教学水平。教学设计的要求、方法以及基本的格式见第二章,在此不再赘述。

第二节　课堂组织技能

课堂组织技能是在课堂教学过程中,教师不断地组织学生注意、管理学生纪律、引导学生学习,建立和谐的教学环境,帮助学生达到预定的课堂教学目标的教学行为。它是一堂课顺利进行的保证,直接影响到教学效果的好坏。

小学语文教学设计与实施

一、课堂组织技能的类型

1. 管理性组织

管理性组织是指教师在进行课堂管理组织时,对学生不良行为的纠正,对课堂纪律的管理,以保证课堂教学在有序的环境中进行。管理性组织可分为课堂秩序的管理和个别学生的管理。

（1）课堂秩序的管理

课堂教学是集体教学活动,违反课堂教学纪律会给教学带来不良影响。因此,管理课堂秩序也是课堂组织的一项重要内容。遇到课堂秩序不佳时,教师应明确提出学生应遵守的课堂纪律,不断提醒学生注意,并且采取提醒法、暗示法、榜样法等处理一般的课堂秩序问题。

（2）个别学生的管理

课堂教学中,经常会遇到突发事件,因个别学生的不良行为影响课堂秩序,破坏师生的学习心情。教师应采取正当的方法对个别学生进行管理,以维护正常的教学秩序。对于个别学生的问题,教师一般可采用预测法、提问法、奖励法等,使教育与表扬相结合,教育与批评相结合,鼓励与行为替换相结合,让学生认识到错误的同时获得心理满足。

2. 指导性组织

指导性组织是指教师为了引导学生参与教学活动,调动学生的积极性,完善课堂教学而采取的行为方式。指导性组织包括对观察、阅读、练习的指导组织,以及对课堂讨论的指导组织。

（1）对观察、阅读、练习的指导组织

观察、阅读、练习等是学生进行学习的一种方法。如何使学生迅速地、正确地投入这种学习,并掌握这种学习方法,需要教师在课堂上不断地进行指导组织。

阅读对于培养学生的语文素养有着不可或缺的作用,在语文教学中占着举足轻重的地位。教师对阅读的指导组织是通过指导学生明确阅读目的,调动阅读情绪,指导阅读方法,提出阅读中思考的问题,解疑与交流,阅读后自我反省评价等组织方式来实现的。

（2）对课堂讨论的指导组织

讨论是一种有计划、有组织、教师领导、学生主动参与的独特的教学方式。语文教学中已经广泛运用,尤其是对于学生有争议的问题或者有多种答案时,采用讨论的方式更为适宜。讨论的方法大致分为两种,一种是全班式讨论;另一种是小组讨论。

全班式讨论中,教师既是组织者,又是领导者。问题提出后,引导学生相互交流。教师要提醒学生紧紧围绕问题讨论,还要在讨论受阻时给予学生提示和启发,使学生的讨论能向着预期的目的进行。例如教学部编本五年级上册《"精彩极了"和"糟糕透了"》,教师提问"作者为什么说'精彩极了'也好,'糟糕透了'也好,这两个极端的断言有一个共同的出发点——那就是爱?"全班交流,在交流过程中,教师引导学生联系自己的生活经验交流理由。

小组讨论是按照预先分好的小组,在小组内进行的讨论。小组讨论时,教师要巡视每个小组,听取他们的发言,并给予指导。并且要求小组在规定时间内讨论完毕,以保证学生主要精力放在问题讨论上。例如教学部编本五年级上册《鸟的天堂》,教师引导学生由题目入手,通过阅读和小组讨论的方式解决两个问题,一是"鸟的天堂"是什么样子;二是人们为什么把这儿称为"鸟的天堂"。教师引导学生通过小组讨论的方式,感受榕树的"大""美""生命力",得出这儿就是鸟的天堂。

3. 诱导性组织

诱导性组织是教师在教学活动中,用赏识性、激励性、肯定性的语言,引导鼓励学生积极思考,参与教学活动,使学生顺利完成学习任务。

(1)热情鼓励

在教学活动中给予学生热情的鼓励,不仅适合学优生,更适合不善于表达自己的学生或学困生。全国语文名师何捷在上二年级写话课,引导学生按四幅图画的顺序来说一说,在这期间何老师注意到有小部分学生没有积极参与到教学活动中来,于是何老师说:"刚才已经说过的同学想象力丰富,内容具体,表达流利。但老师想问问有没有不知道怎么表达,需要老师帮忙的同学请举手。"这时一名同学缓缓举起右手,何老师立刻走到他身旁,热情地搂住学生肩膀,温柔地说:"谢谢你需要老师的帮助,我相信在老师的帮助下,你会说得很好。"最终在何老师的引导和鼓励下,这名学生学会了如何看图表达。

(2)设疑激发

在教学活动中,教师不仅要善于提出问题,还要善于激发学生产生疑问,引起学生探究的兴趣,调动学生学习的积极性。设疑激发是引导学生深入思考问题,运用所学知识解决新问题的一种教学方法。"提出一个问题,往往比解决一个问题重要",学生提出疑问,是其思维在大胆探索,不断创新,师生间经验共享的一个过程。

二、课堂组织的方法

课堂组织是教学工作中的重要组成部分,贯穿于整个教学过程。课堂教学需要教师对其进行有效组织,有效组织教学具有快速有效地转移学生的注意力,迅速完成学生的学习情绪准备,有效地促进师生间的情感交流,有效加强学生的纪律心理训练等作用。从当代学生的心理特征与行为倾向来看,只有有效组织教学,才能顺利完成教书育人的任务。课堂教学组织得如何,直接影响教育教学的效果。常用的课堂组织教学的方法有行为预测法、个别暗示法、伺机提醒法、停顿休整法、榜样示范法、设疑激趣法等。

1. 行为预测法

在实际教学中,小学课堂上的问题行为普遍存在,在一定程度上影响了课堂教学的顺利开展,也降低了教学质量。因此,教师要在了解学生具体情况的基础上,在问题行为出现前,有针对性地进行预测和防范,增强学生自我调控能力。例如,教师在组织课堂讨论之前,与学生约定好讨论的时长,规定讨论期间不允许做与讨论无关的事,并且指定容易开小差的学生为发言代表,以保证讨论的顺利进行。

小学语文教学设计与实施

2.个别暗示法

课堂教学中会出现个别学生不遵守纪律或者不专心听讲的现象,教师在维持正常教学秩序的同时,要及时对个别学生进行暗示,可以走到学生身边,给他一个眼神或者轻敲他的桌子,对其行为及时制止,这样能维护学生的自尊心,让学生自觉意识到错误并且改正。

3.伺机提醒法

在课堂上有的学生自控能力比较差,注意力不集中、思想开小差。针对这种问题行为,教师可以对学生伺机提醒,利用讲课语速的变化、音量大小变化或适当的停顿引起学生注意,起到提醒作用。例如,一位教师在上课过程中发现有几个学生犯困,随即说了句:"春风吹得书生醉,莫把课堂当睡堂。"同学们一笑,瞌睡的学生睡意全无。

4.停顿休整法

教师在上课时,如发现大部分学生精神困倦,不能集中精力学习,教师可以暂时停下来,组织一些轻松愉快的小活动,比如可以就课文中学习的词语或成语,让学生进行词语接龙游戏,或者就学过的诗歌进行编曲吟唱,或者鼓励学生讲讲自己看到或听到的笑话、有趣的故事等,待学生注意力集中,再进行教学。但应注意这种插曲式的课堂活动要把握好尺度,不能喧宾夺主影响课堂教学。

5.榜样示范法

在课堂上通过表扬遵守纪律、认真听讲、积极思考等良好行为,树立起榜样以减少问题行为。例如,课堂上一些同学不认真听讲,交头接耳,与其大声批评这些学生,不如迅速找出一位认真听讲的学生进行表扬,树立榜样,可以说"我看谁能比他坐得更端正,谁能比他更认真听讲""看谁最懂事,不再说话了"等。受表扬的学生由于心理得到满足会更好地发挥榜样作用,而其他学生也会为得到老师的表扬而努力按照老师的要求去做。

6.设疑激趣法

在课堂组织教学中,学生经常会出现思维惰性,表现出消极、被动、怠惰的情绪,教师可以通过设疑激趣法唤醒学生内在学习动力,保证教学质量。例如,名师于漪老师在一堂语文公开课上讲到课文中"一千万万颗行星"时,甲同学不假思索地站起来发问:"老师,万万是什么意思?"惹得全班同学哄堂大笑。甲同学猛然醒悟,满脸通红地坐下了。于漪见状便问大家:"大家都知道万万等于亿,那么这里为何不用亿而用万万呢?"全体学生的注意力一下子被吸引过来,没有人再发笑,大家都认真地思考起来。乙同学站起来答:"万万比亿读起来更加顺口。"于漪表扬了乙同学,接着问:"大家还有没有不同的意见?"众生沉默不语。于漪顺着乙同学的答案做了总结:"是汉语言的叠词叠韵之美影响了此处的用词。"接着,于漪又问了一句:"那么请大家想想,今天这一额外的课堂收获怎么来的呢?大家要感谢谁呢?请让我们用掌声表达对他的谢意。"大家的目光一齐投向甲同学,对他鼓起掌来。此时,甲同学又抬起了头,有了自信,不再垂头丧气。于漪老师通过巧妙的设疑激趣既激发了学生思考的积极性,又很好地保护了学生的自尊心。

第三节　语言表达技能

教师语言表达能力是教师能力素质的重要内容和有机组成部分。它是教师从事教育、教学、科研工作,向学生传授知识和技能的重要工具和必备条件。教师的语言表达包括口语表达和书面语表达,其中教师口头语言是教师开展教育教学活动的媒介,教师要通过口头语言,向学生传授知识,表达思想,启迪智慧,疏导心理,排解疑惑;学生要通过教师的口头语言,理解、接受知识,懂得做人的道理。教师语言表达能力的强弱直接关系到教育教学工作的成败,因此要重视教师语言表达能力的提高。教师要通过刻苦的学习和实践不断掌握和提高语言表达能力。

教师的语言要具有教育工作者的特点,做到规范性、科学性、教育性、启发性、逻辑性以外,还要结合所教学科特点,重视语言表达能力的培养,使教师语言具有吸引力,使学生乐于学习。作为小学语文教师,语言不仅要准确、简洁、清晰、生动、通俗,还要使教学语言幽默化、形象化、儿童化,有语文味。

1. 教学语言幽默化

幽默的语言可以释放人内心的紧张和压力,拉近人与人之间的距离。教师幽默风趣的教学语言不仅可以牵引学生的思维,还可以感染学生的情绪,使学生以轻松愉悦的情绪打开思维和创造的大门。在教学中,恰当适时地用幽默语言进行教学,可以激发学生学习动机,使学生主动探究学习内容,在愉悦之中增长知识,从而提高教学效果。首先要有意识地积累各种幽默素材,如幽默故事、轶事趣闻、口头笑话、格言谚语等,以备在教学中随时运用。其次要掌握好修辞技巧,如比喻、夸张、曲解、双关、歇后语等以增加幽默感。

例如,于永正老师教学《小稻秧脱险记》,在理解"有气无力"时,立足文中句子"杂草有气无力地说:'完了,我们都喘不过气来了!'"让学生带着自己的理解,朗读这句话。学生读得苍劲有力,没有理解词语的意思,于老师用"除草剂"向学生嘶嘶地"喷洒",学生身临其境,立刻明白了"有气无力"的意思。

2. 教学语言形象化

教师语言的形象化是对教师语言修养的更高要求。小学生正处于形象思维占主导地位的阶段,小学语文课堂要唤起学生的学习兴趣,激发学生的求知欲,稳定学生的注意力,教师就要以形象、生动,富有特色的教学语言,使文中人物形象更丰满,景物更鲜活,情感更真挚,让学生感到新鲜、真实,趣味横生,从而受到教育和启迪。

例如,部编本六年级上册《月光曲》中有"幽静"一词,如果教师仅仅按照词典解释为幽雅安静,尽管十分准确,但学生不一定真正理解它的内涵与意境。一位有经验的教师这样阐述:"秋天的夜晚、朦胧的月光、小镇的河边、无人的小路、闪烁的灯光、断断续续的琴声……这就是课文中所描写的幽静的境界。"教师生动形象的描绘,极大地引发了学生的形象思维,让学生不知不觉地沉浸在"幽静"的氛围中,深刻感受了幽远静谧的意境。[①]

3. 教学语言儿童化

善于运用儿童化的语言进行教育教学,是小学语文教师必备的素质之一。小学教学语言儿童化,就是要求教师的教学语言要符合儿童的认知、心理发展水平及儿童语言的特点。小学生尤其是低年级的学生,其语言特点为幼稚、夸张、有趣,甚至不符合逻辑,相应的儿童化教学语言应具备浅显化、生活化、情境化、童趣化的特点。

(1)儿童化教学语言的浅显化是指教师在教学过程中使用简洁的口语将意思表达清楚,较少使用深奥、凝练的语言。以对于寓言的寓意教学为例,问"这个故事的寓意是什么",不如问"听了这个故事,你想对故事的主人公说些什么",学生更容易理解,回答更流畅。

(2)儿童化教学语言的生活化是指在教学中要贴近儿童生活,调动儿童本身的生活经验,使教学更有情趣。例如,写话教学"学写留言条",教师可以用学生熟悉的生活场景引入。

(3)儿童化教学语言的情境化是指教师的教学语言结合文本,创设一定的学习情境。例如,教师在教学生写"串"字时,引导学生联系生活中可以串的事物,使学生更好地记忆、运用。

(4)儿童化教学语言的童趣化是指教师利用富有童趣的教学语言,如歌谣、口诀、顺口溜、小故事等,让学生在亲切有趣的学习情境中主动学习,从而优化教学效果。例如,进行识字教学,区分"拨"和"拔",教师可以引导学生先通过比较的方法认识两个字的不同之处,"拨"比"拔"多一点,然后充满童趣地把这两个字比作双胞胎兄弟,"拨"是哥哥,"拔"是弟弟,弟弟需用力"拔",哥哥只需要轻轻一"拨"就可以了。教师用生动的比喻、充满童趣的语言给学生留下了深刻印象,有效地激发起学生识字的乐趣和积极性。

4. 教学语言语文味

教师的教学语言潜移默化地影响学生,使学生在自然的交流中学会理解语言、积累语言、使用语言,丰富自己对生活的认识、对生命的感悟。语文教师的教学语言要突出语文学科的特性,应当具有浓浓的"语文味",充满语文味的教学语言是充满诗意、富有文化气息、使学生精神愉悦的语言。

例如,某教师为《秋天的雨》设计的导入语:在多数人的眼里秋天是一个凄清苍凉的季节,自古诗人词家也常以秋天为咏唱对象,借以抒发自己的离愁别绪,感时伤怀。"浔阳江头夜送客,枫叶荻花秋瑟瑟。"(白居易《琵琶行》)"多情自古伤离别,更那堪,冷落清秋节!今宵酒醒何处?杨柳岸,晓风残月。"(柳永《雨霖铃》)以凄凉冷落的秋景渲染离情别绪。"枯藤老树昏鸦,小桥流水人家,古道西风瘦马。夕阳西下,断肠人在天涯。"(马致远《天净沙·秋思》)"万里悲秋常作客,百年多病独登台。"(杜甫《登高》)以秋色来托引乡愁,反衬出沦落天涯者的彷徨愁苦。但在一些诗人眼中,秋天也充满着诗情画意,例如:"自古逢秋悲寂寥,我言秋日胜春朝。"(刘禹锡《秋词》)"相逢秋月满,更值夜萤飞。"(王绩《秋夜喜遇王处士》)"空山新雨后,天气晚来秋。"(王维《山居秋暝》)那今天让我们一起走进散文《秋天的雨》,去领略作者笔下的浓浓秋意。

---

① 傅惠钧.教师口语艺术[M].杭州:浙江教育出版社,1999:39.

第四节　现代教育技术技能

一、教育技术内涵

教育技术是教育过程中所用到的各种物化手段。从最基本的文字教材、黑板、粉笔、教具、投影仪、幻灯机、电视机、视频展示台到多媒体计算机、闭路电视教学网络系统、计算机双向传输交互网络系统等都是教育技术的硬件组成部分。

教育技术又是经过精心选择和合理组织的学习教材,这些学习教材应当满足社会和学生个人学习的需要,还必须符合认知规律,适合学生的学习。这是教育技术的软件组成部分。

教育技术还是设计、实施和评价教育、教学过程的方法,诸如夸美纽斯的直观教学法、赫尔巴特的四段教学法以及中国古代教育家孔子所提倡的启发式教学法等各个阶段、各个时期的教育、教学方法。这也是教育技术的一个组成部分。

综上所述,教育技术是教学硬件、软件和教学方法组成的系统。现代教育技术是指运用现代教育理论和现代信息技术,通过对教与学过程和教与学资源的设计、开发、利用、管理和评价,实现教学优化的理论和实践。

二、现代教育技术的优势

1. 现代教育技术丰富了学习资源

现代教育技术运用现代教育理论和现代信息技术,集声、文、图、像于一体,给予了学生多形式、多方位的信息传递,信息资源丰富,内容充实,形象生动,更具吸引力。现代教育技术还打破了时空限制,为学生创造了广阔的时域空间,既可生动再现历史,也可认知未来,让学生在学习过程中获取更多的知识,形成多层次的知识结构。

2. 现代教育技术拓展了学习方式

利用现代教育技术,可以为学生创造自主学习和相互协作学习的教学环境,多种学习形式交替使用,最大限度地发挥学生学习的主动性和积极性。利用网络技术的交互学习,使学生与教师之间,学生与学生之间跨越时空的限制进行互相交流,实现自由讨论式的协同学习,拓展学生的学习方式。

3. 现代教育技术优化了教学效果

现代教育技术在教学中的应用,使传统教学中抽象的书本知识转化成为学生易于接受的多元立体组合形式,从根本上改变了传统教学中的教师、教材、学生三点一线的格局,呈现在学生面前的是图文并茂的音像教材、视听结合的多媒体教学环境与手段、利用网络远距离双向传输的教学系统,所有这一切使得教学过程与教学效果达到最优化状态。

三、现代教育技术在小学语文教学中的应用

1. 借助现代教育技术激发语文学习兴趣

语文教师可结合具体的教学内容和需要,充分挖掘课本兴趣因素和艺术魅力,借助声音、视频、图片等现代教育技术,将教学内容中的重难点更加直观形象地展现在学生面前,让学生通过视觉、听觉去感受,激发学生的学习欲望,使学生对语文教学产生兴趣。例如,教学部编本六年级上册《狼牙山五壮士》,为了吸引学生学习兴趣,激发学生的爱国情感,教师通过收集相关历史图片和播放电影《狼牙山五壮士》片段,使学生深入了解战士们的壮举,体会崇高的爱国主义、革命英雄主义精神和坚贞不屈的民族气节。

2. 借助现代教育技术创设语文学习情境

所谓创设情境,就是教师运用描绘或其他形象化手段,把某种情形、状态或景象表现出来,激发学习兴趣,发展创新思维。教师应充分发挥现代教育技术的优势,为学生创造学习情境,贴近学生生活,在可观、可听、可感的学习情境中,步入文本境界,感悟课文内容,激发学生情感,启迪学生思想。例如,教学部编本五年级下册《威尼斯的小艇》,可以借助现代教育技术,结合教学内容和学生实际创设特定的学习情境,让学生跟随录像领略威尼斯独特的异国风情,并组织学生利用数字网络平台,浏览相关的学习资料,激发学生的体验热情。

3. 借助现代教育技术培养学生创造思维

教学中广泛运用现代教育技术手段,借助声音、画面、色彩、影像,使抽象的事物具象化,模糊的概念清晰化,为学生提供客观事物的具体表现,促使学生真正掌握知识、运用知识,进而鼓励学生用已掌握的知识进行新的创造,培养学生的创造思维。例如,在教学《惊弓之鸟》一课时,学生对更羸只拉弓不射箭就把大雁射下来感到不理解。于是教师设计了一种抽拉活动教具,并录制了拉弓声和大雁嘶鸣声。在学生初读课文后,演示投影片并播放配音,指导学生观察思考。学生对雁落的情况进行了合情合理的创造性推测:更羸听到大雁叫声悲惨,判断这是一只受伤的大雁;于是就拉弓振声,受伤的大雁听到拉弓声后振翅速飞,伤口裂开后摔落在地上。通过声像并茂的演示,难点迎刃而解了。

当下,现代教育技术已广泛地应用在小学语文课堂教学中,但要注意的是在教学实践中不能过多地依赖现代教育技术,而忽视了板书的作用,多媒体和板书应发挥各自的功能配合使用。多媒体可展现图片、动画、音视频等,因此可以利用多媒体创设情境、拓展知识、展示阅读文本(课内重点语段或课外文章)和学生作品等;板书则用在文章布局的展示,提问、讨论的总结以及教师的书写示范等方面。板书与多媒体在教学中相辅相成,有机组合,而不能互相替代,不可有所偏颇。

 思考与练习

1. 结合教育见习或实习,在学习某篇课文前结合教材调查一个班的学情。分析学生对于所要学习内容的各种可能与困难障碍、学生发展的需要,估计学生可能达到的发展水平

等。结合以上调查与分析,为本课在该班的教学提出建议。

2. 自选课题,执教一节课,要求充分运用和体现课堂组织技能和语言表达技能。

3. 结合实际,你认为哪些现代教育技术手段更有效。

4. 现代教育技术手段和板书各自的功能是什么？二者如何合理运用？

5. 自选课题,制作课件。

第九章　小学语文教学评价

学习目标

1. 掌握小学语文教学评价的含义、功能和基本原则。
2. 掌握小学语文学习评价的基本方法，并能灵活运用。
3. 掌握小学语文教师课堂教学评价的方法，并能灵活运用。
4. 能根据小学语文课程的不同领域和需求，设计不同的评价方案。

问题情境

反思："高帽子"可以随意戴吗？

一节语文公开课，课堂上老师的激励性评价语可谓热情洋溢。当学生结结巴巴读完第一段时，教师随即表扬："你读得真好！"读完四个季节后，老师问学生："你们最喜欢哪个季节？"一个小男孩站起来说："老师，我喜欢夏天，因为夏天我可以到河里去游泳。"老师听了后满意地说："你真聪明，还会游泳呢！"这个小男孩的聪明之处到底在哪儿？

从这个教学片段看出，教师的评价语缺乏针对性、准确性，就像个大帽子，扣在谁头上都行。像第一个学生，他结巴很长时间才读完第一段，教师还表扬他读得好，这样的评价显然是不恰当的。这个孩子克服困难，认真读书的过程才是真正值得表扬的。再看第二个学生，教师的评价语是："你真聪明，还会游泳呢！"其实小男孩的聪明之处在他不仅说出了自己喜欢的季节，还道出了喜欢的理由，教师应及时指出："你真是个聪明的孩子，不但说了自己喜欢的季节，还告诉了你喜欢的理由，让我们听了更明白了。"这样有针对性的评价才是真正着眼于孩子，以"润物细无声"的方式暗示、点拨其余孩子都来学习这种说话方式。可上述案例中，由于老师没有准确客观地指出学生的长处及存在的缺点，学生也就错失了一次次"扬长避短"的机会。教师只是在课堂上例行公事般地把事先制成的"高帽子"随意地抛给孩子，这是极不负责的。

随着新课改的不断深入，小学语文课堂中教师对学生的评价有了质的变化，但同时还有很多评价误区值得我们去关注和反思,比如评价主体单一、评价手段贫乏等。那么小学语文教学评价应遵循哪些原则？小学语文学习和教师课堂教学有哪些评价方法？如何根据小学语文课程的不同领域和需求,设计不同的评价方案？这些问题将在本章讨论。

理论述要

第一节　小学语文教学评价的原则

一、小学语文教学评价的含义

小学语文教学评价,是指以教育方针、教学目标为依据,通过一定的标准和手段,对小学语文教学活动及其结果给予价值上的判断,以期改进教学工作,提高学习效果。小学语文教学评价的过程即对小学语文教学活动进行测量、分析和评定的过程。

小学语文教学评价的对象包括小学语文的学和教两方面,即小学语文学习评价和小学语文教师课堂教学评价。

二、小学语文教学评价的功能

语文课程评价具有检查、诊断、反馈、激励、甄别和选拔等多种功能,其目的是考察学生实现课程目标的程度,检验和改进学生的学习和教师的教学,改善课程设计,完善教学过程。应发挥语文课程评价的多种功能,尤其应注意发挥其诊断、反馈和激励的功能,有效地促进学生的发展。小学语文教学评价的意图是"重在改善,意在发展",通过教学评价调整教师的教学过程,改善学生的学习过程,从而促进师生的共同发展。因此,教学评价是全面提高教学质量的需要,具有诊断、激励、调节和导向作用。任何教学改革实验都需要一套完整的教学评价制度作为保证,教学评价可以使教学中的每个环节得到不断调控,促使教学工作向规范化、科学化的方向发展。

三、小学语文教学评价的原则

教学评价的内容、标准和方法都要符合教学改革的需要,遵循一定的原则,具体而言有以下几点。

(一) 方向性原则

小学语文教学评价必须遵循党和国家的教育方针,以国家课程计划、课程标准,国家正式审定的教材为依据,确定评价内容,制定评价标准,评价教学活动,给出肯定或否定的评价结果,通过这样一系列的过程推动教学工作,贯彻落实国家的教育方针,满足教育教学的需求,保证教育教学的良好发展。

（二）客观性原则

教学评价必须实事求是，做到客观地反映被评价对象的真实价值，不能主观臆断，掺杂个人感情。要想做到客观评价，首先要制定科学合理的评价体系，并严格遵守执行；其次要运用科学的评价方法，定量评价和定性评价相结合；最后还要遵循儿童心理发展规律和语文学习的规律，要关注《义务教育语文课程标准（2022 年版）》中对不同年段的具体要求，分别实施。

（三）发展性原则

教学评价要着眼于被评价对象的发展变化和长远发展，遵循课标中提出的"改善课程设计，完善教学过程"，从而有效地促进学生的发展。避免急功近利，要关注被评价对象在语文教学过程中的成长，既要关注被评价对象的当下，还要关注被评价对象的过去，更要着眼于被评价对象未来发展变化的可能性。

比如，在语文课堂上教师对个别学生进行朗读评价，教师对学生这样说："你的这段朗读情感饱满，读出了悲壮的情绪，让我们仿佛都置身战场，看到了战士们坚强的身影。我发现你的朗读比上学期有明显进步，理解力和表达力都增强了。希望你不断练习，你的朗读能力会越来越棒！我们大家为她鼓掌。"这样就很好地体现了发展性原则，评价联系了学生之前的表现，并预估了学生未来的可能性，对学生有很好的激励作用。

（四）目的性原则

教学是一个目的明确的过程，教学评价是一种教学管理手段，每一次评价就是对教学过程的一次反馈和调控。因此，每次评价都要有明确而具体的目的，根据不同目的确定每次评价的标准和具体策略。在日常教学管理中，我们常常会进行"主题教学研究"，围绕一个主题展开教学，进而围绕主题展开教学评价和教学研讨。在这个过程中的评价，其核心目的就是指向此次活动的主题，一定是针对该主题展开的教学评价，绝不是泛泛而谈。

（五）多元性原则

教学评价的主体要多元性。我们要改变传统的以教师为主体的评价方式，学生、家长、同行和社会都可以参与进来，教师评价、自我评价、相互评价、家长评价等相结合，这样可以促进评价结果的全面、客观和公正。被评价者也由消极被动的状态转为主动，使评价产生互动，更好地促进教学的发展。

教学评价的形式要多元性。除了常规的考试、测验等评价方式外，还可以多渠道、多样化评价，如面对面交流、调查问卷等，还可以充分利用网络中的交流平台为教学评价提供便利。

（六）实效性原则

评价的实效性就是要使评价有效地反映评价的情况，评价具有实效性是使课堂顺利进行的基本要求，也是提升课堂教学效果的手段。

　　课堂评价标准要具有实效,所确立的标准要符合课堂教学的特点,能够体现现代课堂教学的内在要求和规律,还要能反映既定的教学目的。评价的实效性还要有针对性和及时性,评价要针对具体问题,及时给出反馈和结果,讲求有效、实效和高效。

(七)综合性原则

　　语文教学是一个综合性的整体,从内容上看,包括识字与写字、阅读、习作、口语交际和综合性学习等多个方面;从技能上看,包括听、说、读、写四大板块;从学习过程看,包括课堂参与程度、学习习惯和学习方法等方面;从情感态度上看,包括对语文学习的看法、对课文的理解与体会、对社会规则和文化价值观的态度等。

　　因此,对语文教学的评价是一个综合性极强的系统工程,在对语文教学进行评价时,需要从不同维度进行科学系统的研究,在实施评价的过程中,采取多种方式,利用多种渠道,细化评价标准,优化评价的过程。

第二节　小学语文学习评价

　　小学语文学习评价,主要评价"学生的学"。因此,小学语文学习评价应该坚持以人为本,从关注学生发展的角度出发,培养学生的学习习惯,改善学生的学习方法,转变学生的学习态度,提升学生的学习效率。传统学习评价,往往集中在一张试卷中,主要考查学生知识掌握情况,不能全面客观地评价学生的成长情况。在语文学习评价中,我们除了关注学生的知识与能力,也要关注学习的过程与方法和情感态度与价值观。评价的形式可以是口头评价、书面评语,也可以是书面测评、考查问卷等。从评价的阶段来看,评价的方法大致可以分为:过程性评价、阶段性评价和综合性评价。

一、过程性评价

　　过程性评价主要在教学实施过程中展开,主要形式有教师评价、学生自评、学生互评、家长评价等方式。过程性评价中教师评价的作用主要在于时刻关注学生的学习状态,给予适时的鼓励、点拨或矫正。需要注意的是,要避免假大空的一味表扬,要实事求是,给予恰如其分的评价,着眼点是学生的发展。自新课改以来,有些教师认为对学生犯的错误的批评指正就是不尊重学生,不符合课改思想,其实不然,在学生成长的过程中,难免会出现一些错误认知和行为,对此,教师要科学地看待学生学习过程中出现的问题,发挥教育指引作用,以平和的心态、严谨的态度去帮助学生及时调整、矫正,以帮助学生取得最佳的学习效果。

　　1.过程性评价的特点

　　(1)评价及时,容易操作

　　过程性评价是与教学过程同时进行的共时性评价,评价和教学融为一体,教师和学生能随

小学语文教学设计与实施

时互动沟通,及时反映出学生的学习情况,有利于教师及时发现问题,随时改错纠偏,对学生进行及时的引导,进行评价时不过分追求评价环境和程序的正规、严肃,操作灵活,简便易行。

(2) 评价方法多样

过程性评价关乎学生学校生活的方方面面,从学生的思想、个性、行为到学习水平,可以说关乎着学生综合素养的养成。所以在进行评价时不拘泥于单一的方式,强调过程性评价方法的丰富多样,教师可以通过口头表达、肢体语言、书面评语、颁发奖励等多种方式来进行。比如对学生完成一项任务后的口头表扬,教师对学生的注视、微笑、拥抱,给学生颁发小红花,选拔学生轮值等都是对学生的过程性评价。

过程性评价还可以通过不同的活动方式进行多样评价。比如在营造书香校园的过程中,我们引领学生诵读经典,那么对此进行评价的时候,就可以采用"闯关游戏"或者"诵读升级"等形式,引导学生自主诵读,主动参与评价,通过师生共同评价,学生得到不同级别的通关卡,在学期末进行总结,给予奖励。在这样一个学生充分自主的过程性评价中,学生学习的积极性被充分调动起来,在学生自我提升的同时,共同营造一个充满书香气息的校园文化。还可以利用一些学校整体活动,促进过程性评价。例如,课本剧展演、演讲比赛、诵读大会等,这些生动活泼、形式多样的活动,都可以作为过程性评价的一部分,为学生搭建展示交流的平台,促进学生更好地发展。

(3) 评价主体多元化

过程性评价的主体可以是教师,也可以是学生,还可以邀请家长参与到评价过程中来。

学生互评,是指学习同伴之间的相互评价。这种评价方式可以促进学生之间的交流,加深学生对所学内容的理解、掌握。同时,在互相评价的过程中,还能引导学生逐步学会客观地看待问题,学会更好地与人交流沟通,学会取人之长,补己之短。学生互评的评价方式应用非常广泛。比如,在学生朗读课文之后,请其他同学对此作出评价,引领学生关注朗读者是否做到了正确、流利、有感情,哪些地方读得好等。在评价的过程中,评价的双方都会得到提升和发展。又如,在高年级作文教学中,教师也可以尝试让学生互评作品。可以在班级内设置展示区,展示学生的作品,作品下面附有评价单,同学之间可以互相阅读,把阅读之后的感受或者修改意见填入评价单,进行书面点评,接龙回复。这种方式既能促进学生的阅读能力,又能提升学生的鉴赏水平,还能培养学生的责任心,可以说是一举多得。

家长参与到学习评价中来,是家校合作很重要的部分。教师要善于引导家长参与到学习评价中来,引领家庭教育提升,形成教育合力,营造利于学生发展的学习氛围。比如,低年级学生学习了一篇童话故事,要学生会简单复述,教师就可以把这个评价任务交给家长,让学生把故事讲给爸爸妈妈听,请爸爸妈妈对学生的复述进行简单评价。家长参与评价,不仅可以促进亲子交流,增进亲子感情,促进亲子共读,还可以让家长意识到家庭教育的重要性,持续关注学生的学习,不断提升家长的教育观念,促进家校合作共育,引领学生的成长。

2. 过程性评价的分类

(1) 鼓励型评价

评价者要善于发现学生身上的闪光点,让身边的每一个学生都能生活在鼓励之中,才能让他们拥有自信,让他们的生活充满阳光。针对学生在学习过程中的表现,评价者选取适当的评价方式,激发其努力的欲望和探索的灵感,会使学生充分感受到肯定和欣赏,从而获得成功感。比如在教学古诗《春晓》时,某位平时学习困难的学生能流利地背诵出来,教师当堂鼓励他说:"你真棒! 古诗背诵得真流利,发音准确,节奏适当,比很多同学做得都好。老师相信你在别的方面也能做得这么好,加油!"

（2）包容型评价

在评价学生学习的过程中,难免有些学生的认知会偏离正确答案,违背逻辑,甚至出现错误,此时,教师不要急于简单否定,而是要循循善诱,保护学生的求知欲。但是包容不是"纵容",正确的做法是,珍视学生的独特感受和体验,重视对学生进行多角度评价。比如在教学《草原》时,发生了如下状况。

师:作者在第一自然段里表达了愉快的情绪,让我们都心情愉快起来。

生:我不觉得愉快。

师:为什么,能说说你的理由吗?

生:我和爸爸今年暑假去草原了,路上开车很累,草原好多都沙漠化了,觉得一点都不美。

师:这样的草原的确让人不愉快,这是你自己的感受和体验。不过,我们现在分析的是谁的感受呢?

生:作者老舍的。

师:对,所以我们要分清对象,不能用自己的体验代替作者的体验。

生:好的老师,我明白了。

在这个课堂小插曲里,教师就充分展示了包容性评价的魅力,让学生回到正轨。

（3）推进型评价

在学生回答的问题不完善、不全面的时候,教师在给予一定的肯定评价之后,要引导学生作进一步的探究。在这样的评价里,教师要多用一些启发性语言,比如,刚才××同学从家长的角度进行了思考,这种思路很好,还可以有其他的角度来进行思考吗?

（4）纠偏型评价

当学生学习过程或学习结果偏离要求时,引导学生纠正偏差的评价,教师要注意措辞和用语,保护学生的个性和自尊心。比如三年级上册《去年的树》,课后作业中要求联系课文展开想象,说说鸟儿在想什么。出现了如下回答:鸟儿想,反正树已经被做成了火柴,我再去找个新朋友吧。教师没有急于否定这位同学,而是评价:这个答案很新鲜,意思是小鸟已经放弃了她的树朋友,小鸟是真的要忘记她的朋友吗?通过教师的评价和引导,学生进行了讨论,讨论之后对鸟儿心理活动的想象更贴合课文传达的信息,学生更深入地体会了鸟儿对大树的情谊。

（5）延迟型评价

过程性评价中的实时评价能快速有效地给予学生指导性意见,但有些时候,过早地对一个可能有着多重答案的问题的回答做出终结性评价,就会扼杀学生的创新与发散思维的火

小学语文教学设计与实施

花,这时候就需要给学生时间,让学生进行充分的内省、自悟,将评价相对延迟,从而取得良好的效果。

3. 过程性评价所需的条件

过程性评价与教学活动过程相结合,关注的是对具体行为的评判,在实施过程中,需要充分注意以下 3 点。

(1) 民主、平等、和谐的氛围

在进行教学评价时,教师要关注全体学生,赏识每一个个体,感受每一个心灵,使教学过程、评价过程都在民主、平等、和谐的氛围下展开,这将有利于反馈信息的畅通和师生的互动,有利于激发学生的创造性思维。

(2) 评价与学习活动过程的融合

过程性评价,要避免使用烦琐的评价程序,评价活动不能占用过多的教学活动时间,追求评价与教学过程的和谐融合。

(3) 评价要根据学生具体情况展开

学生是一个个个性鲜活的个体,都各自具有独特的个性特征。因此,教学评价要想做到真正促进每个学生的发展,就要根据学生各自的特点,科学客观地判断其发展需求和发展潜力,从而为学生提供适合其发展的、具体的、有针对性的建议,促进学生的综合发展。这就要求教师关注学生的年龄特点和个性特征,进而采取相应的评价方式。在评价内容上,根据学生不同阶段的发展特点,设计侧重点不同的评价目标。比如有的学生课堂自制力差,注意力不能集中,就可以把遵守课堂纪律,注意力持久作为评价目标。

二、阶段性评价

阶段性评价是指在学习进行到一定阶段之后,对学生学习效果进行的各种形式的考查评价。阶段性评价侧重于达成度的评价,但考查的目的不是给出分数或者评定学生的等级,而是让教师和学生了解这一阶段教学和学习的效果,通过阶段性评价,调整教师的教和学生的学,改进教学,提升学习质量。

阶段性评价包括单元学习评价和期中、期末学习评价。阶段性评价可以分专题进行,还可以创设多种形式的单元整理课,期中、期末复习课,以游戏、活动等形式引领学生对某一阶段的学习进行梳理,让学生体验收获、感受成长,在这样充满情趣的学习过程中完成评价,提高综合素质。

1. 专题型评价

专题型评价就是把语文学习分为各个专题,在每个专题进行到一个阶段时进行的考查评价。语文学习的专题可以根据某一阶段的具体教学内容来安排,可以是一次性的,也可以是持续性的,比如拼音专题、古诗专题、字词专题、写作专题、阅读专题等;同一专题还可以再细化为子专题,进行精准的检测和评价,比如古诗专题从作者角度可以细化为李白专题、杜甫专题,从内容角度可以细化为写景专题、抒情专题等。教师还要制订完善的评价方案,评价方式也应灵活多样,要符合学生年龄特点和学习水平。比如一年级下学期写字专题评价,教师制定了评价表(表 9-1),教师、学生和家长共同参与评价。

表 9-1　一年级下学期写字评价

评 价 项 目		评 价 标 准	评价等级
写字习惯	坐姿	身体坐正,两腿自然平放,头和上身稍微向前倾斜,胸部离桌子一拳	优□良□可□差□
	执笔	掌心虚圆,笔杆放在食指、拇指和中指之间,食指在前,拇指在左后,中指在右下,指尖距离笔尖一寸左右,笔身与纸面保持约 60°角的倾斜	
写字技巧	笔顺	能按照汉字的正确笔顺书写	优□良□可□差□
	笔画	能认识汉字的基本笔画,能正确书写	
	字体	能把汉字写正确、写端正	
写字态度		是否认真书写,是否喜欢书写,是否自觉体会汉字的形体美	优□良□可□差□

表 9-1 所示的写字评价表主要针对学生写字的习惯和基本技能的掌握进行评价,不是考查学生对会写字的掌握情况,所以用了等级评价,没有用分数评价。

再如某小学三年级口语交际专题评价(例 9-1),教师采用了学生互评的方式,考虑到了学生的年龄段和理解能力,评价标准的表达简单明晰。

【例 9-1】三年级口语交际评价

测试内容:根据要求完成下面的题目。

(1) 新年快要到了,说一说你有什么新年愿望,你打算怎样实现你的愿望?

(2) 认真观察画面,根据画面提供的线索说一段话。

评价标准:

评价项目		评价标准	分 值
体态		身体站姿端正,面向观众,表情自然	10 分
语言	声音	声音响亮,发音准确	10 分
	语句	用词准确,不啰唆,表达流畅	30 分
内容		内容准确,不跑题,说话完整有层次	50 分
总分			100 分

专题型评价中除了用等级和分值来进行评价外,还可以有更多的评价形式,比如课外阅读专题评价,可以在共同阅读某本书之后举办班级读书交流会,针对大家共同感兴趣的人物和情节,以小组为单位,分别选派代表发言和辩论,还可以采用成果展览的方式,选择优秀的读书笔记、阅读卡片、读后感等在班级展示栏展示,展示栏里有留言栏,教师提供便利贴,学生自由留言,共同评价,并评选优秀作品。通过这样的方式,学生全员参与进来,营造书香班级,教师也能及时了解学生的读书兴趣和读书能力,能及时有效地制定针对性措施,指导学

生的课外阅读。

2. 单元整理课

单元整理课就是在一个单元的教学之后，对该单元的学习情况进行"整理"的课型。这种课对教师来讲是"单元整理教学活动"，对学生来讲是"单元整理学习活动"。单元整理课的教学功能是评价、反馈、矫正、补偿。其根本功能在于评价，根据评价的反馈判断"学生的学"和"教师的教"是否达标，应如何矫正，最终达成教学目标，从而保证教学质量。在单元整理课上，教

单元整理
示范课视频

师能清晰地发现教学中存在的问题，学生知识的遗漏、能力的欠缺、情感体验的不足，这些都会帮助教师及时调整教学思路和方法，更好地改进教学。

"单元"的存在对于小学语文教师的教学和小学生的语文学习具有非常重要的意义，作为一种教学和评价相结合的课型，教师可以引领学生从单元整体把握，更好地理解单元主题，获得个性化的学习感受。如教师指导学生借助思维导图这种直观的图示法，整理课文学习过程中的字、词语、句子、语段，以及思想情感和写作方法，学生自己动手画思维导图的过程，就是自主学习的过程，就是学习探究的过程，也是个性体验的过程。通过思维导图，教师能直观地发现学生是否掌握了本单元的重点难点，学生建立的整个单元的知识网络是否有遗漏和偏差，教师及时反馈给学生，学生根据反馈进行修正，及时查漏补缺，对单元知识加以巩固。这样，通过单元整理课，学生能将知识系统化，发现学习规律，明确学习方法，强化学习习惯，"学会学习"得到落实，整体的学习能力得到提升。

单元整理课形式丰富多彩，如"带有人生主题的综合性学习活动"，借鉴主题班队会和实践活动课的思路，把整堂单元整理课设计成一个综合型的学习活动课；"单元文化主题"，以每一单元的独特的精神内涵为核心构建单元整理课；"学习体验活动"，将单元整理课纳入班级文化、校园文化的主题活动，通过单元整理课记录学生成长，为学生留下童年生活的美好记忆。因此，在进行教学评价时也要根据不同的形式区分对待，评价形式也要多元化。例如，部编本小学语文二年级上册识字单元为童谣，学完本单元之后，结合学校"新童谣"活动，学生每人仿写一首歌谣，在班级展示栏一起展出，师生共同评定等级，优秀者推荐到学校展出。教师为每位同学做活动记录卡，放入成长记录档案中。

【例 9-2】××同学"新童谣"仿写记录卡

时间	××××年××月××日
作品	树 松树高高在山顶， 柳树长长在水边， 梅树香香在腊月， 枫树红红在秋天。
等级	★★★★★五星（推荐为学校展览作品）
评语	语言生动，高高、长长、香香、红红用得好，有文采。你一定会写出更棒的作品，加油！

三、综合性评价

综合性评价指的是期中、期末对学生进行的综合性评价,评价方式包括书面测评、教师评语、语文成长记录袋等。

书面测评范例

(一)书面测评

对语文学习的评价,离不开书面测评。语文学习的综合性,决定了评价方式也应具有综合性。书面测评是具有综合性和全面性的评价方式,书面测评要避免以分数作为唯一的衡量标准或以分数论成败。通过测评发现问题,及时矫正,引领学生更好地学习才是最主要的目的。

基于科学的评价观,语文书面测试作为评价的重要手段,首先应从"甄别、选拔、排名次、定奖惩"转变为"重在改善、意在发展",将"教师的教"和"学生的学"同时作为评价对象,以改善"教师的教"和"学生的学"为出发点和归宿点,从而更好地发挥评价的导向作用。

书面测评还应从"单纯的客观试题"转变为"关注师生生命过程的人文性试题"。例如,从终身学习的角度考虑,书面测评过程中允许学生带字典、词典等工具书进考场,如果考试中遇到问题,学生能借助工具书解决,这正说明学生具有自主的语文学习能力。又如,把每个学期的书面测评都赋予一个鲜活的主题,让一次书面测评变成一次语文主题学习活动,低年级设计成捡贝壳、放风筝、滚雪球、种树苗等;中高年级根据儿童成长发展确定人文主题综合评价活动——多彩的童年、探索的眼睛、学会珍惜、语文中的智慧、学习之道等。以"和谐之旅"为主题的四年级书面评价活动,在考核学生语文素养的同时,引导学生如何才能拥有和谐的生活。试卷中的导语是这样写的:"和谐"这个词越来越多地出现在我们的生活中。每当提起这个词语,我们的内心都会涌起一种舒适、和美的感觉。希望这次评价活动,也是一次和谐之旅,也会带给你美好的感觉。整套试题由五个板块组成:品味和谐的巨大魅力;珍爱和谐的生存空间;建立和谐的人际交往;营建和谐的家庭生活;畅想和谐的美好未来。这样的一次书面测评,不仅对学生一个学期的语文学习进行了整体的检测,同时也是对学生人生的一种启迪。

传统的书面测试就是单纯地对学习的检测,而随着评价观的转变,书面检测也成为学习的一部分。语文学习评价应该从"学习内容的简单再现"转变为"考试也是提升的过程",通过考试引导学生发现规律、总结方法、梳理提升。比如,考查学生识字的测试题,不再让学生孤立地识字写字,而是让他们去总结一组偏旁部首相同的字,去思考和发现每组字在字形和字义方面的规律,在检测中提升学生的识字能力。

听力检测一般也放在书面检测中,一般作为第一部分的考查内容。如××市四年级听力测试题。(整套测评见本页二维码资源)

【例 9-3】××市 2020—2021 学年第一学期期末教学质量评估

小学四年级语文综合评价活动听力测试材料

提示:

(1)考试开始前,监场教师要提醒学生以下两点。

小学语文教学设计与实施

① 保持书写认真,卷面整洁,否则将被扣除卷面分。

② 如需要随时可查工具书。个别没带工具书的,可请监考教师帮助借用其他同学的。

（2）考试开始后,监考教师提示学生写好卷头,看清"导语"和第一部分"学会倾听"的题目要求,然后用普通话以中等语速将下面的材料朗读两遍。朗读完毕提示学生开始答卷。

名人的数字读书法

一箭双雕读书法。现代哲学家艾思奇早年在日本留学时,常感到时间不足。怎样提高学习效率,学到更多的知识呢?他买了一本日文版的《反杜林论》,一边学日文,一边学哲学。而后,又买了德文版的《反杜林论》,日文和德文水平也有了显著提高。为此,他把这种读书方法称为"一箭双雕"。

二书对照读书法。清代学者黄本骥认为读古书时应该两本对照着看,以便从对比中得到更多的收获。虽然黄氏这种读书法限于读古书,且要求两书之间有相同内容的记载,但这种两书对照读书法与现代比较读书法实有异曲同工之妙。

三心两结合读书法。近代徐锡麟读书以"三心""两结合"为特点。"三心"即专心、细心和恒心。"两结合":一是读书同修身养德相结合;二是读书同锻炼身体相结合,在紧张的学习之余,他仍常到书室外打拳、做体操,以调剂读书生活节奏。

四勿一高读书法。这是现代著名作家孙犁的读书经验。"四勿"是不作危害书籍的蛀虫,不作"书呆子",不要被书制约束缚,不要迷信盲从。"一高"是:执着追求知识,不论风云变幻,始终登攀知识之顶而不知累。只有这样,才能达到读书的最高境界,获得真知灼见。

五勤读书法。现代学者李平心居室,从书房到卧室、书案、床头,甚至沙发、茶几、厨房、厕所等处,都存有放着纸片的小盒子。这些小盒子,是他投放平日读书时所做笔记、摘录的"聚宝盒"。李平心的读书方法是"五勤":勤阅读、勤摘录、勤记心得、勤分类和勤编写。

听老师读短文,看看你有怎样的收获。(11分)

（1）根据你听到的内容填空。(9分)

① 短文的题目是:_____。

② 文中提到的读书方法有_____读书法、_____读书法、三心两_____读书法、四勿_____读书法和_____读书法。

③ "三心两结合"读书法中的"三心"指的是:_____、_____和_____。

（2）你对文中哪种读书方法感兴趣?为什么?(2分)

（二）教师评语

此处的教师评语主要指对学生某一阶段综合素质的发展状况,做出的有针对性、总结性的语言描述,以文本形式呈现给学生本人或学生家长或者教学行政部门。通过教师评语,帮助学生全面、客观地认识自我,找到努力的方向,促进学生的主动发展。教师评语对学生具有积极的导向作用,在很大程度上影响着学生的后续发展,甚至会为学生的人生打上不同的底色,因此教师在进行评价时要处处从发展、成长的角度去关心学生,关注学生的长远发展,以学生健康成长为目的来书写学生评语。

1. 教师评语的特点

教师评语具有以下特点。

（1）全面性。教师在评价时要综合考虑学生的整体表现，不仅仅评价学习成绩，还要对学生的情感态度、各种能力的呈现、行为品质等有全面的表述。

（2）差异性。学生个体千差万别，教师评语要承认这种差异，尊重学生个性特点，正确对待这种差异，让学生从差异中受到启发和提示，正确认识自己，认真对待差异。

（3）激励性。教师评语的根本目的在于促进学生的发展，因此在评价中要善于发现学生的价值和潜能，肯定学生的闪光之处，激励学生发挥自己的优势，促进学生主动发展，全面发展，不断进步。

例如某教师对小学五年级某位学生的评语：你被同学们称作小野马，因为你热爱自由，个性鲜明。希望你能保持自己的个性，但是要学会遵守纪律，不做处处闯祸的"小野马"，而是做事事领先的"小黑马"。老师相信你一定能做到，期待你下学期的表现。

2. 教师评语的基本要求

教师评语的基本要求具体如下。

（1）评价内容要全面。教师评语一般包含以下几个内容：对学生学习成绩及学习方法、学习态度的评价；对学生个性特长和创新精神、实践能力的评价；对学生个性心理、意志品质、人际交往的评价；对学生存在的问题及努力方向的评价。

（2）评价方法要多样。教师评语的行文风格也要根据评价对象的不同有所区别，对待内向腼腆的学生，可以热情亲切，多加鼓励；对待性格爽朗的学生，语言可以大胆直接。教师要准确了解和掌握每一位学生的特点，为学生量身打造评语。

（3）评价语言要生活化。教师评语如果趋于严肃，就会拉远学生和老师之间的距离，产生心理隔膜，不利于师生交流，比如称呼学生为"你"，或者直呼学生的名字，这样的称谓可以让学生感受到一种平等的地位，自然而然地拉近和老师的距离。所以，教师评语要规范，但也要生活化，让学生感到亲近，亲其师，信其道，使教师评语真正起到引领学生成长的作用。例如某老师为二年级小学生写的教师评语：××同学，你就像一位小天使，每次公益活动，你都冲在最前面，不怕脏，不怕累。你还是一只小百灵鸟，嗓音那么美妙，在市里的歌唱比赛中都能拿到二等奖。你还很热心地参与班级的组织和管理，积极地为班级活动出谋划策，不愧是咱们的文艺委员。老师希望你在新学期能加强阅读，让语文成绩更上一层楼，还要多锻炼身体，做一个健康的小天使。看好你哟！

（三）语文成长记录袋

语文成长记录袋是根据语文课程目标，通过收集学生一段时间内在学校、家庭、社会等各类场合中学习、性格、兴趣、能力等各方面的证据，建立起连贯的记录，收集有关学生学习的实际水平的信息。成长记录袋打破了语文课本的局限，将评价的触角延伸到各个方面，甚至与其他学科建立联系，关注学生成长过程和个体差异，真正做到了评价方法多样化、评价主体多元化。为学生建立成长记录袋，需要注意以下3个问题。

1. 要有学科特点

语文成长记录袋是为提高学生的语文素养服务,是根据语文课程目标进行设计的,目的在于帮助学生了解语文和实践的联系,明白语文来自生活,又运用于生活。比如设计主题记录"古诗中的名胜古迹",主要目的不是让学生学习地理知识,而是让学生了解古诗和生活的联系;自编课本剧"伯牙鼓琴",不是让学生学习如何当演员,而是表达对文章的理解。

2. 要有计划和目标

在内容上,语文成长记录袋不是"大杂烩",而是要经过教师的精心选择和指导,解决语文学习中的各类问题,比如为帮助学生阅读建立的"课外阅读袋"、展示学生写作水平的"作品袋"、让学生自我反思的"反思袋"以及记录学生听课情况的"课堂表现袋"等。

在时间上,语文成长记录袋也要有计划性,可以根据单元计划、学期计划等划定记录专题,记录学生不同阶段的表现,对学生的成长进行持续性考查。这样有利于进行对比分析,让学生直接看到自己的成长轨迹,不断促进学生发展。

3. 要有多样性

语文成长记录袋内容要丰富多样,可以是语文作业、测验成绩、语文活动记录、家长评语、演讲稿、读书笔记等。

语文成长记录袋记录资料的呈现方式也要多样,可以是文字、照片、奖状、证书、卡片、手抄报等。教师要善于运用各种信息技术手段记录学生的成长,在传统的成长记录袋的基础上,建立电子版成长记录袋,放入音频、视频、PPT等资料。教师还可以帮助学生建立博客、QQ空间等电子成长记录档案,指导学生展示学习成果,在交流分享中得到提升。教师要为学生的展示交流创设和谐的氛围,帮助学生养成整理成长记录,反思成长过程的好习惯。

第三节　小学语文教师课堂教学评价

小学语文教师课堂教学评价,主要评价"教师的教",也就是评价教师的课堂教学。课堂教学主要由教师组织安排,课堂教学的质量直接影响着学生的培养质量和学校的教育水平。小学语文课堂教学评价是依据语文课程标准的目标和要求,运用教学评价的理论和方法,系统、科学地对课堂教学进行价值判断。教师通过课堂教学评价,获得反馈信息,进而反思和调整自己的教学活动,最终促进语文课程的发展和完善,促进教学质量的提高。进行小学语文教师课堂教学评价,要注意以下4点。

(一)设定规范的小学语文教师课堂教学评价体系标准

《基础教育课程改革纲要(试行)》(教基〔2001〕17号)指出:建立促进教师不断提高的评价体系。强调教师对自己教学行为的分析与反思,建立以教师自评为主,校长、教师、学生、家长共同参与的评价制度,使教师从多种渠道获得信息,不断提高教学水平。《教育部关于积极推进中小学评价与考试制度改革的通知》(国发〔2001〕21号)也指出,建立有利于促进教师职业道德和专业水平提高的评价体系。中小学教师评价制度的改革要有利于加强教师职业道德建设，促进教师业务水平的提高，建立有利于实施素质教育，发挥教师创造性的多元的、新型的中小学教师评价体系。

小学语文教师课堂教学评价的指标体系一般包括三个方面的评价指标，反映教师基本素质的指标、反映教师教学状况的指标和反映教师教学成效的指标。教师基本素质指标主要指教师的师德、学科素养、身体素质和心理素质；教师教学状况指标指的是围绕学科教育开展的课堂教学实践；教师教学成效指标指的是教师实施课堂教学的效果。在实际制定指标时，可以根据实际情况，对各个教学指标进行细化，明确评价标准和规定评价的权重。

（二）明确小学语文教师课堂教学评价内容

小学语文教师课堂教学评价的内容一般包括这样几个方面：教师素养、教学思想、教学目标、教学内容、教学过程、教学方法和教学效果。

1. 教师素养

对教师素养评价包括教师仪表、体态、表达、书写、朗读、倾听及反馈等基本教学素质，还包括教师对教学的预设、对所教授内容的理解与分析、对课堂节奏和气氛的把控、与学生的关系和互动、随机应变能力等。

2. 教学思想

小学语文教学评价必须关注教师的教学思想，语文课程标准引领下的语文教学要以学生的学习为出发点进行教学，体现"以学定教"的思想。比如，在识字教学环节，关于"生字"，教师要以学生的学习基础为依据，从学生认知角度确定生字，而不能忽视学情，一概以教材中的生字作为唯一教学内容来处理。很多课文中规定的生字对学生来讲未必是"生字"，教师要时刻关注学情，了解学情，真正做到"以学定教"。

3. 教学目标

教学目标是课程标准、教材内容、学生认知水平、课程资源的综合体现，小学语文教师要充分研读课标，清晰了解不同学段学生学习的目标要求，将教学目标细化到每个单元和每节课。教学目标的制定，直接关系教学的成败得失，因此，教师要依据课标，把握学情，准确解读文本，制定精准合理的教学目标，只有这样才能有的放矢地展开教学。如果教学目标不清晰，教学过程再怎么努力，也是事倍功半，甚至南辕北辙。

4. 教学内容

小学语文课堂教学评价关注教学内容，就是关注语文课"教什么"，要考查教师对教学目标和教学内容的把握是否准确，只有准确定位要"教什么"，才能让语文课真正做到优质、高效。小学语文教学内容要符合课程标准、教材要求和学生发展的需求，教学内容和学生之间能够建立起关联，体现学生语文学习的生活价值。教师要善于挖掘教材，拉近教学内容与学生的关系，引领学生走近文本、走进文本，还要引领学生从文本走出来，走向自己的生活，关照自己的发展、自己的生活，乃至关照自己的人生。例如，我们在语文学习中感受到审美情趣、爱国情怀、感恩之心等，都会对学生今后的发展产生深远的影响。

小学语文教学设计与实施

5.教学过程

评价小学语文的课堂教学过程,要注意以下4点。

(1)教学过程中是否体现了教师的主导作用。例如,以小组合作学习的方式组织教学,这个教学环节如果离开了教师的指导,学生的小组合作就很容易流于形式,貌似热热闹闹,实则低效高耗。

(2)教学过程是否实现了工具性和人文性的统一。教学中不能偏重某一方,如果过分强调人文性,容易把语文上成思想品德课;过度关注工具性,强化语文知识的积累,容易用过多的语文练习代替学生对语言文字的感受。

(3)教学时间分配和教学环节是否合理。小学语文教学要实现优质高效,避免冗长无效的教学过程,教师要合理巧妙设计教学流程,环环相扣,紧凑自然,提高课堂教学的综合效率。

(4)要关注学生的学习情况。学生是否参与了学习的整个过程,学生的自觉性、主动性和积极性是否得到了充分发挥,学生是否有自我表现的机会,是否在课堂教学过程中获得了知识和能力,这些直接决定了一堂课的成败。

6.教学方法

评价教学方法,要关注教师在教学中能否灵活运用多种方法达成教学目标,还要关注教师是否真正做到用语文的手段解决语文的问题,从而促进学生语文素养的提升,而不是用各种教学辅助手段替代学生的阅读、感悟、思考。另外,还必须关注教师是否引导学生学会学习方法,体现"教学就是教学生学"的思想。比如,在阅读教学中,教师必须有"教学生学"的思想,才能以教材中的文本为例子,教会学生阅读方法,之后再阅读类似的文章,学生就能够用学到的阅读方法进行独立阅读分析,达到自主学习的效果。

7.教学效果

教学效果是评价教师课堂教学的一个重要指标,教学过程中,要能够形成具有审美、展示、收藏、提升等价值的学习成果和教师专业成长成果;学生思维活跃,身心愉悦,在不知不觉中学到知识、掌握方法、养成习惯,真正做到一课一得。

【例9-4】小学语文课堂教学评价表

学校:＿＿＿＿＿＿＿　年级(班级):＿＿＿＿＿＿＿　执教者:＿＿＿＿＿＿＿

评价维度		评价标准	分数
教学理念(10分)		以学生为主体,以学定教,渗透人文因素,提高学生语文素养	
教师素质(10分)		着装得体、自然大方、态度亲切,语文教学基本功过硬(朗读、板书、多媒体运用、语言流畅、声音响亮等)	
教学过程 (50分)	教学目标(10分)	符合课标和教材要求,难易适中,符合学生接受能力,重点突出,难点得到解决	
	教学内容(10分)	准确把握教材,有机整合各类知识,沟通课内外学习	

评价维度		评价标准	分数
教学过程 （50分）	教学环节（10分）	学习过程围绕目标展开，层次清晰，衔接自然	
	教学方法（10分）	方法灵活、实用、有效，能引导学生自主、合作学习，尊重学生体验，注意学法指导	
	学生状态（10分）	对教学内容感兴趣并能积极思考和参与，教学气氛融洽	
教学效果（20分）		达成教学目标，体现了学习过程，学生学有所获，能力、情感、认知得到发展	
教学特色（10分）		对教学内容理解独到，教学模式有新意，教学设计、教学方法和教具运用有艺术性	
总分			
分析与建议			

评价人：_____ 时间：_____

等级评定标准：满分 100 分

优秀：90～100 分   良好：80～89 分   较好：70～79 分   合格：60～69 分   不合格：59 分及以下

（三）建立科学的小学语文教师课堂教学评价制度

小学语文课堂教学评价，需要教师、学校领导、同事、学生和家长共同参与。

1. 教师的自评

语文课程改革非常强调小学语文教师的自评，也就是对自己教学的分析与反思。学会自我评价，能增强教师的主动性和参与性，激发教师的主体意识，使教师能自觉地研究自己的教育教学，自我提醒、自我教育，改进教学，从而促进教师的专业成长。

需要注意的是，教师在自评过程中要保持客观、理智，要以实事求是的态度来看待和评价自己的课堂教学，不能自我夸大，也不要自我贬低。

2. 领导和同事的评价

领导和同事的评价，要结合小学语文教师的教案，通过实地听课或观摩教学录像，以口头或书面的形式进行反馈。这样的评价方式，有利于加深领导和教师之间的了解，有利于同事间的相互学习和交流，教师对领导和同事的反馈加以吸收整理，改进教学，达到提高教学水平的目的。

3. 学生的评价

学生评价教师课堂教学又称为学生评教。学生是课堂教学的接收者，他们对教师的课堂表现、授课效果和自己的收获体会有直接的感受，他们是最有发言权的人。学生评教可以激发学生的积极性和参与热情，评教结果能反映出学生对教师包括教学在内的整体的认可度，也可以促进教师反思自己的教学，改进教学。学生评教可以采取问卷调查法、座谈法、评分法等。

需要注意的是，学生容易从个人角度出发，不一定能够完全了解教师的教学行为，不一定能做到完全的客观公正，所以学生的评价会有一定的误差。因此，实施学生评教的过程中

小学语文教学设计与实施

要把握以下 3 点。

（1）在评教前，应对学生进行评教指导，提高评价的公正性和可信度。

（2）教师要客观分析学生评教结果，可以视为自我反思和自我提高的手段。

（3）学校也要客观看待学生对教师的评价，不宜把学生评教结果直接与教师奖惩挂钩。

4. 家长的评价

家校合作是新课程的理念，家长也是学生教育最重要的参与者，通过家长进课堂，能让家长了解和理解学校教育的情况，形成教育合力。家长参与课堂教学评价也有利于对教育教学活动的监督，使学校和教师赢得家长的信任和支持。

【例 9-5】家长进课堂情况反馈问卷

亲爱的家长朋友：

您好！

非常欢迎您参加我们的家长进课堂活动，通过参观校园、教室，听孩子的任课教师讲课，相信您对孩子在学校的学习环境和学习状况有了进一步的了解。这次活动也是我们增强沟通和理解的机会，期待您能对我校的教育教学提出宝贵意见，共同为孩子的教育营造健康和谐的家校环境。希望您能本着公平、公众、严肃、负责的态度如实回答下列问题：

1. 您认为该教师基本教学素质（　　　）。

   A. 很好　　　　　B. 较好　　　　　C. 一般　　　　　D. 差

2. 您认为该教师的教学过程（　　　）。

   A. 层次清晰　　　B. 层次一般　　　C. 层次混乱

3. 您认为该教师的教学方法（　　　）。

   A. 灵活多样　　　B. 比较单一　　　C. 其他，请说明＿＿＿＿＿＿＿＿＿

4. 听完课，就教学内容而言，您觉得（　　　）。

   A. 很有收获　　　B. 有一些收获　　C. 没有收获

5. 您认为自己的孩子在这堂课上（　　　）。

   A. 积极参与　　　B. 被动参与　　　C. 没有参与

6. 您认为孩子学习的优点是（　　　）。

   A. 态度认真　　　B. 有专注力　　　C. 习惯良好

   D. 其他，请说明＿＿＿＿＿＿＿＿＿

7. 您认为孩子还需要在哪方面改进？（　　　）

   A. 学习态度　　　B. 学习习惯　　　C. 人际交往

   D. 其他，请说明＿＿＿＿＿＿＿＿＿

8. 对于教师的教学，您认为哪方面需要改进？（　　　）

   A. 教学素质　　　B. 教学方法　　　C. 教学内容

   D. 很好，不需要改进　　　　　E. 其他，请说明＿＿＿＿＿＿＿＿＿

9. 通过听课，您希望学校和教师怎样与家长配合？请您给出建议。

＿＿＿＿＿＿＿＿＿＿＿＿＿＿＿＿＿＿＿＿＿＿＿＿＿＿＿＿＿＿＿＿＿＿＿

思考与练习

1.结合实例谈谈你对小学语文教学评价原则的认识。

2.请为小学六年级语文的口语交际主题设计一个教学评价表。

3.请你实地观摩一堂小学语文课,并注意观察课堂中学生的表现,课后为其中的三位学生填写一份"课堂行为表现卡"。

4.请以学习小组为单位针对"小学语文教师课堂教学评价方式"做一次实地调查,对各种评价方式归类总结,得出结论,在班内进行交流。

参 考 文 献

[1] 中华人民共和国教育部.义务教育语文课程标准(2022 年版)[S].北京:北京师范大学出版社,2022.

[2] 教育部基础教育课程教材专家工作委员会.义务教育语文课程标准(2011 年版)解读[C].北京:高等教育出版社,2012.

[3] 倪文锦,谢锡金.新编语文课程与教学论[M].上海:华东师范大学出版社,2006.

[4] 教育部办公厅.中小学幼儿园教师培训课程指导标准(义务教育语文学科教学)[EB/OL].(2017-11-18)[2019-01-08].http://www.moe.gov.cn/srcsite/A10/s7034/201712/t20171228_323255.html.

[5] 中华人民共和国教育部.普通高中语文课程标准(2017 年版)[S].北京:人民教育出版社,2018.

[6] 张秋玲.语文教学设计:优化与重构[M].北京:教育科学出版社,2012.

[7] 皮连生.教学设计[M].北京:高等教育出版社,2000.

[8] 王荣生.语文课程与教学内容[M].北京:教育科学出版社,2015.

[9] 王荣生,李海林.语文课程与教学理论新探·学理基础[M].上海:上海教育出版社,2008.

[10] 欧阳芬,彭隆辉.小学语文课堂教学课型[M].长春:吉林大学出版社,2008.

[11] 王宁.汉字与中华文化十讲[M].北京:生活·读书·新知三联书店,2018.

[12] 王宁.汉字构型学导论[M].北京:商务印书馆,2015.

[13] 吴忠豪,薛法根.小学语文名师文本教学解读及教学活动设计系列[M].上海:上海教育出版社,2018.

[14] 吴亮奎.小学语文教学设计:问题与方法[M].福州:福建教育出版社,2018.

[15] 于映潮.小学语文教学艺术 30 讲[M].北京:中国人民大学出版社,2018.

[16] 吴忠豪.小学语文课程与教学论[M].北京:北京师范大学出版社,2008.

[17] 王荣生.阅读教学教什么[M].上海:华东师范大学出版社,2016.

[18] 董蓓菲.语文教育心理学[M].上海:上海教育出版社,2006.

[19] 温儒敏."部编本"语文教材的编写理念、特色与使用建议[J].课程·教材·教法,2016(11).

[20] 温儒敏.如何用好"统编本"小学语文教材[J].课程·教材·教法,2018(2).

[21] 周一贯.小学语文文体教学大观[M].上海:上海教育出版社,2017.

[22] 吴欣歆,许艳.书册阅读教学现场[M].北京:教育科学出版社,2016.

[23] 吴忠豪.吴忠豪与小学语文名师磨课[M].北京:高等教育出版社,2018.

[24] 姚春杰.小学语文名师课堂深度解析[M].上海:华东师范大学出版社,2008.

[25] 姚春杰.小学语文名师同课异教实录[M].上海:华东师范大学出版社,2008.

[26] 雷玲.好课是这样炼成的——品读名师经典课堂(语文卷)[M].上海:华东师范大学出版社,2007.

[27] 张祖庆,戴一苗.非连续性文本教学与测评[M].杭州:浙江少年儿童出版社,2017.

[28] 人民教育出版社·小学语文[EB/OL].http://xiaoyu.pep.com.cn/.

[29] 吴忠豪.小学语文教学内容指要——写话·习作[M].北京:高等教育出版社,2015.

[30] 何捷.习作这样教:3~6 年级[M].武汉:长江文艺出版社,2020.

[31] 高子阳.让儿童爱上写作的 12 堂公开课[M].北京:北京师范大学出版社,2020.

[32] 于永正.于永正教育文集:于永正课堂教学实录Ⅱ(口语交际与习作教学卷)[M].北京:教育科学出版社,2014.

[33] 荣维东.写作教学理论重建与有效策略[A].语文教学原理与策略[M].重庆:西南师范大学出版社,

2014:195-220.

[34] 荣维东.写作教学的关键要素与基本环节[J].语文建设,2018(6).

[35] 荣维东.写作教学中的范文支架及运用原则[J].中学语文教学参考(高中),2019(9).

[36] 荣维东,等.写作课堂教学问题与改进建议[J].中学语文教学参考(高中),2019(1-2).

[37] 周子房.任务写作教学的基本策略[J].中学语文教学,2018(1).

[38] 吴立岗.贾志敏老师作文教学经验的学理分析[J].小学语文教师,2019(3):9-14.

[39] 刘本武,李金国.小学语文课程与教学[M]. 北京:北京师范大学出版社,2013.

[40] 王玉辉.语文课程与教学论[M]. 北京:北京师范大学出版社,2012.

[41] 王志凯,王荣生.口语交际教例剖析与教案研制[M]. 南宁:广西教育出版社,2004.

[42] 吴亮奎.小学语文教学设计:问题与方法[M]. 福州:福建教育出版社,2018.

[43] 陆培.综合性学习背景下语文课外活动研究[D].苏州:苏州大学,2012.

[44] 顾晓俊.语文课外活动和课外语文活动互补方式探究[D].苏州:苏州大学,2012.

[45] 露西·麦考密克·卡尔金斯.如何创设适宜的阅读环境与课程[M].祝玉娟,译.北京:教育科学出版社,2018.

[46] 露西·麦考密克·卡尔金斯.如何有效运用阅读教学策略[M]. 林玲,译.北京:教育科学出版社,2018.

[47] 吴欣歆,刘晓舟,孙凤霞.小学整本书阅读教学指导(上册、下册)[M]. 北京:教育科学出版社,2020.

[48] 刘海珍.小学语文教师专业技能训练研究[M].太原:北岳文艺出版社,2010.

[49] 陈秀玲.语文教学技能训练[M].武汉:华中师范大学出版社,2010.

[50] 王宗海,肖晓燕.小学语文教学技能[M]. 武汉:华中师范大学出版社,2011.

[51] 付宜红.小学语文教师专业能力必修[M].重庆:西南师范大学出版社,2012.

[52] 王馨.现代教育技术与小学语文教学[M].北京:高等教育出版社,2011.

[53] 魏本亚.语文教育评价[M].上海:华东师范大学出版社,2012.

[54] 李英杰.义务教育阶段学业标准与评价:小学语文[M].北京:北京师范大学出版社,2017.

[55] 义务教育阶段基于新课标的语文评价研究[C].天津:南开大学出版社,2014.

[56] 赵亚夫.小学语文有效学习评价[M].北京:北京师范大学出版社,2017.